Ullstein

ÜBER DAS BUCH:

Nicht erst durch Nancy Fridays Studie »Die sexuellen Phantasien der Frauen« rückten weibliche erotische Phantasien ins öffentliche Bewußtsein. Karen Shanor ist mit ihrer Fragebogenuntersuchung aus den 70er Jahren *die* Pionierin auf diesem Gebiet. Sie entwickelte einen Katalog von Fragen und ließ rund 300 Frauen unterschiedlicher Altersgruppen, sozialer Herkunft und Bildung über ihre sexuellen Phantasien berichten. Die Schilderungen sind authentisch, nur die Namen wurden für die Veröffentlichung geändert. Die Auswertung der Fragebogen bestätigte die These, daß gebildete Frauen in der Liebe phantasievoller sind.

Karen Shanor

Verschwiegene Träume

Die sexuellen Phantasien
der Frau

Ullstein

Sachbuch
Ullstein Buch Nr. 34975
im Verlag Ullstein GmbH,
Frankfurt/M–Berlin
Titel der Originalausgabe:
The Fantasy Files;
A Study of the Sexual Fantasies
of Contemporary Women
Aus dem Amerikanischen von
Dr. Samuel Wahrhaftig

Ungekürzte Ausgabe
(Neuauflage von UB 34332)

Umschlagentwurf:
Theodor Bayer-Eynck
Unter Verwendung eines
Fotos von Mauritius-Kupka
Alle Rechte vorbehalten
© 1977 by Karen Nesbitt Shanor
Foreword Copyright 1977 by
The Dial Press, New York
© 1977 by The Dial Press, New York
© 1979 der deutschen Übersetzung
by Verlag Ullstein GmbH,
Frankfurt/M–Berlin
Printed in Germany 1993
Druck und Verarbeitung:
Clausen & Bosse, Leck
ISBN 3 548 34975 7

Februar 1993
Gedruckt auf Papier mit chlorfrei
gebleichtem Zellstoff

Die Deutsche Bibliothek –
CIP-Einheitsaufnahme

Shanor, Karen
Verschwiegene Träume: die sexuellen
Phantasien der Frau / Karen Shanor.
[Aus dem Amerikan. von Samuel
Wahrhaftig]. – Ungekürzte Ausg.,
Neuaufl. – Frankfurt/M; Berlin:
Ullstein, 1993
    (Ullstein-Buch; Nr. 34975:
    Ullstein-Sachbuch)
    Einheitssacht.: The fantasy files <dt.>
    Früher als: Ullstein-Buch; Nr. 34975
    ISBN 3-548-34975-7
NE: GT

Inhalt

Danksagung

Dieses Buch ist das Ergebnis einer über drei Jahre währenden Untersuchung. Daß es überhaupt geschrieben wurde, ist im wesentlichen denjenigen zu verdanken, die mich über Jahre hinweg ermutigten, meine Ausbildung zu vervollständigen, meinem Wissensdurst und meiner Neugier keine Zügel anzulegen und vor allem, nicht den Glauben an mich selbst zu verlieren.

An die erste Stelle einer Reihe von Leuten, denen ich zu Dank verpflichtet bin, möchte ich meine Mutter setzen, der ich dieses Buch gewidmet habe. Ihr folgen viele andere – vor allem die Lehrer, die mich bis heute unterrichteten. Dank gilt meiner Promotionskommission, der Dr. Harold Greenwald, Dr. David Feldmann und Dr. Roger Kaufman angehörten. Sie hatten an der Erarbeitung der Konzeption dieser Studie über weibliche Sexualphantasien teil, wobei sie ihr Augenmerk besonders auf die methodische Absicherung der Untersuchung richteten. Dr. Greenwald und seine Frau Ruth standen mir mit professionellem wie persönlichem Rat zur Seite; darüber hinaus verfaßten sie das Vorwort zu diesem Buch.

Ebenso möchte ich all jenen Leuten danken, die bei der Verteilung der Fragebogen mitwirkten oder auf andere Weise zu dieser Untersuchung beigetragen haben.

Meine größte Hochachtung gilt jedoch den Frauen, die diese Studie erst dadurch möglich machten, daß sie es auf sich nahmen, die oft bis in die persönlichste Sphäre reichenden Fragen zu beantworten. Ich danke ihnen für ihre Großzügigkeit, ihre Ehrlichkeit und ihre Begeisterungsfähigkeit, von denen ich hoffe, daß sie auch diesem Buch anzumerken sind.

Vorwort

Die Veröffentlichungen zum Thema Sexualität sind gegenwärtig längst unüberschaubar. Wir glauben dennoch, daß Karen Shanor ein wichtiges, und in gewisser Hinsicht einzigartiges Buch verfaßt hat. In ihrer Studie finden sich die besten Traditionen einer an praktisch-menschlichen Problemen orientierten Psychologie wieder: Sie verbindet methodische Sekurität mit menschlicher Wärme und Schlichtheit. Wir werden zwar als Therapeuten von Berufs wegen in die sexuellen Phantasien jener Leute eingeweiht, mit denen wir zu arbeiten haben. Das Interesse Dr. Shanors geht jedoch in eine andere Richtung: Sie untersucht, welche Rolle bestimmte Phantasien im alltäglichen Leben der Frau spielen. Es geht ihr dabei nicht darum, mit irgendwelchen Belehrungen aufzuwarten. Sie ist vielmehr aufrichtig an den Berichten interessiert, die ein repräsentativer Querschnitt von Frauen über ihre Erfahrungen auf diesem Gebiet zu geben weiß.

Ins Gewicht fällt dabei, daß Dr. Shanor amerikanische Frauen aus verschiedenen sozial-ökonomischen Bereichen befragen konnte; Frauen also, die sich hinsichtlich ihrer Ausbildung, der Religionszugehörigkeit, der ethnischen Herkunft sowie ihres Wohnorts wesentlich unterscheiden. Die Mehrzahl der früheren Untersuchungen der weiblichen Sexualität befaßte sich beinahe ausschließlich mit Angehörigen einer relativ intelligenten, gutausgebildeten Mittelschicht. Dr. Shanor hat sich um die Ausweitung des Untersuchungsfeldes bemüht, um eine größere Vielfalt von Erfahrungsmöglichkeiten erfassen zu können, und ist davon abgekommen, verschiedene sexuelle Erfahrungen nur dem unterschiedlichen Erziehungsgrad zuordnen zu wollen. Kinseys Studie war zweifellos eine mutige Pioniertat; sie hat jedoch den Nachteil, daß sie zu sehr an statistischen Prinzipen orientiert ist und zudem die Frauen in bestimmte ihrer Erziehung entsprechende Gruppen einteilt.

Der größte Teil dessen, was bisher über Sexualität veröffentlicht wurde, stammt von Männern und beschreibt infolgedessen ihren spezifischen Standpunkt. Daher ist es kaum verwunderlich, daß gewisse Prämissen hinsichtlich der Unterscheidung von männlicher und weiblicher Sexualität unbefragt blieben. So galt es z. B. als selbstverständlich, daß Männer über einen ausgeprägteren und stärkeren Sexualtrieb verfügen. Das weibliche Interesse an der Sexualität wurde demgegenüber als eher gering eingeschätzt – demzufolge wären Frauen passiv und unselbständig. In unserem Jahrzehnt, für das häufig die sexuelle Revolution als charakteristisch angesehen wird, sind einige dieser herkömmlichen Annahmen und Vorurteile ins Wanken geraten. Entsprechende Ansichten über das Wesen weiblicher Sexualität werden durch die Untersuchungsergebnisse Dr. Shanors in ihrem innersten Kern erschüttert.

Phantasien bilden das Fundament jeglicher Kreativität. Bis vor kurzem wurde jedoch ein wichtiger Teil aus den einschlägigen Untersuchungen fast vollständig ausgeklammert: der Bereich der sexuellen Phantasien – obwohl diese zu den tiefgreifendsten Zeugnissen menschlicher Erfahrung gehören. Durch die ungeschminkte Wiedergabe der subjektiven Erfahrungswelt der Frauen hat Dr. Shanor der Wissenschaft von der menschlichen Sexualität einen wichtigen Dienst erwiesen.

Doch ist die Leistung dieser Publikation nicht nur in der lebendigen und einfühlsamen Darstellung der sexuellen Phantasien vieler Frauen zu suchen, sondern auch in der Untersuchung ihrer Struktur vor ihrem sozial-ökonomischen und ethnischen Hintergrund. Demgemäß lassen sich sexuelle Phantasien nicht als isolierte Phänomene betrachten, sondern als ein integrierter Bestandteil des Daseins menschlicher Individuen. Dr. Shanors Untersuchung beweist, daß die soziale Umgebung das Individiuum bis in sein Vorstellungsvermögen hinein beeinflußt.

Einleitung

»Wenn ich schon ein Jahr meines Lebens oder sogar mehr Zeit auf eine Sache verwenden muß, dann soll sie auch wirklich gut werden.« So jedenfalls dachte ich, als ich nach einem passenden Thema für meine Doktorarbeit Ausschau hielt. Mein Psychologieprofessor und Freund Dr. Harold Greenwald war der Ansicht, dann sei es durchaus angebracht und auch »anregend«, sich mit weiblichen Sexualphantasien zu beschäftigen. Sein Vorschlag sagte mit spontan zu – nicht nur deshalb, weil ich es für notwendig halte, daß wir Frauen uns mit unserer Sexualität auseinandersetzen, sondern weil ich zudem persönlich mehr über mich und meine Sexualität erfahren wollte. Außerdem kam dieser Vorschlag auch meiner Vorliebe für Träume entgegen. Ich bin immer, in jeder Hinsicht, verträumt geblieben – Zukunftsvisionen und Erinnerungen an Vergangenes lösen sich in mir ab. Das Thema schien wie geschaffen für mich. Ich war sicher, daß die Arbeit mir viel Freude bereiten würde und beschloß, sofort anzufangen.

Bei der Konzeption des Fragebogens entschied ich mich dazu, die Fragen so offen wie nur möglich zu formulieren. Das sollte die befragte Person veranlassen, mir ihre An- und Absichten umfassend und unverfälscht mitzuteilen. Ich bin im nachhinein froh über die Methode, da sie eine inhaltliche Vielfalt der Studie ermöglichte, die sonst sicher nicht erreicht worden wäre.[1]

Den ersten Fragebogen füllte ich zunächst einmal selbst aus. Das diente mir zu einer ersten Kontrolle und war gleichzeitig der erste Schritt dazu, mir meine eigenen sexuellen Phantasien bewußt zu machen. Diese Tätigkeit nahm erstaunlich viel Zeit in Anspruch; zunächst war es einfach nicht zu schaffen. Ich benötigte tatsächlich allein drei Tage, um über meine eigenen Phantasien hinreichend

---

1 Der Fragebogen ist im Anhang A ausgedruckt.

nachzudenken. Deshalb weiß ich auch, wieviel Arbeit in der Beantwortung des Fragebogens steckt, und bewundere den Eifer, mit dem
die Frauen ihn später ausgefüllt haben.

Wer füllte den Fragebogen aus?

Ich habe jahrelang im Friedenscorps gearbeitet und bin dabei weit
herumgekommen und begegnete so Menschen aus den unterschiedlichsten ökonomischen und sozialen Bereichen. Den Kontakt zu
den befragten Frauen habe ich entweder persönlich hergestellt,
oder sie wurden von Personen besucht, die ich zuvor eingehend
instruiert hatte. Ich sprach vor einer Reihe von Universitätsseminaren
ren und Frauengruppen. Überall fand ich interessierte Zuhörer.
Auf diese Art an die Sache heranzugehen schien mir vernünftiger,
als eine Anzeige aufzugeben oder gar den Fragebogen in einer
Zeitschrift abzudrucken bzw. einfach Adressen aus dem Telefon-
buch herauszusuchen. Ich selbst hätte einen solchen Fragebogen,
den ich auf diese Art erhalten hätte, bestimmt nicht ausgefüllt. Zum
anderen war ich der Ansicht, daß es den Frauen bestimmt leichter
fallen würde, den Fragebogen aufrichtig und gewissenhaft auszufüllen, wenn sie einen persönlichen Eindruck von demjenigen gewinnen könnten, der ihn entworfen hat und auswerten würde.

Im einleitenden Teil des Fragebogens wurde der Versuch unternommen, die Notwendigkeit einer ernsten und gewissenhaften
Beantwortung meiner Fragen zu begründen. Ich vermute, daß mir
das gelungen ist. Nur in einem Fall habe ich die Glaubwürdigkeit
eines Fragebogens ernsthaft in Zweifel gezogen und diesen in die
Untersuchung nicht einbezogen.

In den meisten, wenn nicht gar allen Fällen, reagierten die Frauen
sehr positiv auf den Fragebogen. Viele ermutigten mich zudem mit
Kommentaren wie »Ich bin froh, daß es endlich eine Studie gibt«,
»Weiter so, Schwester und viel Glück«, »Wie gut, daß Frauen sich
endlich ihre intimen Träume mitteilen«.

Um absolute Vertraulichkeit zu garantieren, wurden die Frauen
gebeten, Namen und Adressen nicht anzugeben. Jeder Fragebogen
wurde mit einem an mich adressierten Freiumschlag versehen, so
daß er umgehend anonym an mich zurückgesandt werden konnte.

Wie sich herausstellte, habe ich einen repräsentativen Querschnitt amerikanischer Frauen aus den unterschiedlichsten sozialökonomischen Schichten mit unterschiedlichen Ausbildungsgängen und verschiedener Religionszugehörigkeit und ethnischer Herkunft erreicht.[2] Die Dissertation umfaßte 112 Fragebogen; für dieses Buch wurde ihre Anzahl auf 304 erweitert.

Diese Studie ist nur ein Anfang und soll die Frauen ermutigen, ihre intimsten Gedanken mitzuteilen und untereinander auszutauschen. Ein Anfang aber auch, vielen der herkömmlichen Auffassungen über die weibliche Sexualität den Kampf anzusagen. Insofern stellt sie auch eine Kritik an einigen Annahmen von Freud[3] und Kinsey[4] dar.

Vom Wesen menschlicher Phantasie

Da im Mittelpunkt dieser Studien Phantasien stehen, ist es zweifellos sinnvoll, die daraus resultierende Konzeption und deren Möglichkeiten schon einmal anzudeuten. Die Definition, die ich meinem Fragebogen zugrundelegte, läuft darauf hinaus, daß eine Phantasie ähnlich einem Gedanken anzusehen wäre. Das heißt also, daß eine Phantasie an sich weder gut noch schlecht, weder positiv noch negativ ist. Phantasien steigen in unserem Bewußtsein auf – und sie sind so sehr ein Teil unseres Lebens wie Atmen oder Schlafen. Sie können mißbraucht und überstrapaziert werden. Sie können sich aber auch konstruktiv und positiv auf das Leben des Menschen auswirken. Wird eine Phantasie mißbraucht, kann ein Realitätsverlust eintreten, der den Menschen daran hindert, sich realitätsgerecht und erfolgreich mit seiner Umgebung auseinanderzusetzen. Von einem solchen Extrem her gesehen, spielen Phantasien ohne Zwei-

---

2 Die demographischen Daten sind im Anhang B aufgeführt.

3 Zum Beispiel Freuds Annahme, Frauen seien »von Natur aus« masochistisch und passiv.

4 Kinsey glaubte aufgrund seiner Untersuchungsergebnisse zu dem Schluß kommen zu müssen, daß Frauen weniger durch psychologische Faktoren (lernen, konditionieren) beeinflußt würden als Männer. Er stellte die Hypothese auf, daß das Sexualleben der Frau unmittelbar hormonal gesteuert wird.

fel eine negative Rolle im Leben eines Individuums, und dieser Einstellung verdanken sie den Mißbrauch oder die Überbeanspruchung durch viele Therapeuten, die in der Phantasie nur einen Vorboten der Psychose oder etwas ähnlich Verhängnisvolles erblicken.

Dem ist entgegenzuhalten, daß die Phantasietätigkeit eine Funktion unserer Psyche und somit neutral ist. Der psychosoziale Kontext entscheidet darüber, ob sie einen positiven oder negativen, einen schädlichen oder nutzbringenden Einfluß auf unser Leben ausübt. In der Vergangenheit konzentrierten sich die Therapeuten in erster Linie auf die negativen Aspekte des Phantasierens, ohne seine ausgesprochen positiven Seiten zu erforschen. Phantasie ist z. B. eine Voraussetzung für Kreativität – sich etwas auszudenken, zu planen, etwas Neues zu erschaffen. Phantasien können auch bewundernswert vielseitige Werkzeuge sein. Wie oft hat man sich schon eine bestimmte Situation vorgestellt, bevor man mit ihr wirklich konfrontiert worden ist; wie häufig hat man schon die verschiedenen Rollen einer Diskussion durchgespielt und die vermutlichen Reaktionen der Beteiligten abgeschätzt, bevor es tatsächlich zur Diskussion gekommen ist. »Denke, bevor du handelst!«, lautet ein weitverbreiteter Grundsatz. Phantasie ist der Gedanke vor der Tat.

Phantasie kann jedoch auch der Gedanke ohne die nachfolgende Tat sein, wenn z. B. die Tat aus irgendeinem Grund als unangemessen erscheint. Selbstverständlich kann sich in ihr auch ein längst zurückliegendes Erlebnis spiegeln. Positiv gebraucht, kann sie immer wieder angenehme Erfahrungen wachrufen. Sie kann auch dazu beitragen, daß wir aus diesen unseren Erfahrungen lernen, indem wir sie im Geiste wieder aufleben lassen. Bis zu einem gewissen Grad können wir sogar die Phantasien, nach denen wir uns sehnen, nach bestimmten Maßstäben aussuchen, und entscheiden, welche davon uns am besten während der Masturbation oder eines sexuellen Kontakts zu dienen vermag.

Und, was mindestens ebensowenig wichtig ist: Wenn wir uns unsere Phantasien gegenseitig mitteilen, kann das natürlich auch eine bessere Verständigung und größere Vertrautheit untereinander bewirken. Ohne Zweifel können Paare, die ihre sexuellen Phantasien artikulieren, dabei lernen, wie sie sich verstärkt sexuelles Vergnügen bereiten können. Das gegenseitige Vertrauen zweier Menschen kann sich auf diese Weise verstärken. Das heißt allerdings nicht, daß wir unserem Partner nun unbedingt alles erzählen müssen. Wir können uns hierzu entschließen, können es aber besser bleiben lassen, wenn wir Grund zu der Befürchtung haben, hierdurch unseren Partner zu kränken oder zu verletzen, anstatt ihm zu helfen, uns besser zu verstehen.

Viele Sexualtherapeuten halten die ihnen anvertrauten Paare dazu an, sich auf konstruktive Weise ihre Phantasien wechselseitig mitzuteilen, was sich häufig als sehr nützlich für die Verbesserung einer Beziehung auswirken – unter Umständen gar eine Ehe retten kann.

Tagträume, Masturbationsphantasien und Phantasien während des Geschlechtsverkehrs

In meiner Studie befragte ich die Frauen über ihre Phantasien in drei verschiedenen Situationen: Tagträume ergeben sich häufig in ganz bestimmten Augenblicken – wenn beispielsweise eine attraktive Person vorübergeht oder ein Duft aufsteigt, mit dem sich eine schöne Erinnerung verbindet. Eine Masturbationsphantasie hingegen wird bewußt ins Gedächnis gerufen – mit Sicherheit irgendein Bild, von dem eine sexuell stimulierende Wirkung ausgeht. Es ist ungefähr so, als ob wir ein Register – unserer sorgfältig geordneten Phantasien – nach etwas durchkämmten, was uns helfen könnte, um zu einem Orgasmus zu gelangen. Ähnlich verhält es sich mit den Phantasien während des Geschlechtsverkehrs. Allerdings existiert ein Typus von Phantasie, der fast nur während des Geschlechtsverkehrs auftritt – die sogenannte sensorische Phantasie, die sich unwillkürlich einstellt und Folge eines sehr intensiven Orgasmus ist.

Die spezifischen sexuellen Phantasien, die wir jeweils für uns entwickeln, stehen selbstverständlich im engen Zusammenhang mit unseren Erfahrungen und unserer ganzen Lebensweise. Eine abenteuerlustige Person tendiert zu abenteuerlichen Phantasien, eine romantisch veranlagte Person neigt in der Regel zu romantischen Phantasien; wer kein positives Verhältnis zur Sexualität entwickeln konnte, verfügt nur über ein schmales Spektrum sexueller Vorstellungen. Doch reflektieren die Phantasien eines bestimmten Individuums nicht nur seine Erfahrungen und seine Lebenseinstellung, sie können sich ebenso auf Gedanken erstrecken, die mit dem alltäglichen Leben so gut wie nichts zu tun haben. Auch eine solche Form von Bewußtseinserweiterung ist gewissermaßen vorher bestimmbar – geht man von der Persönlichkeit und dem Erfahrungshorizont einer Frau aus. Oft stehen gerade ihre entlegensten Phantasien in unmittelbarer Beziehung zu ihrem wirklichen Wesen.

Sexuelle Phantasien können zudem noch andere Faktoren aus dem Leben eines Menschen widerspiegeln: Wenn sie z. B. von einer befriedigenden Begegnung auf Erfolgserlebnisse anderer Art projiziert werden. Überwiegen masochistische Phantasien, kann dies möglicherweise bedeuten, daß die betreffende Person sich auch sonst in die Rolle desjenigen drängt, dem Schmerz zugefügt wird. Die sehr energische Frau erzählt, wie sie den Mann gleichsam zur Sexualität zwingt. Die weniger selbstbewußte Frau berichtet hingegen, »wie es ihr gemacht wird«.

Viele Phantasien überschneiden sich auch. Ich habe sie bestimmten Grundmustern idealtypisch zugeordnet, was jedoch nicht als unbedingt verbindlich angesehen werden muß. Mit einem »jungen Mann« zu schlafen, kann beispielsweise auch unter die Kategorie »Berühmtheit« fallen, insofern nämlich als der junge Mann auch schon als allgemein bekannte Persönlichkeit zu werten ist.

Alles in allem scheinen mir unsere Phantasien ein hervorragender Indikator zu sein, der uns darüber Auskunft gibt, woher wir, psychologisch gesehen, kommen und wohin wir gehen wollen.

Was ich lernen konnte

Ein Fazit dieser Untersuchung und der damit einhergehenden Erfahrungen (den Antworten der Frauen sowie den Diskussionen hierüber) müßte etwa folgendermaßen lauten: Wir leben in einer Zeit des Wandels und des Übergangs, in der wir alle um unser individuelles Gleichgewicht kämpfen müssen. Bei dem Bemühen, uns weiter zu entwickeln und weiter zu forschen, um das zu verändern, was einem Mehr an Erfüllung unserer Bedürfnisse im Wege steht, laufen wir ständig Gefahr, unsere Identität zu verlieren. Das aber gilt es zu verhindern. Die sexuellen Erlebnisse und auch die Vorstellungen der Frauen mögen untereinander differieren; das ist wichtig, aber nicht entscheidend. Entscheidend ist vielmehr, daß sie die Verantwortung für ihr sexuelles Denken und Handeln selbst übernehmen, anstatt sie anderen zu überlassen. Es nützt den Frauen auch nicht, nur immer so »frei« zu sein, wie es der gerade herrschenden Mode entspricht. Unsere Gesellschaft tendiert dazu, die Unterdrückung der Sexualität durch die Propagierung sexueller Leistungsfähigkeit zu ersetzen. Wir müssen offen sein, müssen einen Orgasmus haben, müssen die Promiskuität pflegen und müssen uns zudem für die Versagungen der Vergangenheit schadlos halten. Ein derartiger Leistungsdruck – soundsoviele Orgasmen, Stellungen, Partner – ist der Natur unseres Sexualtriebs jedoch ebenso fremd wie eine strikte Unterdrückung.

Uns selbst besser kennenzulernen – unsere Wünsche und Möglichkeiten –, ist immerhin ein Anfang. Wir alle können hoffen, daß wir uns weiterentwickeln und unsere Persönlichkeit verwirklichen können, wobei unsere Sexualität mit all dem, was sonst unser Leben ausmacht, zu einer harmonischen Einheit verschmelzen müßte.

Viele Leute haben sich bei mir erkundigt, was diese Studie denn für meine eigene Entwicklung bedeutet. Nun, zuallererst bemerkte ich an mir eine gewisse Neigung, meine Phantasien und bestimmte Reaktionen darauf in unzulässiger Art »überzuinterpretieren«. Andererseits hat die Arbeit gewiß meine eigenen sexuellen Phantasien bereichert und mein Wissen über Sexualität in jeder Hinsicht vergrößert. Was ich nunmehr in meiner Freizeit mache? Mein Sexualleben ist so befriedigend wie zuvor, wenn nicht noch schöner. Das sieht nun nicht so aus, daß ich mich in meiner Freizeit darum reiße, irgendwelche Sex-Zeitschriften zu lesen. Zwar hat mein Interesse an Texten, die die Sexualität zum Gegenstand haben, nicht nachgelassen – ich lese sie aber vorwiegend aus beruflichen Gründen.

Ich war eigentlich sehr auf die Reaktion derjenigen Leute gespannt, die gerade erst erfahren hatten, daß ich an einer solchen Studie arbeite. Anfangs neigten einige eher konventionell eingestellte Männer zu der Annahme, ich müßte jetzt mit jedem Mann ins Bett steigen. Wenn sie mich dementsprechend behandelten, versuchte ich ihnen klarzumachen, daß das ihre Phantasien und Stereotypen seien und nicht meine. Hatten sie das verdaut, fingen sie an, über ihre sexuellen Interessen und Probleme zu reden. Manche schienen geradezu erleichtert, endlich ihr »Macho«-Gehabe aufgeben zu dürfen. Sie erzählten von ihren Ängsten und stellten Fragen, die sie bisher noch niemals geäußert hatten. So etwas wie eine neue Form der Vertraulichkeit zwischen den Geschlechtern zeichnete sich ab.

Oft war es einfach auch nur so, daß die Leute sich von Anfang an großartig verhielten. Männer wie Frauen blühten förmlich auf, als sie das Thema meiner Studie erfuhren. Oft entstanden in den unterschiedlichsten Situationen spontan Diskussionen über weibliche Sexualphantasien; angefangen mit einem Honoratiorentreffen in einem alten Herrenhaus in Virginia, über unzählige Büros im ganzen Land, bis hin zu einem Volleyball-Spiel am California-Beach. Das alles war für mich mit viel Aufregung, aber auch mit intensiven Lernprozessen verbunden.

Es gab auch manch lustigen Augenblick. Einmal bot ein guter Freund, der Direktor einer kommunalen Sozialstation ist, mir an, von seiner Sekretärin einige Kopien des Kapitels über Masturbation anfertigen zu lassen, die ich meinem Verleger zuschicken wollte. In ihrer Verwirrung verwechselte die Sekretärin ihre Papiere. Und mitten in einer wichtigen Versammlung des Direktoriums mußte mein Freund feststellen, daß jedem Teilnehmer eine Kopie des Kapitels »Masturbation – der Schlüssel zur Sexualität« ausgehändigt worden war.

Manchmal werde ich gefragt, ob ich mich nicht allmählich gegenüber jeder Form von Sexualität verhärte oder sperre, nachdem ich soviel darüber erfahren habe. Das Gegenteil ist richtig: Die Studie hat mich sehr inspiriert. Viele Frauen weihten mich in ihre intimsten Gedanken ein und gewährten mir so einen umfassenden Einblick in ihre ganze Person – ihre Wünsche, Ängste und Erfahrungen. Es ist, als wären viele von denen, die den Fragebogen ausfüllten, meine Freundinnen geworden. Für einige empfinde ich Mitleid – wie für die Frau, deren Mann seit fünfzehn Jahren impotent ist; mit anderen kann ich lachen; und bei vielen kann ich ihre freudige Erregung nachempfinden und die Kraft ihrer Liebe.

Sexualität ist Leben!

Frauen beschreiben ihre Phantasien

»Während ich meine sexuellen Phantasien aufschrieb, wurden mir viele Dinge über mich selbst klar, die ich vorher gar nicht wahrgenommen hatte.« Mit diesen Worten beschrieb eine der Frauen die Erfahrung, die sie beim Ausfüllen des Fragebogens machte.

Dieses Buch gibt die Berichte der befragten Frauen ungekürzt und wörtlich wieder. Vorangestellt ist jeweils eine Beschreibung des sozialen Milieus. Um Anonymität zu wahren, werden Pseudonyme verwendet.

Im ersten Kapitel werden einige dieser Schilderungen vorgestellt, um einen ersten Eindruck ihrer Struktur und ihrer Vielfalt zu vermitteln. Diese Phantasien sind erotisch und häufig auch sehr intim. Viele Frauen hielten sich auch nicht an die vorgegebene Fragestellung, sondern schilderten darüber hinaus ihre wirklichen sexuellen Erfahrungen – ihre Liebeserlebnisse und ihre Enttäuschungen –, woraus sich ein noch umfangreicherer Eindruck der weiblichen Sexualität gewinnen läßt. Die Lektüre dieser Berichte kann einen ersten Schritt bedeuten, die Phantasie als einen integralen Bestandteil unserer Persönlichkeit zu begreifen: Eine aggressive, abenteuerlustige Frau hat in der Regel auch abenteuerliche Phantasien, während eine Frau, der das Leben als eine romantische Angelegenheit erscheint, ebensolche Phantasien entwickelt.

Es folgt eine Auswahl derartiger Phantasien, erzählt von Frauen unterschiedlicher Herkunft, Alters- und Bildungsgrade. Wir können mit ihrer Hilfe nicht nur etwas über andere, sondern ebensogut etwas über uns selbst erfahren.

Susan

Susan ist eine alleinstehende 23jährige Frau, die zur Zeit an ihrer Promotion arbeitet. Sie kommt aus der Mittelschicht und verbrachte den größten Teil ihres Lebens an der Westküste. Sie masturbiert oft, hat häufig sexuelle Phantasien und ist mit ihrem Sexualleben zufrieden.

Tagträume

Wenn ich einen sexuell attraktiven Mann oder auch eine Frau sehe, fährt mir eine Art heißer Schauder durch den Körper und ich stelle mir vor, ich werde umarmt ... Manchmal krieg' ich Lust, den Kerl zu verführen, ihn richtig offen dazu zu bringen, mit mir zu schlafen. Sehe ich ein hübsches Mädchen, stelle ich mir vor, wie sie von ihrem Typ gevögelt wird.

Oft denke ich über bestimmte Erlebnisse nach, die ich mit jemandem hatte; dann haben z. B. einige Typen aus meinem Aikido-Kurs viel Spaß daran, mit mir zu üben, und ich überlege dabei, wie es wäre, mit ihnen zu ficken – einer ist schwer und verschwitzt, der andere dünn und muskulös.

Manchmal stehe ich vor dem Spiegel und bewundere meinen Körper und denke daran, wie es wäre, an eine Wand gefesselt zu sein, ausgezogen zu werden, und wie sich dann ein Typ mit einem Harten in seiner engen Levis an mir reibt. Ich mag auch die Vorstellung, ich wäre an Armen und Beinen festgebunden, so daß ich nicht mehr aufstehen kann, sondern nur noch hin und her zucken, was viel aufregender ist. In diesen Phantasien geht es um »Unausweichliches« – aber nicht um Vergewaltigung, die, wie ich glaube, Gewalttätigkeit beinhaltet.

Die Vorstellung, mit dem Rücken gegen eine Wand zu stehen, oder in Kleidern zu vögeln, oder sich beim Ausziehen zu verheddern, sind keine Hirngespinste – die Teenager-Zeit mit der Liebe auf Rücksitzen und in Scheunen ist für mich immer noch eine aufregende Erinnerung. Ich weiß nicht, ob ich meine »Fesselungsphantasien« wirklich erleben möchte;

aber die, einen Mann offen zum Ficken herauszufordern, wenn mir danach zumute ist, habe ich ausgelebt, und es hat mir gut gefallen. Auch mein Partner hat seinen Spaß daran – er fordert mich öfters auf, diese Phantasie mit ihm durchzuspielen.

Masturbationsphantasien

Im Alter zwischen 11 und 14 Jahren hatte ich die Angewohnheit, meine Phantasien durch Zeichnungen zu illustrieren – es waren Melodramen, in denen ich, nur mit einem dünnen Négligé bekleidet, einfach unwiderstehlich war. Daneben experimentierte ich mit einem künstlichen Penis und mit der Dusche. Ich liege noch immer sehr gern in der Badewanne, lenke den Strahl der Dusche auf meine Klitoris und lasse es mir ewig kommen, bis ich schließlich einen Orgasmus habe. Manchmal denke ich auch an die guten alten Zeiten, wo das »Rausziehen« vor dem Abspritzen noch nötig war – aber was, wenn wir beide zu geil sind, um aufhören zu können? Diese Vorstellung regt mich noch immer furchtbar auf, und so stelle ich mir beim Masturbieren das abwechselnde »Nein, Nein, hör auf« – »Oh, Ja, Ja, jetzt mach ich's weiter« vor. Ab und zu denke ich an eine riesige Fickmaschine, wie sie bei Masters im Laboratorium stehen soll. Ich werde von ihr gestoßen und kann nicht aufhören, bis ich einen Orgasmus gehabt habe.

Phantasien während des Geschlechtsverkehrs

Kürzlich haben mein Partner und ich damit begonnen, uns gegenseitig unsere Phantasien mitzuteilen. Wir finden das beide sehr aufregend. Ich denke daran, meine Aggressionen auszuleben, indem ich auf ihn hocke und allein mich bewege, so als ob er so etwas wie ein lebendiger künstlicher Penis sei (bis er so erregt wird, daß wir uns beide bewegen). Er redet darüber, wie ich ihn ficke und ihn ganz erschöpft und außer Atem zurücklasse. Ich phantasiere, mit vielen anderen Männern zusammenzusein, von denen ich zweien beim Geschlechtsverkehr zuschaue, während mich die anderen beobachten, wie ich es mit einem Mann treibe.

Susan entspricht recht exakt vielen ihrer Phantasien – sie ist eine freimütige Person, die offen über die mögliche Herkunft ihrer Vorstellungen spricht, weitere erfinden möchte und neue Erfahrungen machen will.

Sie unterscheidet ohne weiteres die Erregung, die sie bei der Vorstellung einer »Unausweichlichkeit« empfindet, von der Möglichkeit, zum Sexualakt gezwungen zu werden. Möglicherweise wird ein Großteil der Frauen, die Vergewaltigungsphantasien haben, in Wirklichkeit von der Vorstellung eines »Fluchtversuchs« angeregt und nicht davon, verletzt zu werden.

Susans Originalität und Erfindungsgabe im Umgang mit Masturbationstechniken während ihrer Jugendzeit haben wahrscheinlich Grundstein zu einer positiven, genußfähigen und kreativen sexuellen Praxis gelegt.

Darüber hinaus ist ihr klar geworden, daß der gegenseitige Austausch sexueller Phantasien eine Beziehung intensivieren kann und daß die Mitteilung ihrer sexuellen Wünsche an ihren Partner genußvoll ist.

Ann

Ann ist eine 29jährige alleinstehende Studentin, die über einen akademischen Abschluß verfügt. Sie ist eine Wasp, entstammt dem Angestellten-Milieu und lebt in einer neuenglischen Hafenstadt. Mit ihrem Sexualleben ist sie allgemein zufrieden.

Tagträume

Diese handeln gewöhnlich von dem Mann oder den Männern, mit denen ich gerade sexuelle Kontakte habe, und nicht von Fremden. Ich stelle mir die verschiedenen Situationen vor, in die ich mit ihnen gern geraten würde. Sie variieren

entsprechend der Persönlichkeit des Mannes. Zum Beispiel:
1. Ein Mann, der sich gern in der freien Natur aufhält. Wir gehen in einen schönen Wald, ziehen all' unsere Kleider aus und steigen ins Wasser. Eine Zeitlang spielen und lachen und planschen wir und berühren uns dabei. Dann tauche ich unter Wasser und nehme seinen Penis in den Mund. Wenn er erigiert ist, schlinge ich meine Beine um seine Taille und er dringt in mich ein. Wir fahren fort, auf diese Art zu vögeln, im Wasser halb treibend, halb stehend, obwohl wir öfters voneinander abgleiten und manchmal über unsere Ungeschicklichkeit lachen müssen. Schließlich kommen wir dann gemeinsam. Später schwimmen wir zum Strand zurück, liegen in der Sonne und schlafen eine Weile. (Das ist eine neuere Phantasie – ich habe sie niemals erlebt, würde es aber gern.)
2. Ein Mann, der ein sehr ehrgeiziger und intelligenter Rechtsanwalt ist – etwas förmlich gekleidet, mit Weste und Uhrkette etc. Äußerlich hat er etwas von einem Snob, unter dieser Schale ist er jedoch ein zärtlicher und liebenswerter Mann. Meine Phantasie: Er lädt mich zu einer Cocktailparty ein und holt mich mit einem Taxi ab. Ich trage einen Fuchsmantel – und sonst nichts. Er bemerkt das nicht, bis wir in das Taxi gestiegen sind, ich seine Hand nehme und sie auf meine Brust lege. Ich öffne das Fell und »lade ihn ein«. Er wird steif und weist den Taxifahrer an, zu meinem Appartement zurückzufahren, wo wir uns die ganze Nacht über lieben. (Diese Phantasie ist etwa fünf Jahre alt, ich habe sie niemals erlebt und möchte das zur Zeit auch nicht.)

Masturbationsphantasien

Ich schlafe in einem abgelegenen Schloß in einem fernen Land. Ich bin eine Jungfrau. Ein sehr männlich wirkender Fremder betäubt und raubt mich darauf. Er bringt mich in seinen Harem, wo die anderen Frauen mich lehren, ein sinnliches und erotisches Geschöpf zu werden, das den Mann und seine Gäste unterhält. Die ganze Atmosphäre ist äußerst lasterhaft und erotisch – wie in einer Art türkischem Bordell.

(Das ist eine sehr alte Phantasie, die bis auf mein dreizehntes Lebensjahr zurückgeht, als ich zu masturbieren begann. Ich habe so etwas – natürlich – nie erlebt und möchte das auch nicht.)

Ich bin auf einer Dinnerparty. Der Mann neben mir läßt seine Hand unter mein Kleid gleiten und beginnt, meine Schenkel und die Gegend um meine Vagina zu streicheln. Zur gleichen Zeit unterhalten wir uns höflich mit den anderen Gästen, bis ich so erregt bin, daß ich mich entschuldige und nach oben gehe. Er kommt nach und wir ficken tüchtig. (Auch das ist eine alte Phantasie – nie erlebt, kein Wunsch danach.)

Ich gehe mit einem Mann auf dem Land im Schnee. Wir haben Hosen und Jacken aus Wolle an. Er küßt mich, hält seine kalten Hände an meine Brüste und dann in meine Hose. Ich greife in seine Hose und liebkose seinen Penis. Wir sind beide erregt, reißen uns die Kleider vom Leib und werfen sie in den Schnee. (Diese Phantasie wurde niemals verwirklicht – ich mag sie aber, und würde sie gern ausprobieren.)

Phantasien während des Geschlechtsverkehrs

Wer hat denn Zeit dafür? Ich habe dabei keine Phantasien, dafür erfahre ich allerdings visuelle und akustische Eindrücke. Die optischen Vorstellungen beinhalten Farben und Formen – jedoch von einer diffusen Art, wie etwa ein impressionistisches Gemälde oder die vorübergehende Wahrnehmung einer Bewegung in einer schönen Landschaft. Keiner dieser visuellen Eindrücke ist statisch, sie fließen dahin und bewegen sich (etwa wie bei einer psychedelischen Erfahrung).

Diese visuellen Eindrücke werden von der Wahrnehmung einer Musik begleitet, die ebenso formlos wie die Bilder bleibt, sowie vor dem Gefühl, ein Teil dieser Musik zu sein . . .

Ich bin mir meines Partners vollständig bewußt, unserer Bewegungen, meiner Gefühle etc., doch ist es dabei so, als wäre ich in Farbe getaucht und als sei die Welt verschwunden, bis mein Orgasmus wieder nachläßt.

Ann hat eine ganze Reihe von Vorstellungen, die sie in kreativen Erzählungen zu einer erhöhten Wirkung bringt. Vielleicht ist sie eine Schriftstellerin, zumindest aber macht es ihr Freude, ihre sexuellen Wünsche und Energien in einer verführerischen Prosa auszudrücken.

Wie Susan greift sie auf die Masturbationsphantasien ihrer Jugend zurück, um den Ursprung ihrer jetzigen Vorstellungen zu erklären.

Besonders mag ich ihren Ausspruch über Phantasien während des Koitus – »Wer hat denn Zeit dafür?«. Dabei beschreibt gerade sie äußerst kreativ und lebendig ihre sensorischen Phantasien während des Geschlechtsakts – ihre impressionistischen visuellen Eindrücke wie ihre Wahrnehmung von Musik. Ihre Beschreibungen dessen, was sie nicht nur hört und sieht, sondern als ein Teil hiervon erlebt und empfindet, drückt wunderschön aus, was viele Frauen während des Orgasmus erleben – ein Versinken in Eindrücken und Gefühlen, mit dem die Überwindung der engen Grenzen der Alltagswelt einhergeht.

Rebecca

Die im Gesundheitswesen beschäftigte Sozialarbeiterin Rebecca lebt allein in der weiteren Umgebung von Los Angeles. Sie ist jüdischer Herkunft. Nach ihrer Auskunft masturbiert sie manchmal und hat häufig sexuelle Phantasien. Mit ihrem Sexualleben ist sie unzufrieden.

Tagträume

Ich denke darüber nach, was die Männer, die mich anziehen, im Bett machen. Diese Phantasien überschneiden sich mit denen während der Masturbation und beim Geschlechtsverkehr.

Masturbationsphantasien

Eine meiner Phantasien basiert auf einem Erlebnis, das ich allerdings etwas ausschmücke. In Wirklichkeit geschah folgendes: Bei einem Encounter während eines Wochenendes traf ich eine Frau, die einen freundlichen, netten, liebevollen und gefestigten Eindruck auf mich machte. Sie war älter als ich, hatte langes graues Haar, wirkte sehr überlegen. Sie war eine großgewachsene Frau (ich bin klein). Als nach einer anstrengenden Sitzung die meisten Teilnehmer den Raum schon verlassen hatten, zog sie mich auf ihren Schoß und umarmte mich wie ein Kind, wobei sie mich beinahe schaukelte. Ich küßte ihren Hals, preßte sie an mich, und fühlte mich zu meiner Überraschung sehr aufgeregt. Ich hatte aber Angst, das offen zuzugeben, und wollte meine wachsende sexuelle Erregung zuerst nicht wahrhaben. Schließlich gelang es mir dann doch, und ich begann ihren Hals in einer ausgesprochen sexuellen Art und Weise zu küssen. Danach betrat jemand den Raum, und wir mußten aufhören. Zu Ende der Veranstaltung sagte sie zu mir »bis bald«, und ich antwortete »ja«, da auch ich sie wiedersehen wollte; gleichzeitig aber hatte ich Angst und habe sie deshalb nicht wieder getroffen. Wenn ich inzwischen nach mehr als drei Jahren daran zurückdenke, werde ich ausgesprochen erregt und onaniere heftig. Ich bilde mir ein, ihre großen Brüste zu fühlen, vielleicht an ihnen zu saugen, sie zu küssen, indes ihre Hand mich unter meinem Kleid masturbiert.

Eine weitere Phantasie hängt mit einem Zwischenfall zusammen, den ich mit 26 Jahren erlebte und in den ein 13jähriger Junge verwickelt war. Ich arbeitete als Leiterin eines Kinderspielplatzes, zu dem er seinen kleineren Bruder brachte, um anschließend herumzulungern. Er war gerade in die Pubertät gekommen, und mit seinem jungen muskulösen Körper war er halb Knabe, halb Mann. Wir spielten den ganzen Sommer miteinander; meist Dinge, bei denen wir uns »versehentlich« berühren konnten. Schließlich spielten wir eines Tages »Verstecken« zusammen mit anderen Kindern und fanden uns hinter einigen Büschen wieder .. Er riß mich zu Boden und warf sich über mich. Wir küßten uns und hielten uns gegenseitig fest. Später rannten wir in das Klubhaus und verschlossen die Türe. Sein Bruder begann draußen gegen die Tür zu trommeln und zu weinen. Diese unberührte, männliche Jungfrau hatte ihre erste sexuelle Begegnung – mit mir. Er legte mich über eine Bank und warf sich über mich, holte seinen glänzenden, erigierten Penis heraus und bat mich, ihn 'reinstecken zu dürfen. Ich lehnte ab, weil ich Angst vor einer Schwangerschaft hatte. Welch ein Jammer! Erinnere ich mich heute an diesen Liebesakt, so phantasiere ich seine Vollendung hinzu. Mein Liebhaber war, nebenbei bemerkt, übrigens ein katholischer Chorknabe.

Manchmal phantasiere ich, im Wald zu lieben, neben Mammutbäumen, die Sonne ist da, Düfte, Schatten, alles ist vorhanden. Dann werde ich auf einmal eins mit dem Wald. Erst kürzlich masturbierte mich ein Liebhaber bis zum Höhepunkt, und im allerletzten Augenblick wurde ich verschlungen und löste mich zu Wolken wirbelnden Rauchs auf, die violett und olivgrün schimmerten. Unglaublich schön!

Eine weitere Phantasie kreist um einen Mönchs- bzw. Nonnenklosterkomplex. Ich bin eine junge Nonne, der der Rauswurf aus dem Nonnenkloster droht, wenn sie sich nicht dem Bedürfnis der Mutter Oberin nach einer kleinen lesbischen Masturbation fügt. Wie in den meisten meiner Phantasien, masturbiert wiederum sie mich zum Höhepunkt. Das ganze läuft etwa unter »Du möchtest also hierbleiben – dann tu besser das, was ich dir sage und jetzt komm...«. Oder, ich mache gerade etwas Ähnliches mit einer anderen Nonne, oder einem Priester, es geschieht aber heimlich und gehetzt, aus Angst vor einer Entdeckung. Ein Großteil meines Bewußtseins konzentriert sich dabei auf den rauhen, grauen Futterstoff unserer Kutten.

Eine weit zurückliegende Phantasie spielt im Jugendhaus, wo ich und ein anderes Mädchen uns gegenseitig bis zum Höhepunkt reizen – und dann entdeckt werden.

Oft habe ich mir vorgestellt, selbst einen Penis zu besitzen, der entweder masturbiert wird oder sich in einer Frau befindet, und ich finde das aufregend. Neulich dachte ich an eine

Frau, die nach der Mode von 1890 gekleidet war, mit zerzausten Rüschen und hochhackigen Schuhen. Und inmitten des ganzen alten Plunders prankte ihre schwarzhaarige Votze, offen und erwartungsvoll. Ich war überrascht, wie erregt ich wurde, fühlte mich schuldig, da es aber mein »Geheimnis« war, stellte ich es mir weiter vor und kam dann natürlich ganz wild. (Ich hatte niemals ein lesbisches Erlebnis, aber meine Phantasien scheinen aufregender zu sein, wenn sie sich statt mit Männern mit Frauen befassen.)

Ich erinnere mich, von Eldridge Cleaver etwas darüber gelesen zu haben, was ihm als Jugendlicher wirklich zugestoßen ist. Ich stelle es mir häufig vor. Ein junges Mädchen aus seiner Nachbarschaft ließ sich einmal von ihm ficken, während es sich am hellichten Tag an einer Straßenecke gegen eine Telefonzelle lehnte und dabei noch zwei Einkaufstüten in den Händen hielt, um die Aktion zu tarnen. Ein anderes Mal war er mit zwei Mädchen auf irgendeinem Hügel und fickte das ältere (einen Teenager), während das jüngere (10) zuschaute. Dann fragte ihn die Zehnjährige, ob es nicht ficken wolle und drohte ihm an, daß es, wenn er es nicht täte, überall herumerzählen würde, er hätte es doch getan. So machte er es dann.

Manchmal denke ich daran, in der Öffentlichkeit, beispielsweise einer Encounter-Gruppe, zu lieben, oder, besser noch, gefickt zu werden. Männer und Frauen schauen zu, streicheln meine Brüste, küssen mich, ficken mich, masturbieren mich, fassen mich überall an. Alles ist sehr liebevoll und warm, es existieren ein brennender Kamin, weiche Teppiche, Polsterkissen usw.

Gelegentlich stelle ich mir vor, mit Männern und Frauen zusammenzusein, die alle ineinander verschlungen sind und es sich gegenseitig machen.

Ich denke an meinen Therapeuten, der mich vögelt und eine schöne harte Erektion dabei hat, mit meinen Brustwarzen spielt und mich zärtlich küßt.

Häufig fällt mir eine Phantasie aus Bergmanns Film »Persona« ein, wo zwei Frauen nackt am Strand liegen und von zwei Jungen beobachtet werden, ohne es zu bemerken. Einer kommt herunter und fickt beider hintereinander – das wird übrigens im Film nicht gezeigt, sondern nur verbal angedeutet –, es hat ungeheuer stark auf mich gewirkt.

All das sind wiederum Masturbationsphantasien, die während sexueller Beziehungen, die einen durch Masturbation erreichten Höhepunkt zum Ziel haben, von mir verwendet werden.

Es gibt auch noch einige andere Masturbationsphantasien, die von Vergewaltigungen, Sex mit den Mitgliedern einer Gang oder von Kindern handeln, die es im Klubhaus miteinander treiben. Manchmal denke ich daran, mit meinem Vater auf dem Boden seines Bootes zu vögeln; dort, wo uns niemand sehen kann.

Alles in allem muß ich zugeben, daß mich meine Phantasien langsam langweilen und ich ganz gern neue Anregungen beziehen würde. Vielleicht muß ich mal irgendwann irgendwelche Pornographie daraufhin durchsehen – obwohl gerade das, was ich hiervon zuletzt gesehen habe, mich ebenfalls langweilte.

Rebecca scheint sehr viel sexuelle Energie zu besitzen, die weder von ihrem Lebenshunger noch ihren Versuchen, sich bemerkenswerte und genußvolle Erfahrungen zu verschaffen, zu trennen sind.

In ihren Masturbationsphantasien drückt sich ein in zweifacher Hinsicht starker Wunsch nach Mütterlichkeit aus: Sie möchte bemuttern und bemuttert werden. In der zärtlichen Darstellung ihres Erlebnisses mit der älteren Frau kommt eine sinnliche Beziehung zum Vorschein, die ausgesprochen erregend und erfüllend sein kann (ihre »Mutter-Oberin-Phantasie« bezieht sich wohl auf denselben Wunsch). Gleichzeitig wird ihre mütterliche Phantasie aber auch von der Vorstellung angeregt, sich mit dem ihr bekannten Jungen (einem katholischen Chorknaben immerhin) sexuell zu vergnügen. Diese »mütterliche« (und des ungeachtet: sexuelle) Initiation eines Knaben, der die Männlichkeit erlangt, taucht in den Phantasien vieler Frauen auf. Ein weiterer Hinweis auf den Versuch, mütterliche Triebe zu befriedigen, ist in dem verführerischen Versteckspiel mit den Kindern zu finden: Ich berühre und errege dich, laufe dann aber fort und zwinge dich so, mich wiederzufinden.

Rebeccas Phantasien illustrieren die Allgegenwart der Libido. In unserer Gesellschaft weigern wir uns nur allzuoft, unsere Sexualität mit dem Leben zu identifizieren. Wir haben oft die Unart, die Sexualität auf den Geschlechtsverkehr zu reduzieren – wer geht mit wem wann ins Bett –, anstatt zuzugeben, daß Sexualität wesentlich mehr bedeutet. Lebendig zu sein heißt, ein sexuelles Wesen zu sein. Überall sind wir von sexuellen Einflüssen umgeben – Kinder gebären oder Babies zu pflegen kann äußerst sexuell sein. Ein berühmter Schriftsteller hat einmal mir gegenüber bemerkt, einen guten Artikel zu schreiben sei so ähnlich wie einen guten Orgasmus zu haben. Jeder Ausdruck von Kreativität – eine Idee – ist ausgesprochen sexuell. Kreativität, Sexualität – das Leben – all das bedient sich identischer Kräfte. Wir müssen dabei nicht unbedingt mit jedem Geschlechtsverkehr haben, für den wir sexuelle Gefühle hegen. Wir können unsere sexuellen Beziehungen durchaus auf dasjenige beschränken, was uns moralisch und sittlich vertretbar zu sein erscheint. Aber weshalb sollten wir unsere Sexualität nicht fühlen, sie mitteilen und durch sie kommunizieren? Wahrscheinlich ist jedem von uns schon aufgefallen, daß enthusiastische, glückliche und charismatische Leute auch immer sehr sinnlich sind. Sexualität ist ohne Zweifel Ausdruck von Kreativität und Lebendigsein.

Rebecca erwähnt übrigens auch eine Vielzahl von Phantasien, bei denen sie sich von dem Körper anderer Frauen erregt sieht – eine weitverbreitete Phantasie. Und ähnlich wie Rebecca zögern viele Frauen, einer solchen Phantasie nachzugeben.

Bei all den unterschiedlichen Arten und Strukturen weiblicher Sexualphantasien, die hier vorgestellt werden sollen, sind Betty und Dora für eine große Anzahl von Frauen repräsentativ. In dem Abschnitt »Wer hat sie?« stelle ich einige der Variablen heraus, die die Vielfalt und die Abfolge sexueller Phantasien (oder zumindest von dem, was mir berichtet wurde) beeinflussen. Solche Variablen sind z. B. die Erziehung, das Verhältnis zur Masturbation, das Alter, die Heirat, die Klassenzugehörigkeit und andere mehr.

Betty

Betty ist eine verheiratete 22jährige Sekretärin, die aus einer Arbeiterfamilie kommt. Sie hat einen High-school-Abschluß und verbrachte die meiste Zeit ihres Lebens in einer Stadt an der Ostküste. Sie behauptet, niemals masturbiert zu haben, mit ihrem Sexualleben zufrieden zu sein und nur selten sexuelle Phantasien zu haben.

Tagträume
Keine

Masturbationsphantasien
Keine

Phantasien während des Geschlechtsverkehrs

Mit einem Mann, der anders als mein Ehemann ist, zusammenzusein.

Dora

Dora ist eine 28jährige Kirchenangestellte mit einer High-school-Erziehung. Sie kommt aus proletarischen Verhältnissen und ist in einer kleinen Stadt im mittleren Westen aufgewachsen, in der sie immer noch lebt. Sie sagt, sie hätte niemals masturbiert, sei mit ihrem Sexualleben zufrieden (sie ist verheiratet) und hätte niemals sexuelle Phantasien.

Ich habe keinerlei sexuelle Phantasien, weder in bezug auf noch während des Geschlechtsverkehrs. Ich denke mir, wie schön die Situation gerade ist oder sein könnte. Ich denke auch daran, wie sehr ich meinen Ehemann liebe und wie glücklich ich mit ihm bin – vor, während und nach dem

Geschlechtsverkehr. Ich bin genauso glücklich, wenn ich einfach nur mit ihm zusammen bin – ihn anfasse oder im Wohnzimmer sitze und mit ihm rede.

An Betty wie Dora läßt sich der enge Zusammenhang zwischen Unterschichtsnormen (vor allem im Fall einer Heirat eines Partners ohne College-Erziehung) und der Unfähigkeit demonstrieren, sexuelle Phantasien zuzugeben (im Gespräch oder in einem Fragebogen) bzw. sie sich überhaupt zu erlauben. In einigen der folgenden Kapitel dieser Arbeit wird ausführlich aufgezeigt werden, daß die Gesellschaft die kreativen Fähigkeiten der Frauen im allgemeinen und ihrer erotischen Vorstellungskraft im besonderen nicht gerade ermutigt. Das gilt vor allem für Frauen aus der Unterschicht, die kein College besuchen konnten. Es sei daran erinnert, daß Kinsey hinsichtlich der Männer dieser Klasse zu der Erkenntnis gelangte, daß sie in ihrem Sexualverhalten ebenfalls sehr konservativ eingestellt sind.

Bei Dora zeigt sich, daß die Ansichten über sexuelle Befriedigung weit auseinandergehen. Vielleicht spiegelt sich in ihrer Behauptung, niemals irgendwelche Gedanken an Sexualität zu verschwenden, nur das Unvermögen, sexuelle Phantasien als solche zu erkennen; doch verbirgt sich wohl dahinter auch ein allgemeines Unverständnis der sexuellen Problematik und eine extrem eingeschränkte Erwartung hinsichtlich der eigenen sexuellen Befriedigung.

Das Ganze klingt so, als ob Dora, wie auch viele andere Frauen – insbesondere aus ihrem sozioökonomischen Bereich – unter ihrer sexuellen Erfüllung eher eine allgemein enge Bindung an den Partner und seine ständige Präsens versteht und sich kaum auf den Lustgewinn (oder die Frustration) ihrer konkreten Sexualpraxis bezieht.

Jane

Jane ist eine 52 jährige verheiratete Geschäftsfrau von der Ostküste.
Nach ihrer Auskunft masturbiert sie gelegentlich, sie ist mit ihrem
Sexualleben ausgesprochen unzufrieden und hat kaum sexuelle
Phantasien.

Tagträume

Kann ich mir keine ins Gedächtnis rufen. Vielleicht hatte ich
welche, als ich jünger war, ich kann mich daran nicht erinnern.

Masturbationsphantasien

Sie tauchen gewöhnlich in der Nacht auf, wenn ich »das
Kätzchen streichle« – mit den Händen über den Körper gleite
und bedaure, keine schöne und erotisch attraktive Figur zu
haben, die einen Jeff-Chandler-Typ reizen würde. Ich bilde
mir ein, seine Hände zu spüren und frage mich, wie es sein
würde, mit jemand anderem als meinem Ehemann zu schlafen (Sex).
Seitdem ich in die Wechseljahre gekommen bin, hat sich
meine Vagina sehr zurückgebildet. Deshalb ist der Geschlechtsverkehr für mich sehr schmerzhaft, und ich ver-
meide ihn, wenn ich nur kann (oder ist etwa der Penis meines
Mannes größer geworden?), während die Masturbation mir
nicht weh tut und gelegentlich eine Entspannung bewirkt.

Phantasien während des Geschlechtsverkehrs

Mein Gott, vielleicht bin ich schon gar keine Frau mehr (je
angestrengter ich es versuche, desto schlimmer wird es –
verkrampft, nervös). Ich frage mich, ob ich zum Homo
werden soll und ob ich, falls ich einen anderen Mann träfe, der

besser zu mir paßt und mit dem es angenehmer wäre, mich meinem Ehemann immer noch hingeben würde? Ich habe den Ehebruch im Laufe der letzten Jahre ernsthaft ins Auge gefaßt, habe dazu aber keinen Mumm. Vielleicht bin ich jetzt nur noch eine Maschine und keine Frau mehr und wäre für einen anderen Mann nur eine Enttäuschung.

Jane macht den Eindruck einer Frau, die ernsthaft aus ihrer sexuellen Situation ausbrechen möchte, aber über die Jahre auf immer mehr Grenzen trifft. Ihre Aussage über die Rückbildung infolge des Klimateriums beschreibt eine lebensgeschichtliche Zäsur von großer Intensität, die für beide Partner offensichtlich nur unter großen Schwierigkeiten zu bewältigen ist. Solche Rückbildungen kommen gelegentlich vor, und manche Mediziner behaupten, ihnen könne mit Hilfe einer Hormontherapie begegnet werden. Psychologisch gesehen, hat dieses Problem – wie übrigens auch die Impotenz – häufig eine gewisse Eigendynamik (wie Jane das ausführt: Je hartnäckiger sie es versucht, desto schlimmer wird es).

Ganz gewiß sind ihre Phantasien durch ihr unbefriedigendes Sexualleben stark eingeschränkt, und der Mangel an Gelegenheiten, den sie voraussieht, trägt dazu noch bei.

Ihre Einschätzung trifft für eine Anzahl von Frauen wohl auch zu – besonders für jene, die in einem Alter sind, in dem sich – manchmal schmerzhafte – Veränderungen in ihrem Körper vollziehen. Und da sie diese Veränderungen nicht gründlich genug begreifen, sehen sie auch keinen gangbaren Weg, der sie aus dieser Situation herausführen könnte.

Brenda

Brenda ist eine 21 jährige Frau und stammt aus dem weißen Mittelklassenmilieu der Ostküste. Ihr Ehemann absolviert gerade sein erstes Jahr auf dem College und Brenda selbst ist momentan arbeitslos (nachdem sie ihre drei College-Jahre hinter sich gebracht hat). Sie meint, sie würde zur Zeit nur selten masturbieren, hätte selten Phantasien, und sei mit ihrem Sexualleben relativ zufrieden.

Tagträume

Ich möchte emotional wie auch finanziell vollkommen unabhängig und versorgt sein und in einer Hütte in den Wäldern leben. Ich möchte alleine leben, dabei aber mit einem älteren Mann (30–45) und einem Jungen (17–21) Beziehungen haben. Ich male mir immer aus, daß es das beste wäre, Sexualität von zwei Seiten zu erfahren: Zur gleichen Zeit Schüler und Lehrer sein zu können. Meine Vorstellungen gehen nie bis zum konkreten Geschlechtsakt – ich möchte das frei und offen halten, vielleicht aber komme ich eines Tages dazu. Dieser Tagtraum begann, als ich mit meinem Ehemann unzufrieden war und wir heimliche Affären hatten. Seit mir bestimmte Dinge bewußt geworden sind, ist dies und anderes auch wieder verschwunden. In gewisser Hinsicht habe ich es übrigens auch erlebt – ich hatte Beziehungen zu einem Mann (35) und einem anderen, etwas jüngeren (29), mit denen ich gewissermaßen experimentierte. Meine Tagträume habe ich dann noch mehr meinen eigentlichen Wünschen angepaßt.
Nackt auf einem Pferd zu reiten – ich habe es niemals getan –, vermittelt vermutlich animalische Kraft: Ich will frei und oben sein. In einem Nudistenkamp – ich war schon einmal dort – ist es nicht gerade sehr aufregend; es ist aber trotzdem ein interessantes Erlebnis und öffnet einem die Augen.

Masturbationsphantasien

Ich kann mich an keine erinnern – ich fühle eigentlich nur, wie mein Körper reagiert (ich benutze einen Vibrator) und achte darauf, was mir angenehme Empfindungen bereitet, wieviel ich aushalte (das betrifft den Kontakt mit meiner Klitoris), schließlich die Entspannung danach, ich fühle das Schlagen meines Herzens und spüre neue Energien in mir aufsteigen. Manchmal macht es mir Spaß. Zu anderen Zeiten aber vermisse ich den Körper neben mir, den ich fühlen kann und der mich berührt. In solch einem Fall ist Masturbation für mich eher frustrierend als lustvoll.

Ich denke manchmal auch an andere Männer und nicht nur an meinen Ehemann. In der Zeit, zu der ich andere Beziehungen habe, masturbiere ich häufiger. Ich halte es aber für falsch, an andere zu denken, wenn ich mit ihm zusammen bin. Es würde für mich bedeuten, daß ich mich ihm nicht ganz hingebe. Ich suchte mir früher eine Person heraus und stellte mir vor, sie sei »der Mann«. Wenn sich dann wirklich Möglichkeiten ergaben, lebte ich meine Phantasien aus – hervorragend; aber wenn es nicht Wirklichkeit zu werden schien und die Beziehung nicht befriedigend wurde, schminkte ich mir die Sache ab und ersetzte meinen Phantasie-Mann durch einen anderen. Dies war normalerweise eher ein dunkler Typ (wie mein Ehemann), schlank und muskulös.

Wenn ich wirklich etwas anderes machen wollte, müßte mein Mann vorher sterben, aber diese Phantasie macht mich befangen – so mit dem Tod umzuspringen etc.

Ich brauche die Wirklichkeit – muß einen anderen Körper fühlen und ähnliches. Tatsächlich zu wissen, daß jetzt konkret etwas geschieht, gehört für mich zur Erregung dazu. Das Phantasieren kann oft frustrierend werden!

In früher Jugend war meine wichtigste Phantasie, wenn ich mir es selbst machte, ein Baby zu sein, und von einem großen starken Mann liebkost und gestreichelt zu werden (Vaterbindung?).

Ich habe herausgefunden, daß mein Körper eine gewisse Anzahl von Geschlechtsakten braucht, und wenn ich diese nicht bekomme, wache ich in der Nacht auf und spüre, wie meine Vaginamuskeln spastisch zucken. Ich versuche dann ganz still zu liegen und hoffe, daß es anhält, aber gewöhnlich hört es auf, sobald ich etwas wacher werde. Bedauerlich! Es muß aber dennoch ein guter Traum gewesen sein – nur leider kann ich mich an seinen Inhalt nicht mehr erinnern. Ich nenne das meinen feuchten Traum – ich würde gerne wissen, ob andere Frauen ähnliche Erfahrungen machen? (Es könnte durchaus sein, daß sich meine Phantasien eigentlich im »Untergrund« abspielen.)

Phantasien während des Geschlechtsverkehrs

Wenn ich dabei meine Hände über meinen Kopf halte, bilde ich mir ein, mich nicht mehr in der Gewalt zu haben, dafür aber von meinem Partner beherrscht zu werden. Dann sehe ich mich als Hure, die ihn dazu bringt, die Kontrolle über sich zu verlieren. Ich kann immer nur an den Mann denken, mit dem ich gerade zusammen bin – wenn ich etwas anderes versuche, geht es nicht.

Ich stelle mir manchmal vor, wie es wäre, uns zuzuschauen. Ganz allgemein taugen Phantasien nicht allzuviel für mich – außer, die Wirklichkeit ist so beschissen, daß ich in meiner eigenen Welt eine Zuflucht suchen muß. Ich habe dann zwar auch immer versucht, diese Welt zu verwirklichen – das kann aber auch in einen großen Schlamassel führen. Deshalb habe ich auch davon abgesehen, die Phantasien, die ich im Laufe der letzten Monate hatte, irgendwie umzusetzen.

Bei Brenda zeigt sich, daß sexuelle Phantasien sehr häufig eine dynamische Qualität haben – sie verändern sich ebenso wie unsere Bedürfnisse und Erfahrungen. Eine Vorstellung, die uns im letzten Jahr sehr beschäftigt haben mag, braucht in diesem Jahr längst nicht mehr dieselbe »Potenz« zu besitzen.

Zudem repräsentiert sie den Konflikt, in den manche Frauen geraten, wenn sie versuchen, ihre Phantasien zu realisieren. Wie sie berichtet, sind das Anfassen und die körperliche Reizung sehr wichtig für sie; die Wunschbilder ihres Vorstellungsvermögens können diese in keinem Fall ersetzen. So muß sie darum kämpfen, mit ihren Phantasien irgendwie zurechtzukommen und sie auch zu genießen, ohne soweit zu gehen, ihre vollständige Verwirklichung zu wollen, da das »in den Schlamassel führen« kann. Daher hat sie sich wohl entschieden, ihre Phantasien zumindest so lange einzuschränken, bis sie ein ihr genehmes Gleichgewicht von Phantasie und Realität herausgefunden hat.

Ich weiß nicht genau, was Brenda unter einem »feuchten Traum« versteht, aber es kommt oft vor, daß Frauen erotische Träume haben und anschließend ausgesprochen feucht und geil sind.

Fran

Fran ist eine 47jährige Therapeutin, die zum zweiten Mal verheiratet ist und mehrere Kinder hat. Sie kommt aus dem mittleren Westen, ist Mitglied der Vereinigungskirche und gibt als ethnische Abkunft »Englisch« an. Sie masturbierte früher gelegentlich, heute aber kaum noch. Sie hat ab und zu sexuelle Phantasien und betrachtet ihr Sexualleben als befriedigend.

Ähnlich wie Ann scheint Fran in ausdrucksstarken, sich immer neu entwickelnden Phantasien zu schwelgen. Sie genießt ihre sexuellen Phantasien, die von ihrer ebenso kreativen wie befriedigenden sexuellen Beziehung zu ihrem Gatten nicht zu trennen sind, mit großer Intensität. Wir können von Frans Antworten, die von selten tiefer Einsicht in ihr Seelenleben zeugen, sehr viel lernen. Im Gegensatz zu vielen Frauen ihres Alters, scheint Fran ihr Leben intensiver zu verstehen und zu genießen. Sie ist ein gutes Beispiel für einen Menschen, der mit seiner Sexualität in wachsendem Maße zurechtkommt und nach neuen und konstruktiven Erfahrungen Ausschau hält.

Ihre abschließenden Bemerkungen über die Masturbation scheinen mir eine angemessene Überleitung zum nächsten Abschnitt dieser Arbeit zu sein.

Tagträume

Hier überschneidet sich sehr viel – Ich hatte kaum oder so gut wie nie sexuelle Tagträume, die nicht mit sexuellen Beziehungen oder Masturbation endeten, außer vielleicht in dem Augenblick, wo ich jemanden treffe und mich kurz frage, wie es wohl sein mag, mit ihm Sex zu haben.

Phantasien während des Geschlechtsverkehrs

In einem Folksong erzählt Pete Seeger von einer Frau, die ihr Haus und ihre Ländereien verläßt, ihren Ehemann und ihr Baby, und mit dem Zigeuner Davy auf der nackten Erde schläft. Mein Ehemann ist Davy, und ich gehe mit ihm fort, und lasse alle Verantwortung hinter mir zurück. Wir lieben uns in Heuschobern, auf dem Feld, in Güterwagen. Wir waschen uns nicht und riechen nach Erde. (Steve hat dunkles, lockiges Haar und sieht fast wie ein Zigeuner aus. Leider riecht er nicht so wie ein Zigeuner.)

Manchmal ist Steve der Kapitän eines alten Flußdampfers, oder ein Spieler an Bord, und ich bin eine dieser verlorenen Frauen, die um 1890 mitfuhren.

Steve füllt auch sehr schön die Rolle eines italienischen Handelsschiff-Kapitäns aus oder des Besitzers eines verkommenen Fischerboots. Er neigt zu spontanen sexuellen Handlungen und treibt es gewöhnlich auf dem Boden seines nassen, schmutzigen und stinkenden Boots.

Steve (der ein sehr ausdrucksvolles Gesicht besitzt und etwas Erhabenes ausstrahlt) beherrscht eine prächtige Imitation des schielenden Löwen Frazier. Das bringt mich dann irgendwann dazu, mich mit einer Löwin zu identifizieren. Es gab einmal eine kurze Zeit, da waren wir beide Grizzlybären.

Wenn ich mich meinem Orgasmus nähere und dabei nicht eigentlich bewußt phantasiere, sehe ich manchmal dabei eine Vielzahl von Mustern – wilde, farbige und sich bewegende Bilder, die blitzartig durch Szenen im Freien unterbrochen werden, wo ich auf einem Pferd im Wind reite und mich auf und ab bewege oder, ein anderes Mal, in einer Kutsche durch den Central Park fahre.

Ob das folgende nun genau einer Phantasie entspricht, weiß ich nicht, jedenfalls habe ich manchmal während des Orgasmus das sehr erheiternde Gefühl, dem Tode sehr nahe zu sein, seiner zu spotten, als wenn ich am äußersten Ende eines Abgrunds tanzen würde; dabei habe ich fast die Überzeugung, daß ich mich, wenn ich diesem Gefühl nur noch einen winzigen Schritt nachgäbe, zu winzigen Partikeln auflösen würde und durch das Dach hinausschösse, um zu kosmischem Staub zu werden. Ich hoffe tatsächlich, so um die nächste Jahrhundertwende auf diese Art zu sterben.

Manchmal habe ich ein gewisses Gefühl, das aber nicht so drehbuchhaft verläuft, wie es hier wirken könnte: Ich schlüpfe in die Rolle eines ausgesprochen geilen Plagegeistes, der sich mit Steve auf einen sexuellen Kampf einläßt, um ihn zu erregen und zu verführen, äußerlich sehr bemüht und aktiv ist, innerlich aber jedes sexuelle Gefühl in der Absicht unterdrückt, das Eindringen unbedingt zu verhindern. Dieses Vorhaben ist glücklicherweise niemals erfolgreich. Wenn er dann eindringt, bin ich genauso gierig wie er. Eine Schlacht dieser Art zu verlieren, scheint mir äußerst weiblich und sehr befriedigend zu sein. (In meinem Kopf bin ich hingegen befreit.) Ich möchte hier keineswegs die Wichtigkeit meiner sexuellen Phantasien bezweifeln und den Lustgewinn, den ich aus ihnen ziehe, verringern. Doch bin ich zu der Ansicht gelangt, daß ich sie um so weniger benötige, als ich mit meiner Sexualität klarkomme und mich meinem Sexualpartner gegenüber in wachsendem Maß liebesfähig, vertrauensvoll und genußfreudig verhalten kann. Während der letzten Jahre habe ich längere Zeiten erlebt, in denen ich keine Phantasien mehr hatte. Es waren eben die Zeitabschnitte, als ich zu Steve die engsten und intensivsten Beziehungen hatte.

Nichts von dem soeben Geschilderten hat sich in Wirklichkeit ereignet, und ich habe auch kein Verlangen danach – mit der einen, schon angedeuteten Ausnahme –, irgendwann mit achtzig im Orgasmus zu sterben. Allerdings würde es mir Spaß machen, wenn wir mehr spontanen Sex außer Hause hätten und nicht bloß zwischen den Wänden unseres Schlafzimmers zu der vorgeschriebenen Zeit um 22.30 Uhr. Mit der Wiederholung bestimmter Dinge hat es aber denn doch etwas auf sich. Manchmal denke ich an etwas, das Steve gesagt oder getan hat und das für mich sehr bewegend oder erregend war, obwohl es schon viele Jahre zurückliegt. Als wir zum Beispiel unser Haus kauften, betrachtete mein Mann den Rosengarten und sagte zu mir: »Wenn du dich um diese Blumen nicht kümmern möchtest, werde ich sie herausreißen. Rosen sind irgendwie feindselige Pflanzen. Sie sagen, ›Ich bin sehr schön, aber faß mich nicht an‹.« Die sexuelle Bedeutung, die für mich in dieser Bemerkung liegt, erklärt sich aus meinen Gefühlen meiner ersten Ehe gegenüber: warmherzig, liebevoll, offen und einladend zu sein hatte den Effekt, meinen ersten Ehemann abzuschrecken – jedenfalls schien es mir so zu sein. Dornen hingegen forderten ihn heraus. Der Luxus, unverfälscht warmherzig und sexy zu sein und das auch zeigen zu können, erschien mir damals wie ein aufregendes und unerreichbares Wunder. Jahrelang glaubte ich tatsächlich, daß alle Männer von solcher Wärme abgeschreckt werden würden und nur durch das Ich-bin-nur-schwer-zu-kriegen-Spiel zu erregen seien. Ich benötigte Jahrzehnte um herauszufinden, daß ich im Grunde deswegen feindselige Männer wählte, weil ich mich vor meiner eigenen Wärme fürchtete.

Sie haben sich nicht nach homosexuellen Phantasien erkundigt, ich möchte sie aber trotzdem erwähnen, weil sie in meiner sexuellen Entwicklung eine wichtige Rolle spielen. Ich wurde mir ihrer erst bewußt, als ich Anfang vierzig mit meiner Therapie begann. Da mein Therapeut darauf bestand, daß ich homosexuelle Phantasien hätte, versuchte ich sie in mühsamer Kleinarbeit herauszufinden. Nach einigen anstrengenden Wochen war ich soweit, daß ich das Gefühl hatte »jetzt ist Gott sei Dank alles vorbei«. Schließlich lernte ich es, diese Gefühle zu genießen und recht kreativ verschiedene Kombinationen von Männern, Frauen, Gruppen usw. zusammenzustellen. Ich kann gar nicht sagen, um wieviel mehr ich auf einmal Frauen mochte, mit mir selbst angefangen! Einen wesentlichen Unterschied machte es aus, daß ich mir nunmehr erlauben konnte, meine aggressiven sexuellen Wünsche auszuleben. Ich begann damit, fieberartige masochistische Phantasien zu entwickeln (eine Projektion meiner eigenen Aggression auf Männer). Zu dieser Zeit masturbierte ich sehr häufig und erwarb dabei ein Gefühl der Unabhängigkeit hinsichtlich meiner Fähigkeit, selbst darüber zu bestimmen, was für meine Sexualität gut und richtig ist. Daher ist es mir heute möglich, Sexualität mit einem Mann als etwas Wunderbares zu genießen, ohne mich von ihm vollständig abhängig zu fühlen – und deshalb glaube ich auch, daß ich inzwischen in der Lage bin, auf einen sexuellen Partner mit der gebotenen Rücksicht einzugehen.

Masturbation – der Schlüssel zur Sexualität

Die Masturbation ist wirklich so etwas wie ein »Schlüssel zur Sexualität«. Die Entscheidung einer Frau darüber, ob sie masturbiert oder nicht, beeinflußt unmittelbar ihr Sexualverhalten und ebenso ihre sexuellen Phantasien. Masturbierende Frauen berichten von weitaus mehr Arten sexueller Vorstellungen und phantasieren auch häufiger als nichtmasturbierende. Was ist nun der Grund hierfür?

Es ist anzunehmen, daß die Entscheidung einer Frau für die Masturbation der entscheidende Schritt ist, ihre eigene Sexualität zu akzeptieren und zu genießen. In fast allen übrigen Formen des Liebesspiels ist es ihr nicht möglich, jenseits ihrer passiven Rolle zu gelangen. Leah Schaefer schreibt in ihrem Buch »Frauen und Sexualität«, daß eine Frau »ihre Sexualität zu Vielerlei rationalisieren kann – Liebe, Leidenschaft, zeitweilige Berühmtheit, Heirat, dem Partner gefällig zu sein, weibliche Pflicht usw.«. Dagegen übernimmt sie durch die Masturbation direkt Verantwortung für ihre sexuellen Gefühle und Aktivitäten. Sie kommt so von den traditionellen Entschuldigungen weg (»Er brachte mich dazu, es zu tun«, oder »Ich tat es für ihn«) und hin zu der selbstbewußten Einschätzung: »Ich habe es getan, weil es mir Spaß macht und weil ich es wollte.«

»Ich tat es, weil ich es wollte« oder – noch direkter – »weil mir gerade danach ist«, sind Entscheidungsformen, die sehr oft mit Masturbation beginnen, sich dann aber bald auf alle sexuellen Aktivitäten einer Frau ausdehnen können. Sie ist nicht länger willenloser Teilhaber an der Sexualität, sondern wählt selbst ihre Partner aus, bestimmt ihre Situationen und übernimmt für ihre Aktivitäten eigene Verantwortung. Kinsey und die ihm nahestehenden Wissenschaftler halten die Masturbation für das wichtigste Kriterium des weiblichen Interesses an der Sexualität.

Auf Grund der tradierten sozio-kulturellen Normen entwickeln allerdings viele Frauen immer noch Schuldgefühle oder halten es zumindest »nicht für richtig«, wenn sie masturbieren. In Schaefers Frauenstudie von 1963 drücken die Mehrzahl der interviewten Frauen eine starke Mißbilligung masturbatorischer Praktiken gegenüber aus. Darüber hinaus hatte ihre Ansicht kaum etwas damit zu tun, ob sie selber masturbierten oder nicht bzw. in welchen Zeitabschnitten sie es taten. Meiner zehn Jahre später durchgeführten Studie über sexuelle Phantasien (in diesen Zeitraum fällt immerhin die »Ära sexueller Bewußtwerdung der späten sechziger und frühen siebziger Jahre) läßt sich entnehmen, daß 23 % der befragten Frauen niemals masturbiert hatten. Obwohl sie keinen direkten Unwillen gegen den Masturbationsakt äußerten, hielten doch viele der nicht masturbierenden Frauen die Masturbation für überflüssig. Andere behaupteten hingegen, sie hätten es ohne Erfolg versucht. Viele der masturbierenden Frauen haben aber ihre Einstellung verändert; sie meinten, sie wollten lernen, ihre Schuldgefühle abzubauen.

In den folgenden Bemerkungen von Frauen aus meiner Studie werden die Erfahrungen und Gefühle, die sie mit und bei der Masturbation haben, näher beschrieben.

Ich bin durch eine in sexueller Hinsicht sehr repressive Mutter zu einer strengen Katholikin erzogen worden und hatte daher viele Jahre Angst davor, meine genitale Zone zu berühren. Ich muß früher sehr oft Tagträumen nachgehangen haben, was mir mit dem Erwachsenwerden nicht länger möglich war. Ich hatte wohl »vergessen«, wie man masturbiert. Über meine sexuellen Gefühle war ich richtig entsetzt ... Ich bildete mir ein, alle Männer wären ausgesprochen strenge, kalte, zu dauernder Bestrafung neigende Vaterfiguren, die mich nur anfaßten, um mich zu strafen und zu quälen. Man lehrte mich, daß die Männer sexuelle Frauen zurückweisen würden (außer um sie auszubeuten, was bedeutete, Sex mit ihnen zu haben), daß sie nur diejenigen Frauen lieben, respektieren und heiraten könnten, die an Sexualität nicht interessiert sind. Als ich später zu masturbieren lernte (ein Arzt zeigte mir, wie ich es zu machen habe, als ich 23 war) und Spaß daran fand, änderte sich auch meine

Einstellung dahingehend, daß ich mir den Geschlechtsverkehr mit Männern wünschte.

Ich erinnere mich undeutlich daran, als Kind masturbiert zu haben (und deswegen öfters ermahnt worden zu sein). Meine letzten diesbezüglichen Bedürfnisse hatte ich vor meiner Heirat, als ich im College war... Ich träumte oft von der Liebe, nachdem ich einen exzellenten Höhepunkt erreicht hatte. Ich bin sicher, daß ich in meinen nächtlichen Träumen mehr sexuelle Phantasien hatte als in meinen Tagträumen.

Meine Erinnerung an Masturbation reicht bis in meine früheste Kindheit zurück. Ich muß ungefähr ein Jahr alt gewesen sein: Ich stand in meinem Kinderbett und rieb meine Genitalien und empfand dabei großes Vergnügen. Dann lernte ich schnell, daß es noch vergnüglicher war, mich auf den Bauch zu legen und mit beiden Händen meine Genitalien zu reizen und dabei hin und her zu schaukeln; auf diese Art »kam« es mir zum ersten Mal.

Als ich älter geworden war (zwischen vier und fünf) begann ich zu masturbieren, indem ich meine Klitoris mit der Hand reizte und dabei auf dem Rücken lag. Einen großen Teil meiner Ruhezeit verbrachte ich mit dieser Art von Vergnügen. An sich genoß ich die Masturbation, aber da ich in einem Haus aufwuchs, wo Sexualität abgelehnt wurde, wurde mir bald bedeutet, daß man sich nicht »selbst berühren« dürfe.

Als ich noch sehr jung war, hatte ich auch Spaß daran, meinen Finger zwischen meine Schamlippen zu stecken und anschließend daran zu riechen. Ich genoß meinen eigenen Geruch und wurde bald dadurch sexuell leicht erregt. Irgendwie muß ich gespürt haben, daß die Freude an meinem Körper nicht notwendigerweise falsch war, sondern tatsächlich eine natürliche Angelegenheit. Jedesmal jedoch, wenn ich es tat, stellte sich auch ein Gefühl von Angst und Schuld ein. Einmal, als ich vier Jahre alt war, steckte ich meinen Finger in meine Vagina und rannte zu meiner Mutter, um sie an dem guten Geruch teilhaben zu lassen. Ich wurde sanft zurückgestoßen und mir wurde erzählt, ich solle nicht meinen Finger in meinen »Körper« stecken.

Einige Jahre später, ich war neun Jahre alt, wachte ich nachts gegen vier Uhr sehr erschrocken auf, nachdem ich mich in der vorhergehenden Nacht in den Schlaf masturbiert hatte. Obwohl ich im allgemeinen mit den »Dingen des Lebens« schon vertraut war, besah ich meinen anscheinend angeschwollenen Kinderbauch und bekam plötzlich furchtbare Angst, mich durch die Masturbation selbst geschwängert zu haben. Ich fühle noch heute die Angst, die ich dabei empfand, und den kalten Schweiß, der sie begleitete. Ich lief zum Schlafzimmer meiner Eltern und bat darum, hereingelassen zu werden, um meiner Mutter von meinen Ängsten erzählen zu können. Sie antwortete mir, ich solle mich bis zum nächsten Morgen gedulden, und so ging ich zurück, um zu schlafen und vergaß (?) meine große Angst.

Mit zehn Jahren erhielt ich die katholische Taufe, und während einer Reihe von Jahren mußte ich einen schweren inneren Konflikt über die Frage durchstehen, ob Masturbation wirklich eine Sünde ist. Für die Kirche war das eindeutig der Fall, und in beinahe jeder Beichte mußte ich mit leiser Stimme zugeben, daß »ich mit mir selbst gespielt« hatte, worauf ich wegen dieser sündigen Tat ermahnt werden mußte. Ich versuchte mit aller Kraft, mit der Masturbation aufzuhören – manchmal gelang es mir über die ganze Fastenzeit. Aber selbst unter diesem Druck hatte ich immer noch Spaß daran und wurde das Gefühl nicht los, daß es falsch sei, was die Kirche sagte.

Während meiner Jugendjahre und der ersten Zeit auf dem College rationalisierte ich meine gelegentliche Masturbation dadurch, daß ich mich vom Geschlechtsverkehr fernhalten müsse, da ich mich für meinen zukünftigen Ehemann »rein zu bewahren« hätte.

Während der letzten Jahre (ich bin inzwischen 32) habe ich die Masturbation sehr genossen, mit dem Vibrator experimentiert usw.; zu meinem neuen, positiven Verhältnis zur Masturbation hat die öffentliche Diskussion über die Vorzüge des Vibrators wesentlich beigetragen. Eines meiner erregendsten und interessantesten Erlebnisse bestand darin, vor einem Mann, den ich liebte, zu masturbieren und mit ihm die Erfahrung gegenseitiger Masturbation zu machen. Es war so, als ob wir uns wechselseitig eines unserer größten Geheimnisse offenbarten.

Die Masturbation kann mir zwar nicht den Wunsch befriedigen, einen Penis in mir zu spüren und einen Orgasmus mit einem Mann zu haben; es ist aber auch umgekehrt: Nach einem mit intensivem und befriedigendem Sex verbrachten Tag kann immer noch ein Bedürfnis existieren, ihn mit Masturbation zu beenden.

Im Alter zwischen 3 bis ungefähr 15 Jahren masturbierte ich häufig. Zwischen 15 und 18 war ich mit einem Jungen zusammen, und wir trieben starkes Petting (kein Geschlechtsverkehr), worauf die Masturbation bei mir nachließ.

Heute ist die Masturbation für mich keine mit Schuldgefühlen begleitete Angelegenheit mehr. Meine eigene Sexualität ermöglicht es mir, zwei- oder dreimal die Woche mich selbst zu erfahren. Masturbation bewirkt ein Nachlassen der sexuellen Spannung, sie ist für mich ein Mittel, entspannt bei mir selbst zu sein, manchmal masturbiere ich auch mit meinem Partner. Ich habe früher dabei kaum phantasiert, habe jetzt aber vor, das zu ändern.

Manchmal habe ich mir die Frage gestellt, ob ich nicht statt meiner Finger irgend etwas anderes benutzen sollte, aber dann bin ich doch dabei geblieben. Bevor ich mit dem Masturbieren begann, wollte ich erst einmal klären, »was man macht und wie man es macht«; dann machte ich es aber einfach und alles ergab sich von selbst. Interessanterweise ist das ein Bereich, den die Frauen im allgemeinen gern vertuschen, und ich war daher sehr erstaunt, als ich die ersten Statistiken zu sehen bekam – die Rate der Frauen, die masturbieren, liegt wahrscheinlich höher, als wir annehmen. Mir wurde beigebracht, Sexualität nur in einer sehr reduzierten Art und Weise zu sehen – ich hatte keine Ahnung, was mich erwartete. Es wurde niemals darüber gesprochen. Ich denke heute oft daran, was ich all die Jahre über versäumt habe. Inzwischen ist die Masturbation aber sehr lustvoll, vor allem auch dann, wenn ich jemanden kennengelernt habe, der mir gefällt, mit dem ich aber – aus welchen Gründen auch immer – nicht schlafen kann. Heute ist mir endlich bewußt, was mir wirklich guttut.

Bei solchen Gelegenheiten denke ich zuerst an John. Mit ihm hatte ich eine nicht allzugroße Affäre – wir sahen uns alle zwei Wochen vom späten Abend bis zum frühen Morgen des nächsten Tages. Ich bin in dieser Beziehung der schwache Partner, während John dominiert.

Häufig habe ich dabei Schuldgefühle. Ich denke wohl, daß es falsch ist und daß ich es nicht tun sollte. Wenn ich es tue, sind meine Phantasien dabei eigentlich nicht allzu ausschweifend. Ich bin immer ganz betört und eigentlich mehr mit meinen eigenen Geschichten beschäftigt. Ich bin manchmal enttäuscht darüber, daß jemand, den ich will, mich kaum beachtet, dafür andere, die ich nicht so mag, um so mehr. Ich habe vermutlich ein bißchen Angst vor dem Sex und mache mir manchmal Sorgen, promiskuitiv zu sein. Aber das nehme ich nicht übertrieben ernst.

Wenn ich ehrlich sein soll, muß ich sagen, daß die Masturbation in meinen Augen eine so anstrengende Angelegenheit ist, daß ich keine Zeit dabei habe, mich auf Phantasien zu konzentrieren. Ich denke aber daran, es irgendwann einmal auszuprobieren, um herauszufinden, ob es die Masturbation noch erleichtert.

Ich befürchte, daß ich meinem Körper etwas antue, wenn ich masturbiere. Ich habe versucht, damit aufzuhören – obwohl ich es vielleicht gar nicht wollte. Diese Befürchtung zusammen mit Schuldgefühlen beeinträchtigt nach meiner Ansicht meine sexuellen Phantasien ganz allgemein, vor allem aber beim Masturbieren. Ich spüre, daß ich mich nicht wirklich gehenlasse und die Masturbation nicht so genieße – das gilt inzwischen auch für den Geschlechtsverkehr –, wie ich eigentlich möchte. So hindere ich mich selbst daran, an bestimmte Phantasien zu denken, die mich erregen würden.

Ich masturbiere weniger häufig, wenn ich sexuelle Beziehungen gehabt habe. Dann gibt es mir so gut wie nichts. Wenn aber seit dem letzten sexuellen Kontakt längere Zeit verstrichen ist, werde ich wieder auf mich selbst aufmerksam und streichle mich, gewöhnlich zwischen den Schenkeln und an den Brustwarzen ... Ich lege mich dann in mein Bett, denke an einen speziellen Freund und ziehe meine Muskeln zusammen und versuche so zu kommen, ohne die Finger zu benutzen. Das Bettzeug oder irgendwelche Gegenstände habe ich nur selten zur Masturbation benutzt.

Wenn ich masturbiere, stelle ich mir gerne vor, wie ein Mann oder eine Gruppe mir zuschauen. Ich liebkose meinen Körper demonstrativ vor ihnen. Je dichter ich an den Orgasmus gelange, desto erregter werden sie. Wenn es mir dann kommt, sage ich zu ihnen: »Seht, wie es mir kommt. Schaut mich an.«

Ich masturbiere immer nur nachts im Bett. Gewöhnlich benütze ich einen Schlüpfer als Penisersatz. Meine Phantasien haben gewöhnlich etwas damit zu tun, daß ich unfähig sei, mich körperlich zu wehren. Anschließend übernehme ich gewöhnlich die Rolle des Mannes; das ist fast immer ein Fernsehschauspieler. Manchmal glaube ich, daß ich emotionale, mehr geistige Liebe suche, wenn ich masturbiere – das gilt auch für den Geschlechtsverkehr –, nicht bloß sexuelle Erregung.

Wenn ich masturbierte, tat ich das oft in der Badewanne, in die ich zurücksank, während ich mir einredete, ein Dämon hätte von mir Besitz ergriffen. Einige Male habe ich auch einen Vibrator benutzt. Anfangs hatte ich Höhepunkte, aber dann kam ich mit dieser Maschine doch nicht zurecht.

Ich habe immer heimlich masturbiert, außer zu der Zeit, als ich verheiratet war. Mein Ex-Ehemann forderte mich dazu auf, ich habe ihn aber dann verlassen, weil ich mich zu sehr schämte, ihn zuschauen zu lassen.
Jetzt lebe ich mit meinem Jugendfreund zusammen, und

immer wenn er weggeht oder unter der Dusche ist, masturbiere ich im Schlafzimmer oder auf der Wohnzimmercouch. Manchmal kann ich es gar nicht erwarten, daß er weggeht, besonders dann, wenn ich mich richtig geil fühle. Ich masturbiere mindestens jeden zweiten Tag. Ich genieße es wirklich.

Aus diesen Masturbationsbeschreibungen läßt sich schließen, daß die Frauen, die die Selbst-Erfahrung[1] als eine lustvolle Angelegenheit akzeptieren und hinter ihren Masturbationspraktiken stehen, die unabhängigeren Frauen zu sein scheinen, die dem Leben mit mehr Vitalität und Neugier entgegentreten. Vergleicht man solche Frauen mit der jungen Frau, die ihre unsichere und abhängige Beziehung mit »John« beschreibt, zeigt sich, daß diese nicht nur gegenüber ihrer eigenen Sexualität verunsichert ist, sondern auch allgemein keine hohe Meinung von sich hat.

Narzißmus

Einige Frauen berichten über narzißtische Gedanken während der Masturbation. Sie werden manchmal durch Liebkosung und Betrachtung ihres eigenen Körpers erregt. Hier zwei Beispiele:

Manchmal, wenn ich zu masturbieren beginne, bewege ich meine Hände an meinem Körper auf und ab, fühle seine Rundungen und bin stolz darauf, daß ich ihn immer so gut gepflegt habe. Ich liebkose meine weiche Haut und spiele mit meinen Brüsten – fast als wollte ich jemanden verführen, es mit mir zu treiben. In gewisser Hinsicht werde ich dann sexuell durch meinen eigenen Körper erregt. Die Erregung wird noch stärker, wenn ich vor einem Spiegel liege und meine Beine spreize.

Ich mag es, meinen Körper zu streicheln, meine Brüste zu fühlen und meine Schenkel. Ich stelle mir dabei vor, wie ich Männer mit meinem Körper reize. Ich würde gern wissen, ob

---

1 In vielen Fällen scheint es mir angebracht, von autoerotischer »Selbst-Erfahrung« zu sprechen, weil dadurch die Freude an masturbatorischen und ähnlichen Praktiken nicht auf genitale Sexualität reduziert wird.

sich auch andere Frauen in dieser Art erregen, indem sie sich auf den eigenen Körper konzentrieren oder auch durch den Gedanken, daß ihr Körper sexuell attraktiv wirkt?

Das alles verträgt sich nur zu gut mit einer Gesellschaft, die zum einen die Frauen nur als sexuelle Stimuli ansieht, und ihnen zweitens sexuelle Attraktivität als das wichtigste Lebensziel überhaupt vorschreibt. Wenn die Frauen aber nur dazu da sind, den sexuellen Vergnügen der Männer zu entsprechen, kann es durchaus passieren, daß sie sich, sobald sie eigene sexuelle Wünsche empfinden, vor den männlichen Genitalien ekeln und sie abstoßend finden.

Die Frauen sind mit ihrem Narzißmus nicht allein; auch viele Männer erfahren manchmal sexuelle Erregung, die mittelbar von ihrem Körper ausgeht – vor allem durch ihren erigierten Penis während der Masturbation.

Womöglich ist es gar nicht so wichtig für die Frauen, sich andauernd Sorgen darüber zu machen, was sie nun erregt; eher müßte es darum gehen, dies alles zu verstehen und erst einmal so zu akzeptieren, wie es ist. Der nächste Schritt wäre dann, daß sie ihre Erfahrungen so organisieren, daß sich das Spektrum visueller Vorstellungen, von Gerüchen, Geräuschen und Gefühlen lustvoll erweitern läßt. Eine Frau sollte, um ein Beispiel zu nennen, sich nicht darüber den Kopf zerbrechen, daß sie manchmal von ihrem eigenen Körper oder dem Gedanken an den Körper einer anderen Frau angeregt wird. Anstatt solche Vorstellungen zu unterdrücken, und somit auch ein Großteil ihrer sexuellen Gefühle, ist es gesünder, sie zu akzeptieren, wie es auch vernünftiger ist, anders gearteten Phantasien nachzugeben – wie etwa einer schönen sexuellen Begegnung mit Männern. Dadurch kann eine Frau lernen, von vielerlei sexuellen Stimulanzien angesprochen zu werden, aus denen sie sich dann diejenigen auswählen kann, mit denen sie gute Erfahrungen gemacht hat.

Zur Auswahl der Stimuli

Wir müssen nicht zu Gefangenen unserer sexuellen Phantasien werden. Wir können das auswählen und fördern, von dem wir wollen, daß es uns anregt. In der Verhaltensforschung hat sich gezeigt, daß wir dazu neigen, das Verhalten und die Gedanken zu wiederholen, die positiv-bestärkend auf uns wirken – eben solche, die uns, auf welche Art auch immer, zum Guten gereichen. Wenn wir also ein schönes Erlebnis haben, wollen wir es wiederholen und auch der Gedanke daran ist angenehm. In großem Ausmaß können wir nun aber die Situationen selbst bestimmen, welche angenehme Erfahrungen für uns beinhalten. Wir können demgemäß auch sexuelle Phantasien entwickeln und uns erregende Stimuli, die auf unseren positiven Erfahrungen aufbauen.

Die sexuellen Phantasien der meisten Frauen ändern sich mit der Zeit und durch neue Erfahrungen; wie das Leben selbst, sind Sexualität und die sexuellen Phantasien dynamische Größen – sie ändern sich und wachsen mit dem Individuum.

Bewirkt ein positives Verhältnis der Frau zur Masturbation eine negative Einstellung gegenüber sexuellen Beziehungen mit Männern?

Manche Männer behaupten, sie fühlten sich durch die Vorstellung einer masturbierenden Frau, die ihren Körper liebt (oder genauer: ihrer Frau), unsicher und bedroht. »Bringt sie das nicht von den Männern weg und läßt ihr Interesse am Geschlechtsverkehr schwinden?« fragen sie. Bestimmt nicht. Tatsächlich ist wohl gerade das genaue Gegenteil der Fall. Wie bereits ausgeführt, werden viele Frauen von einem weiblichen Körper in gewisser Hinsicht angezogen. Aber jede lustvolle Selbsterfahrung vergrößert das sexuelle Verständnis einer Frau und somit auch ihr Interesse an der Sexualität allgemein. Hier sei an Erich Fromms berühmte Theorie der notwendigen Veränderung unserer Selbsteinschätzung erinnert: »Um andere Menschen lieben zu können, muß man zuerst sich selbst lieben können.«

Die Einschätzung der Männer gegenüber der weiblichen Freude an der Masturbation ist in doppelter Hinsicht problematisch. Einerseits haben viele Männer das Gefühl, daß eine Frau nur deshalb masturbiert, weil sie sie nicht befriedigen konnten. Das aber ist ein Mythos. Viele Frauen möchten gerade nach einem sehr befriedigenden Geschlechtsverkehr mit einem Mann masturbieren. Und die meisten Frauen sagen auch, daß selbst häufige Masturbation nicht den Wunsch nach sexuellen Intimitäten mit einem Mann ersetzen kann. Auf der anderen Seite äußert sich in dieser männlichen Einschätzung der weiblichen Masturbation das Schuldgefühl, das sie auf Grund ihrer eigenen masturbativen Praktiken mit sich herumtragen.

Nichtmasturbierende Frauen

23 % der in dieser Studie erfaßten Frauen sagten, sie hätten niemals masturbiert (in Kinseys Erhebung von 1947 waren es 38 %). Die meisten der nichtmasturbierenden Frauen weisen gegenüber den anderen ein geringeres Bildungsniveau auf (sie verbrachten weniger als ein Jahr auf dem College) und entstammen der Unterschicht. Fromme Katholiken und konservative Protestanten lehnen es meist ab, zu masturbieren; eher dazu tendieren jüdische Frauen und solche mit einem weniger rigiden religiösen Hintergrund die nicht-aktiven Mitglieder religiöser Gemeinschaften.

All diese Ergebnisse decken sich im großen ganzen mit der in Kinseys Studie ausgeführten schichtenspezifischen Zuordnung. Sie galt allerdings nur für den die Männer betreffenden Teil; und da Kinsey in seiner nunmehr dreißig Jahre zurückliegenden Studie ähnlich evidente soziale Differenzierungen bei den Frauen nicht feststellte, schloß er daraus, daß die sexuellen Praktiken der Frau in größerem Maß durch Hormone bestimmt seien!

Die nichtmasturbierenden Frauen sind eher verheiratet als ledig, und fast alle behaupten, mit ihrem Sexualleben zufrieden zu sein.[2]

Die meisten Frauen, die von sich sagen, sie hätten niemals masturbiert, berichten von wenigen oder überhaupt keinen sexuellen Phantasien. Hier einige ihrer Antworten:

Judy

Judy ist eine 30jährige Krankenpflegerin, die die High-school abgeschlossen hat und mit einem Arbeiter verheiratet ist. Sie lebt

---

2 Die Erwartungen einer Frau wirken sich unmittelbar auf ihre Aussage bezüglich sexueller Befriedigung aus; in diesem Zusammenhang denke ich an eine unverheiratete 28jährige Jungfrau, die niemals masturbiert hat und ihr Sexualleben als »befriedigend« bezeichnete.

jetzt in Kalifornien, hat aber die meiste Zeit ihres Lebens an der Ostküste verbracht.

Sie behauptet, niemals masturbiert zu haben, mit ihrem Sexualleben zufrieden zu sein und gelegentlich sexuelle Phantasien zu haben.

Tagträume

Ich tagträume von verschiedenen Männern, denen ich begegne, überlege, ob sie gut im Bett sind, schaue ihnen beim Tanzen zu und tagträume, was sie im Bett alles machen. Ich tagträume nur: Wenn ich mit einem von ihnen ins Bett gehen würde, würde man mich für eine billige Schlampe halten.

Obwohl Judy es sich gestattet, über Sex mit anderen Männern nachzudenken, ist sie schnell mit dem alten Etikett der »billigen Schlampe« bei der Hand, das ihr von ihrer Umgebung in diesem Fall drohen würde. Ihre sexuellen Vorstellungen scheinen dadurch erstickt zu werden, daß sie die weibliche Sexualität nicht positiv sehen kann. Ihre wenigen sexuellen Vorstellungen werden sofort durch die rigide Auffassung über Frauen und Sexualität in dieser Gesellschaft blockiert. Sehr wahrscheinlich ist sie von Leuten umgeben, die sie in ihrer »doppelten Moral« bestärken.

Louise

Louise ist eine 40jährige Frau von der Ostküste, die als Senior-Inspektor Sozialarbeiter beaufsichtigt. Sie ist geschieden und hat ein Kind. Ihre ethnische Herkunft beschreibt sie als »gemischt«, ein Sechzehntel ist Schwarz, sie ist früher Katholikin gewesen.

Sexuelle Phantasien
Keine

Tina

Tina ist eine alleinstehende, 24 Jahre alte Sekretärin, die einer konservativen protestantischen Kirche angehört. Sie kommt aus einer kleinen Stadt im Mittelwesten und hat einen High-school-Abschluß.

Sie hat niemals masturbiert, selten sexuelle Phantasien und ist mit ihrem Sexualleben zufrieden.

Tagträume

Manchmal denke ich daran, mit einem meiner Bekannten in sexuelle Beziehungen zu treten. Ich habe aber Angst, dadurch meinen Ruf zu ruinieren.

Masturbationsphantasien
Keine

Phantasien während des Geschlechtsverkehrs
Keine

Tina hat, ähnlich wie Judy, Angst vor solchen sozialen Normen, die eine positive und kraftvolle Einstellung ihrem eigenen Sexualverhalten und ihren sexuellen Wünschen gegenüber verdammen. Sie verhalten sich sicher nicht ganz unrealistisch. Solange die anderen Männer und Frauen ihrer Umgebung Frauen für asexuelle Kreaturen halten, werden Tina wie Judy davon abgehalten, eine wirklich ehrliche Entscheidung über ihre eigene Sexualität zu treffen, um sie dann auch intensiv zu erleben. Diese Frauen richten sich nach einem äußeren Druck, statt der eigenen Entscheidung über ihr Leben zu folgen.

Frauen, die selten masturbieren

Die meisten Frauen, die von sich sagen, sie masturbierten selten, lassen sich in zwei Hauptkategorien einteilen: in jene, die sexuelle Beziehungen genießen und über ein großes Spektrum sexueller Vorstellungen verfügen, dabei aber seit ihrer Kindheit mit der Frage der »Angemessenheit« der Masturbation konfrontiert sind; und die anderen, die ganz allgemein ihre Gedanken und ihr Verhalten auf ein anderes Gebiet, das mit Sexualität nicht unmittelbar zu tun hat, konzentrieren.

Pam ist ein gutes Beispiel für den ersten Typus. Sie genießt die meisten ihrer sexuellen Wünsche und Erlebnisse. Ihre frühen Masturbationsängste scheinen jedoch ihre gegenwärtigen Aktivitäten noch zu beeinflussen, deshalb masturbiert sie auch nur, wenn sie »ausgesprochen geil« ist.

Pam

Pam ist Sozialarbeiterin und kommt aus einem Wasp-Milieu der südwestlichen Region. Sie lebt allein, gehört der Altersgruppe zwischen 25 und 34 an, masturbiert selten, erfreut sich aber häufig vielfältiger sexueller Phantasien.

Tagträume

In der Vorpubertät besuchte ich ein Rockkonzert und wünschte mir, daß ich eines der Bandmitglieder treffen würde. Ich hatte dabei keine spezifischen sexuellen Phantasien, verspürte aber sexuelle Gefühle.
Diese Phantasien tauchten in verschiedenen Variationen wieder auf, wurden dabei natürlich auch eindeutig sexueller. konnte mir jetzt vorstellen, mit Leon Russel, James Taylor oder anderen attraktiven Musikern ins Bett zu gehen. Diese Leute drücken in ihrer Musik ein sexuelles Gefühl aus. Es ist eine besondere Art der Kommunikation. Es ist eben dieses

Gefühl, das mich anzieht, weniger sind es die physischen Qualitäten dieser Leute.

Ich habe diese Phantasien weder bei der Masturbation noch während des Geschlechtsverkehrs gehabt.

Wenn ich mich in der Gegenwart eines Mannes befinde, den ich sexuell attraktiv finde, oder wenn ich auch nur an ihn denke, fallen mir eine Vielzahl sexueller Phantasien ein. Ich male mir dann sofort seinen nackten Körper aus, besonders seinen Penis und die Haare auf seiner Brust. Ich habe den Wunsch, ihn mit meinen Händen anzufassen, sei er nun angezogen oder nackt, mit ihm zu lieben und ihn dadurch zu überraschen, daß ich ihm »einen blase« (eigentlich mag ich diese Terminologie nicht), und zwar so gut, wie er es noch niemals erlebt hat. (Jedenfalls haben fast alle Männer, mit denen ich zusammen war, mir das gesagt.) Es mag befremdlich klingen, aber ich unterscheide sogleich zwischen einem Mann, den ich physisch attraktiv finde, und einem, der mich sexuell anzieht. Der sexuell anziehende ist meistens auch physisch attraktiv – aber viele physisch attraktiven Männer erregen mich kaum. Ich muß einen energetischen Strom fühlen zwischen meinem Körper und dem anderen, um sexuell gereizt zu werden. Ich habe täglich solche Phantasien, und in vielen wiederholen sich frühere Erlebnisse. Ich hoffe, daß ich noch Gelegenheit haben werde, all meine Phantasien auszuleben.

Masturbationsphantasien

Bei meinen frühen Masturbationsphantasien hatte ich Angst, meinen Körper irgendwie in Gefahr zu bringen. (Ich muß mir diese Auffassung sehr zeitig zugelegt haben. Ich erinnere mich an Schuldgefühle, die mich befielen, als ich mit zwei Mädchen, [deren Vater und Mutter wirklich Arzt und Krankenschwester waren] das »Doktor-und-Schwestern-Spiel« spielte. Daher noch stammten wahrscheinlich die Schuldgefühle, die sich einstellten, als ich einige Jahre später bewußt zu masturbieren begann.) Ich befürchtete, daß ich mir eine

Infektion zuziehen oder meinen Körper verletzen könnte. Ich habe allgemein negative Erfahrungen mit der Masturbation gemacht und masturbiere normalerweise nicht – außer, ich bin ausgesprochen geil.

Die Vorstellung, ich würde mich durch Masturbation selbst in Gefahr bringen, dauerte nur an, bis ich sexuell aufgeklärt wurde (ungefähr in der sechsten Klasse).

In späteren Masturbationsphantasien dachte ich daran, mit anderen Leuten, Männer wie Frauen, zusammenzusein. Wir befriedigten uns gegenseitig.

Ich habe solche Phantasien etwa über ein Zehntel der Zeit, in der ich masturbiere. Einmal entstand bei mir der Wunsch nach einer Gruppensexerfahrung mit einem besonderen Paar – aber der Wunsch nahm im gleichen Maß ab, wie seine Verwirklichung möglich wurde.

Ich möchte diese Phantasie lieber nicht in die Realität umsetzen.

Phantasien während des Geschlechtsverkehrs

Die lebendigsten Erlebnisse mit Phantasien während des Geschlechtsverkehrs sind visueller Art. Vor meinem geistigen Auge steigen phantastische Bilder mit blühenden Rosen, Wiesen voller Gänseblümchen, mit grellen, ungewöhnlich abstrakten Mustern auf, wenn ich mich auf dem Höhepunkt sexueller Erregung befinde. Sie wirken wie durch Marihuana hervorgerufene Vorstellungen. Diese Phantasien habe ich häufig, wenn ich extrem angeturnt bin, sie tauchen aber nur in Verbindung mit einem guten Orgasmus auf.

Oft sind solche Phantasien mit kürzlich zurückliegenden Erlebnissen verknüpft; wenn ich also beispielsweise Bäume betrachte, phantasiere ich alsbald abstrakte Baummuster, die in Bewegung geraten.

Ich verwirkliche meine Phantasien gern auf diese Art. Sie sind wirklich schön.

Auch Ingrid masturbiert nur selten, sie bringt das allerdings nicht mit früheren Konflikten oder Ängsten hierüber in Verbindung.

Statt dessen scheint sie einen Großteil ihrer Gedanken und psychischen Energien auf ihre Arbeit (das Theater) und vielleicht auch auf ihr Kind zu richten. Sie hält Sexualität mit der richtigen Person zwar für beglückend; viel von ihrer Kreativität wird jedoch durch die eben erwähnten Dinge absorbiert. Das ist gut und richtig, da sie einen wirklich befriedigten Eindruck macht.

Ingrid

Ingrid ist eine 27jährige Schauspielerin und Kostümbildnerin. Sie wuchs in einer Mittelschichtfamilie schwedischer Herkunft auf, besuchte drei Jahre das College und lebt an der Westküste.

Sie hat ein Kind, ist geschieden, masturbiert selten. Mit ihrem Sexualleben ist sie zufrieden und hat nur selten Phantasien im Zusammenhang damit.

Tagträume

Sie drehen sich meistens um das Theater. Gewöhnlich sind sie aber nicht mit sexuellen Vorstellungen verbunden; es sei denn, ich interessiere mich gerade besonders für eine bestimmte Person, wobei ich mir dann gewisse lustvolle Erlebnisse, die wir gemeinsam hatten, ins Gedächtnis rufe.

Masturbationsphantasien

Normalerweise denke ich an die bestimmte Person, mit der ich mich momentan ab und zu treffe, oder an eine andere, die ich früher kannte oder gerne kennenlernen möchte. Selbstverständlich denke ich nur an Männer, die mich sexuell interessieren. Ich denke daran, wie sie sich bewegen, sprechen, riechen, sich anfühlen usw.

Gewöhnlich denke ich an denjenigen, mit dem ich gerade zusammen bin, und genieße unser Zusammensein.

Frauen, die häufig masturbieren – und was sie gemeinsam haben

Diejenigen Frauen, die oft masturbieren, haben auch häufig vielfältige sexuelle Phantasien. Gewöhnlich sind sie mit ihrem Sexualleben zufrieden und haben während des Geschlechtsverkehrs fast immer einen Orgasmus. Die Zahl der alleinstehenden und verheirateten Frauen ist in diesem Fall beinahe gleich groß. Sie kommen aus den unterschiedlichsten sozioökonomischen Schichten und repräsentieren auch die wichtigsten Religionsgemeinschaften der USA, wobei allerdings fast alle von sich behaupten, innerhalb der Kirche nicht aktiv zu sein. Ethnisch gesehen, sind die meisten dieser Frauen Angelsachsen, Jüdinnen oder von amerikanisch-mexikanischer Herkunft – keine der befragten schwarzen Frauen gab hingegen an, häufig zu masturbieren.[3] Betrachtet man ihre Ausbildung, so fällt auf, daß viele der Frauen, die häufig masturbieren, über einen Hochschulabschluß verfügen oder zumindest das College für einige Jahre besucht haben. Die meisten von ihnen sind in der Altersgruppe zwischen 25 und 35 Jahren zu finden. Sehr bezeichnend zu sein scheint mir, daß sie alle beruflich erfolgreich sind oder wenigstens als Studenten berechtigte Hoffnung auf eine berufliche Karriere haben können.

3 Meinen Gesprächen mit schwarzen Frauen zufolge existiert ein spezifisches Masturbationstabu innerhalb der »Black Community«, das sich nicht auf eine allgemeine Ablehnung von Sexualität gründet (und auch nichts mit der Angst vor Akne und anderen Krankheiten zu tun hat, wie das oft bei den Weißen der Fall ist), sondern das einfach mit der Auffassung zusammenhängt, daß man es dadurch »einfach nicht richtig mitkriegt«.

An den Frauen, die unter diese Kategorie fallen, beweist sich die positive Rolle, die die Masturbation hinsichtlich einer qualitativen Erweiterung der weiblichen Sexualität spielen kann. Masturbation kann weitaus mehr als ein bloßer Ersatz für den Geschlechtsverkehr sein.

Connie

Connie ist 26 Jahre alt, lebt in einer Stadt an der Ostküste und arbeitet an ihrer Promotion. Sie war niemals verheiratet und lebt zur Zeit mit einem Mann zusammen. Sie sagt aus, sie sei mit ihrem Sexualleben zufrieden, würde häufig masturbieren und hätte oft sexuelle Phantasien.

Tagträume

Ich habe ganz allgemein den Wunsch, den Körper des Mannes, den ich begehre, anzufassen. Ich möchte ihn umarmen oder liebkosen, und dabei sexuelle Gefühle verspüren. Diese Vorstellung habe ich gelegentlich, und ich habe sie auch mit befreundeten Männern verwirklicht, wobei es aber weniger erotisch als in meiner Phantasie zuging.

Masturbationsphantasien

Mich mit dem Mann zu lieben, den ich begehre. Erst äußert er sich mir gegenüber sexuell, dann antworte ich ihm darauf. Er faßt mich an und will mich oft hintereinander haben; das ist mir gelegentlich auch in Wirklichkeit passiert. Traurig, es zugeben zu müssen, aber ich spiele in dieser Phantasie zuerst immer den passiven Part. Manchmal habe ich auch die Phantasie, es mit mehreren Männern zu machen. Das ist aber in Wirklichkeit niemals vorgekommen.
Ich möchte auch mit einem Mann und einer Frau zugleich Liebe haben, oder auch nur mit einer Frau. Ich hatte diese

Phantasie gelegentlich in der Vergangenheit und heute manchmal auch. Verwirklicht habe ich sie aber niemals.

Phantasien während des Geschlechtsverkehrs

Mit jemand anderem als meinem jetzigen Partner zu vögeln. Diese Phantasie habe ich ab und zu, auch sie wurde bisher niemals Wirklichkeit. (Ich vermute, daß diese Phantasie eine Begleiterscheinung einer kräftezehrenden emotionalen Beziehung war.)

Teresa

Teresa ist eine geschiedene, berufstätige Frau in der Altersgruppe zwischen 35 und 44. Sie war drei Jahre auf dem College und lebt an der Westküste. Sie ist mit ihrem Sexualleben zufrieden, hat gelegentlich sexuelle Phantasien und masturbiert ab und zu.

Tagträume

1. Ich möchte am entlegenen Strand einer zerklüfteten Küste unter der warmen Sonne lieben. Das stelle ich mir beim Masturbieren vor und würde es auch gern einmal machen.
2. Es vor einem warmen Kamin in einer verschneiten Hütte im Winter zu treiben – diese Phantasie aktualisiert sich oft angesichts eines Feuers, aber niemals durch Schnee.
3. Mit zwei Männern Liebe zu machen – ich habe es gemacht und die Phantasie verschwand.
4. Es mit einer Frau zu machen – ich habe es gemacht und denke nicht mehr daran.
5. Es zu dritt (mit einem Mann und einer Frau) zu machen. Nachdem ich es getan hatte: keine Phantasie mehr.
6. Es draußen auf dem freien Feld zu treiben – ich habe so etwas kürzlich unternommen, und die Phantasie hörte auf.

Der größte Teil meiner Phantasien finden in Tagträumen statt und beinhalten Dinge, die ich noch niemals zuvor erlebt habe – wenn ich sie dann verwirkliche, hören die Phantasien auf.

7. Eine meiner ständigen Phantasien handelt davon, daß mir mehr verbale Aufmerksamkeit zuteil wird, also verbale Bestätigung während des Liebesakts. Davon bekomme ich einfach zuwenig, denn die Männer sind meist nicht emotional genug, auch die nicht, die die »ernste und alte« Art ablegen wollen, und ich benötige halt emotionale Anregungen.

Wenn ich es recht sehe, sind meine Phantasien mehr an der Wirklichkeit als an Einbildungen orientiert.

Masturbationsphantasien

1. Ich stelle mir vor, daß ich mit jemandem Sex habe, den ich gerade getroffen habe und den ich näher kennenlernen will.

2. Manchmal phantasiere ich, ich machte es mit einem Mann, um den ich mich sehr intensiv kümmere, während ich masturbiere. Um ehrlich zu sein – Ich werde durch mich selbst sehr erregt und habe die besten autoerotischen Erfahrungen dann gemacht, wenn ich mich wirklich sehr geliebt habe.

Ich fühle mich mit meiner Sexualität sehr wohl und habe recht viel erlebt und experimentiert, so daß es für mich nicht mehr allzuviele unerfüllte Wünsche gibt, die ich nachzuholen hätte.

Phantasien während des Geschlechtsverkehrs

Da habe ich so gut wie keine, außer vielleicht, daß ich meinen Partner und mich dabei an den Strand einer tropischen Insel versetze – das scheint meine letzte unerfüllte Phantasie zu sein. Ich bin so sehr auf die Person, mit der ich gerade zusammen bin, konzentriert, daß ich nicht zum Phantasieren komme.

Nebenbei bemerkt: Ich habe keine Vergewaltigungsphantasien. Ich vermute, daß so etwas nur Frauen haben, die sich nicht erlauben, sich selbst hinzugeben, und deshalb erobert und besiegt werden wollen.

Julie

Julie ist eine alleinstehende 32jährige Erziehungsberaterin aus Südkalifornien.
Sie masturbiert häufig und hat sexuelle Phantasien. Mit ihrem Sexualleben ist sie zufrieden.

Tagträume

Ich beschäftige mich von Berufs wegen jeden Tag mit sexuellen Dingen, wegen meiner Klienten und auch durch meine eigenen Aufzeichnungen.

Ich bin die meiste Zeit über erregt – als ich z. B. einmal Kinder in den Vaginalübungen nach Kegel unterrichtete[4], machte ich selbst unbewußt diese Übungen mit und spürte dabei einen permanenten Blutandrang in meiner Vaginalregion. Dieses Beispiel kennzeichnet zwar nur ein »niedriges« Stadium der Erregung; es fiel mir aber besonders auf. Was meine aktuellen Phantasien anbelangt, so denke ich an meinen augenblicklichen Partner und die Dinge, die wir zusammen getan und genossen haben, sowie daran, was wir in Zukunft noch unternehmen werden. Ich vermute, daß der größte Teil meiner Phantasien sich in meinen Tagträumen abspielt, und daß sie immer mit meinem jeweiligen Sexualpartner und mit dem zusammenhängen, was wir getan haben und noch zu tun beabsichtigen. Es bereitet mir zudem Vergnügen, mir andere

---

4 Die von Dr. Arnold Kegel ersonnenen Übungen sollen Frauen dazu verhelfen, sich die Funktionen ihrer Genitalien bewußter zu machen. Während dieser Übungen werden bestimmte Vaginalmuskeln angespannt und wieder entspannt.

Leute, die ich kenne, in sexuellen Situationen vorzustellen – aber nicht mit mir, sondern mit ihren Partnern.

Masturbationsphantasien

Ich hatte im Alter zwischen 3 und 16 häufig Masturbationsphantasien. Bevor ich in die Pubertät kam, phantasierte ich eine Menge über Tiere (Katzen und Hunde), deren Kopulation mich erregte; ich war nämlich von vielen Tieren umgeben und konnte sie häufig dabei beobachten. Als ich ungefähr 12 Jahre alt war, begann ich damit, meine sexuellen Empfindungen auf Jungen zu richten und phantasierte dabei, geküßt und in den Armen gehalten zu werden. Je älter ich wurde, desto mehr ließen meine Phantasien nach.

In der Zwischenzeit ist die Masturbation für mich keine Aktivität mehr, bei der ich mich schuldig fühle, und so erlebe ich meine Sexualität durch mich selbst ungefähr dreimal die Woche. Ich dämpfe dadurch meine sexuelle Angespanntheit, habe Zeit für mich selbst und zur Erholung, manchmal bin ich aber dabei auch mit meinem Partner zusammen. Ich habe, wie gesagt, früher nicht viel phantasiert, es entwickelt sich aber anscheinend wieder mehr.

Normalerweise stelle ich mir meinen jetzigen Liebhaber vor; ich denke daran, wie er mich nimmt, denke an seinen Penis und daran, wie ich ihn in mir spüre. Ich stelle mir den Geschlechtsverkehr vor. Wenn ich an Küsse und Umarmungen denke, regt mich das lange nicht so an, obwohl ich in Wirklichkeit darauf natürlich nicht verzichten möchte. Ich denke immer nur an die Dinge, die ich schon erlebt habe. Eine andere Phantasie, die ich gelegentlich habe, betrifft ein Paar, das sich gerade liebt. Auch das ist etwas, was ich schon erlebt habe. Die meisten meiner Phantasien sind sehr realitätsverbunden. Ich erinnere mich auch daran, wie ich als Teenager bestimmte Arten von Vergewaltigungsphantasien hatte, in denen ich zum Beispiel von einem Mann zum Geschlechtsverkehr gezwungen wurde. Das war zu einer Zeit, als ich den Geschlechtsverkehr aus religiösen Gründen ablehnte. Ich werde auch durch Verführungsszenen erregt, in welchen ich als die Verführerin agiere oder verführt werde. So also sieht meine Phantasiewelt aus, die ich um meinen jetzigen Liebhaber, aber auch um anderes, aufgebaut habe. In Wirklichkeit genießen wir es beide sehr, uns gegenseitig zu verführen und zärtlich zueinander zu sein.

Phantasien während des Geschlechtsverkehrs

Ich habe dabei so gut wie keine Phantasien. Bei seltenen Gelegenheiten entwickeln mein Partner und ich gemeinsam eine Verführungsphantasie, die wir dann zu Ende spielen; wenn es dann zum eigentlichen Geschlechtsakt kommt, kümmere ich mich aber nur noch um meine Empfindungen und darum, was wir uns gegenseitig zu sagen haben.

Gelegentlich stelle ich mir so etwas wie die Wogen des Ozeans vor oder habe das Gefühl, zu Musik zu werden, wenn wir dabei Musik hören; es ist so, als ob ich in einen anderen energetischen Zustand übergehen würde.

Ich bin mir eigentlich während eines Großteils meiner Zeit meiner Sexualität bewußt, und wenn ich sie dann mit meinem Partner oder autoerotisch ausübe, konzentriere ich mich eher auf meine physiologischen Wahrnehmungen als auf meine Phantasien, obwohl ich glaube, daß diese für mich inzwischen von stetig wachsender Bedeutung sind.

Janet

Janet ist eine 27jährige Studentin aus Nordkalifornien. Sie ist mit einem Verleger verheiratet und hat zwei Kinder. Mit ihrem Sexualleben ist sie zufrieden, sie masturbiert oft und hat auch häufig sexuelle Phantasien.

Tagträume

Ich schlendere durch einen weiten, lichterfüllten, luftigen Raum, dessen Fußboden mit spanischen Kacheln belegt ist und der sich zu einem Innenhof hin öffnet. Tropische Pflanzen und Vögel. Eine heiße, schwüle Atmosphäre. Ich trinke »Margaritas« oder Gin Tonic. Ich bin hier Gast. Es gibt ein ausgedehntes Gelände, das man durchstreifen kann; Obstbäume und große Vogelbauer, an denen man vorbeiflaniert und die voller tropischer Vögel sind – Trogone, einige Loris, Papageien, Makaos, eine Mandarinente und ein Goldfasan. Es gibt hier hübsche, dunkeläugige, dunkelhäutige, verschwitzte Arbeiter, mit langem, feuchtem, dichtem, lockigem Haar. Sie schauen von ihrer Arbeit auf und sehen mir nach, wenn ich an ihnen vorbeigehe. Die Wolken über meinem Kopf ballen sich zusammen. Sie werden immer schwerer und drohender. Die Luft steht still. Ein Sturm steht bevor.

Schnitt – zurück in San Francisco. Ich gehe die Stufen zu einem Appartement hoch. Es gehört einem alten Freund von mir, der erst kürzlich hierher umgezogen ist. Ich treffe mich häufig mit ihm, um mit ihm zu schlafen. Er steht an der Tür mit blassem, ausdruckslosem Gesicht. Er trägt Jeans und ein T-shirt. Er ist hochaufgeschossen, etwas linkisch. Ich folge ihm, setze mich auf den Fußboden und rauche eine Zigarette. Er bringt mir ein Glas Wein, legt sich neben mich auf den Boden, lehnt sich dabei auf einen Ellbogen, winkelt ein Knie an und schaut seitlich an mir vorbei. Dann seufzt er, wendet sich mir zu und umspannt mit seinen Händen meine Taille. Er ist ein Brando-Typ.

Schnitt – Ich liege nackt auf einer Matratze. Auf mir liegt ein anderer alter Freund, er sieht genau so aus, wie ich Männer mag; ein schweißgetränkter, lockenhaariger junger Mann mit vielen gelockten Haaren auf der Brust und dem Unterleib. Er ist schweißnaß, vor allem sein Unterleib und seine Genitalien. Meine Muskeln spannen sich an. Unsere Bewegung wird langsamer.

Schnitt – Ich stehe im Treppenhaus meiner Wohnung, und ein früherer Freund aus San Francisco ist bei mir. Er steht mit dem Rücken zur Schlafzimmertür. Er zieht mich an sich, entledigt sich mit großer Geschwindigkeit seines Gürtels und knöpft dann seine Levis auf.

Schnitt – Ich bin in Mexiko und fahre in einem Toyota-Geländewagen, neben mir sitzt ein junger Wildhüter. Er hat ein Gewehr. Wir steigen aus dem Wagen aus, und er feuert sein Gewehr ab. Wir pirschen durch das zerklüftete Gelände und sehen unten in einer Felsenschlucht nackte Indianer in einem Flußlauf baden. Wir drehen uns um, und gehen zum Jeep zurück, wo wir uns auf eine Wolldecke hinstrecken und von der heißen Sonne beschienen werden.

Ich bin zusammen mit dem Mexikaner im Haus seiner Eltern. Es ist sehr groß und besitzt einen merkwürdig gewundenen Treppenaufgang. Ich sitze mit seinem Vater im Wohnzimmer und unterhalte mich mit ihm. Mein Freund steht oben an der Treppe und zieht gerade eine neue Hose an. Er kommt die Treppe hinunter und macht uns auf seine Wildlederhosen aufmerksam, dann geht er auf mich zu, faßt mich am Arm, wir gehen und verabschieden uns von seinem Vater. Solche Phantasien habe ich, in dieser oder etwas abgewandelter Form, ein- bis zweimal die Woche. Ich springe dabei häufig von einer Phantasie zur anderen und wiederhole sie auch immer wieder. Meine Phantasien stützen sich auf zurückliegende Erlebnisse, die ich mit neuen Varianten ausschmücke. Die Szene, die bei mir zu Hause im Treppenhaus spielt, hat allerdings nie stattgefunden, obwohl ich das gerne einmal erleben möchte.

Masturbationsphantasien

Diese Phantasien gleichen in vielem den soeben geschilderten, vor allem derjenigen, die sich im Treppenhaus ereignet. Ich denke häufig an Männer, die vor Sehnsucht nach mir geradezu umkommen. Manchmal sind es sehr dicke Männer, für die es recht schwierig ist, ihre Hosen auszuziehen. Ich befühle ihre Eier und verspüre das unwiderstehliche Verlangen, ihre Schwänze zu blasen. Sie werden durch die Intensität dieses Gefühls vollkommen hilflos. Ich habe Phantasien, mit »jungfräulichen« Knaben zu vögeln. Während der eine gerade in mich dringt, schaut ein anderer zu und wartet. Danach wiederholt sich das Ganze. Normalerweise erinnern sie mich an jemanden, den ich von der Schule oder sonstwoher kenne.

Ich stelle mir vor, wie Männer meinen Bauch küssen und die Innenseite meiner Schenkel.

Ich denke daran, an den großen Brüsten üppig-geiler Mädchen zu saugen, sie an ihre runden Bäuche zu fassen und sie zu umarmen. Gewöhnlich denke ich dabei an eine Bekannte oder Freundin, oder an jemanden, der mir besonders aufgefallen ist. Ich phantasiere dabei, daß ich mich an ihren Körpern reibe.

Früher habe ich daran gedacht, mit meinem Vater oder meinem Bruder zu ficken.

Manchmal stelle ich mir einen Mann vor, dessen Penis so groß ist, daß er nur mit Mühe in mich eindringen kann, und dann sind all seine Anstrengungen vergeblich. Dasselbe denke ich dann auch von mir.

Ich habe schon phantasiert, ich würde von einer Katze gereizt, von einem Satyr und von einem großen Schäferhund gefickt.

Während einer anderen Phantasie ficke ich jemanden in einem Zimmer oder Raum, in dessen Nebenzimmer sich gerade die Freunde der Familie (oder meine Eltern) versammelt haben.

Manche dieser Phantasien habe ich wirklich erlebt. Manche auch deshalb, weil ich sie zuvor phantasiert hatte. Zur Zeit bin ich nicht daran interessiert, diese Phantasien auszuleben – falls ich nicht gerade einem dicken Mann begegnen sollte, der mich anmacht oder vielleicht einem oder zwei Schuljungen, die mir gefallen. Im übrigen würde ich es nur dann machen, wenn die Umstände es erlauben, und das ist ziemlich unwahrscheinlich.

Phantasien während des Geschlechtsverkehrs

Manchmal denke ich an die Möglichkeit, mit Zustimmung meines Ehemannes mit einem anderen zu ficken. Ich male mir aus, daß jetzt die Gelegenheit günstig wäre, ihn zu fragen. Er sagt ja, fragt mit wem und wie usw., was mich mehr und mehr aufgeilt, und dann fragt er mich, ob ich nicht denken würde, daß er ... und das ganze beginnt von vorn. Gelegentlich ist das schon geschehen.

Ich stellte mir auch schon vor, irgendwo draußen zu sein, meist auf dem Land und nahe dem Wasser, und der Himmel und das Wetter geraten heftig in Bewegung (Wolken fliegen schnell dahin usw.).

Manchmal sehe ich Vögel fliegen und landen, oder ich sehe irgendwelche herumhüpfenden Tiere. Ein anderes Mal erscheint mir ein landschaftliches Panorama, das ich von oben, aus nicht allzugroßer Höhe, erblicke.

Gelegentlich stelle ich mir Musik vor.

Dann denke ich daran, daß er sich einbildet, er sei eine Frau und ich der Mann, oder daß keiner von uns mehr den Unterschied bestimmen könnte bzw. daß gar keiner mehr vorhanden sei.

Ich habe mir auch ausgemalt, wie er eine meiner Freundinnen fickt.

Ich sah mich bereits als vollkommen hilflose Lady, die zu vornehm ist, um sich zu bewegen. Ich war in meinen Phantasien eine schöne Tänzerin, eine Hure, eine Sportlerin, eine Reiterin, eine Katze.

Gelegentlich erschien es mir, als ob die einzig existierenden Dinge die Hautflächen wären, die Brust und Unterleib überspannen, sowie sein Schwanz in meiner Möse.

Dann ist er wieder extrem kräftig, und ich ebenso.

Verschiedene Male phantasierte ich, mit einem Skelett zu ficken. Eine sehr unerquickliche Angelegenheit.

Vicki

Vicki ist 26 Jahre alt, alleinstehend, und arbeitet gerade an ihrem zweiten Psychologie-Examen. Sie ist Angehörige der Mittelschicht, weiß, gibt keine Zugehörigkeit zu einer religiösen Gemeinschaft an und lebt im südlichen Kalifornien. Vicki sagt von sich, daß sie oft masturbieren würde und ebensooft sexuelle Phantasien erlebe. Zur Zeit ist sie mit ihrem Sexualleben unzufrieden.

Tagträume

Jemand mit einem ansprechenden, zarten Gesicht hält meinen Kopf in seinen Händen; diese – männliche oder weibliche – Person spricht meinen Namen aus und sagt dabei »ich liebe dich« und/oder »ich brauche dich«. Es gibt keine Gewalt, nur körperliche Wärme, eine freundliche und aufrichtige Sicherheit. Diese Person ist immer eine, die ich kenne und schon geliebt habe – die mich aber nicht mehr liebt oder niemals geliebt hat. Es gibt da einige Frauen in meiner Vergangenheit; auch zwei oder drei Männer; meine Gefühle sind aber (in diesem Tagtraum) für Frauen weitaus stärker als für Männer.

Diese Phantasie habe ich mehrmals in der Woche – sie überschneidet sich häufig mit anderen Situationen. Ich habe sie auch wirklich einmal mit einer Frau erlebt – niemals mit einem Mann.

Eine Frau hält sich eng an mich gepreßt, sagt kein Wort und verbreitet nur Wärme und Liebe – für eine lange, lange Zeit. Ich spüre diese Wärme überall, kann fühlen und lieben. Zumindest sie ist fähig, mich zu akzeptieren und mich so zu lieben, wie ich bin.

Ich habe diese Phantasie mehrmals innerhalb eines Monats. Sie deckt sich mit gewissen sexuellen Phantasien während des Geschlechtsverkehrs, nicht aber mit meinen Masturbationsphantasien. Folgende Geschichte habe ich schon erlebt.

Ich bin eine erfolgreiche Frau, habe ein eigenes Heim bezogen – ein geräumiges Haus auf dem Land, oder in den Bergen, inmitten von Pinienwäldern. Mein Hund hat genügend Auslauf und ich habe ausreichend Platz für einen Garten. Ich bin allein, aber glücklich. Ich kann machen, was ich will und wie ich es will. Ich werde nicht mehr unterdrückt. Dann, eines Tages, kommt jemand.

Diese Phantasie stellt sich jedesmal bei mir ein, wenn ich mich depressiv fühle – vielleicht ein- oder zweimal im Monat. Was ich eben erzählt habe, würde ich gerne einmal erleben. – Gern wüßte ich nur, wer derjenige sein könnte, der dann voraussichtlich mein Leben teilen wird.

Masturbationsphantasien

Ich bin eine Frau, die eine andere Frau liebt. Ich male mir aus, wie sie unbekleidet vor mir steht, und meine Erregung steigt. Sie ist groß, lässig, warm und freundlich. Wenn wir uns küssen, wünsche ich mir, ein Mann zu sein. Wir erreichen den Höhepunkt gemeinsam – immer und immer wieder.

Diese Phantasie habe ich einigemal die Woche; sie überschneidet sich mit solchen während des Geschlechtsverkehrs, aber nicht mit meinen Tagträumen. Sie basiert auf einer wirklichen Erfahrung.

Ich schaue einem Mann und einer Frau zu, die sich gerade lieben. Zeitweise übernehme ich die Rolle der Frau und spüre, wie der Mann in mich dringt; ich genieße seine Leidenschaft.

Phantasien während des Geschlechtsverkehrs

Ich habe nicht viele sexuelle Beziehungen gehabt, mit Ausnahme einer Frau (ich halte mich für bisexuell, obwohl ich Frauen bevorzuge). Wenn ich dennoch einmal mit einem Mann schlafe, ähneln meine Phantasien (falls ich überhaupt welche habe), denen meiner Tagträume oder den Masturbationsphantasien, von denen schon die Rede war. In manchen Fällen stelle ich mir auch vor, er sei die Frau, die ich früher geliebt habe. Wenn er klug und sensibel genug ist, um meinen Orgasmus zu erkennen, reagiere ich gewöhnlich auch so, wie er möchte – sehr behutsam allerdings. Die Männer, die ich früher kannte, waren alle sehr egoistisch und nur an ihrem eigenen Vergnügen interessiert. Etwas, das meine Erregung auf Null sinken läßt, ist ein schlabbrig-feuchter Kuß; ebenso verhält es sich mit Sex, der ohne wirklich emotionale Anteilnahme ausgeübt wird.

Eine große Zahl von Frauen neigen wie Vicki dazu, die Rolle eines Mannes zu übernehmen, der eine attraktive Frau liebt. Ich nehme an, daß Männer ähnliche Ersatzphantasien haben. Wenn dies der Fall ist, werden sie indes nicht so häufig wie bei Frauen sein – denn das Tabu gegenüber männlicher Homosexualität ist immer noch stärker. Vielleicht hängt es aber auch mit dem männlichen Unvermögen zusammen, sich wirklich bewußt zu machen, was es heißt, wie eine Frau zu leben und zu empfinden. (Auch das wird durch die gängigen gesellschaftlichen Wertvorstellungen eher verhindert.) Frauen werden also auch, wie schon gesagt, in gewisser Hinsicht durch den weiblichen Körper angeregt. Mit der Übernahme der männlichen Rolle schlägt die weibliche Sexualphantasie sozusagen zwei Fliegen mit einer Klappe – es befriedigt die Neugier zu erfahren, wie es wohl ist, als Individuum des anderen Geschlechts am Sexualakt teilzuhaben; andererseits legitimiert es in gewissem Sinn die Tatsache, durch den Körper einer Frau angeregt zu werden und eine physische Begegnung zu ersehnen, ohne sie jedoch in Wirklichkeit herbeiführen zu müssen.

Zusammenfassung

Die Masturbation, oder, um genauer zu sein, ein umfassendes Interesse an sexueller Selbsterfahrung, ist vor allem eine Angelegenheit der eher unabhängigen, selbstbewußten Frau, die am Leben aktiven Anteil nimmt und von ihrem Wert und ihren Fähigkeiten überzeugt ist. Die Masturbation verdirbt ihr nicht etwa die Freude an sexuellen Intimitäten mit Männern, sondern trägt dazu bei, ihre Identität zu stärken, was sich auch auf ihre Mitmenschen – Frauen wie Männer – positiv auswirkt.

Wenn eine Frau sich selber wirklich mag, ist sie auch fähig, sich einem anderen Menschen richtig zuzuwenden und eine echte Partnerschaft freudig zu genießen. Sie ist nicht länger darauf angewiesen, sich an eine andere Person in der vergeblichen Hoffnung zu klammern, so den eigenen Wert indirekt bestätigt zu bekommen.

Theoriegeschichtlicher Exkurs

Die phantastischen Phantasien

»Oh, so etwas habe ich nie.« So sieht die spontane Reaktion vieler Leute aus, die gerade erst erfahren haben, daß ich mich mit der Untersuchung sexueller Phantasien befasse. Einige von denen, die »so etwas nie haben« (und das gilt vor allem für Männer)[1], versuchen ihrer Umwelt zu suggerieren, daß sie in Wirklichkeit zu jeder Zeit sexuell so beansprucht wären, daß sie gar nicht mehr dazu kämen, sexuellen Phantasien oder Wunschträumen nachzuhängen. Andere wiederum stoßen sich an der traditionell negativen Bedeutung des Begriffs der »Phantasie«. Für sie ist eine »Phantasie« etwas, was mit der Realität nichts zu tun hat; eine Angelegenheit, mit der sich höchstens verliebte Pubertäre oder verkorkste Sonderlinge herumzuschlagen haben.

Wenn ich dann antworte: »Nun gut, denken sie jemals über Sexualität nach? Phantasien haben nämlich mit Denken zu tun«, so lautet die Antwort gewöhnlich: »Oh, eigentlich immer« (falls mich diese Person von ihrer Sexualität überzeugen möchte), oder zumindest: »Aber sicher. Verstehen sie das unter sexuellen Phantasien?«

Im Laufe der letzten Jahre hat sich das Ansehen der »Phantasie« beträchtlich verbessert; dieser Begriff hat einen positiven Bedeutungswandel erfahren. Er wird nicht mehr als reine Vorstellung eines der Realität entrückten menschlichen Geistes begriffen, der diesen in den Wahnsinn zu treiben droht; »Phantasie« erscheint inzwischen vielmehr als eine notwendige Voraussetzung von Kreativität und letztlich einer jeden Problemlösungsstrategie.

Wenn ich ein Haus bauen oder ein Kleid entwerfen will, muß ich zuvor einen Plan machen. Ich phantasiere, bevor ich handeln kann.

---

1 In unserem Kulturkreis wird von den Männern erwartet, daß sie permanent eine Aura handfester sexueller Erfolge ausstrahlen.

All dem, was wir in dieser Welt vollbracht haben, ist der Gedanke vorausgegangen. Was wäre ohne den initiierenden Traum menschlicher Kreativität geschaffen worden?

Wir wollen also der Phantasie eine Chance geben. Wird sie richtig angewandt, ist sie eines unserer besten und weitreichendsten Werkzeuge.

Sexualphantasien und Kultur

Wie verhält es sich also mit den sexuellen Phantasien? Welche Rolle spielen sie? Wie wir sie zu unserem besten Nutzen gebrauchen und genießen können, darüber geben die anderen Kapitel hinreichend Auskunft. Um unsere sexuellen Phantasien besser zu verstehen, kann es aber nichts schaden, wenn wir einen Blick in die Vergangenheit werfen, um aus ihr zu lernen.

Sexualphantasien sind nicht neu. Wir können sie in prähistorischen Höhlenmalereien bewundern. Wunderschöne erotische Gedanken finden sich in der Bibel. Griechische Kunst, ägyptische Kunst – die künstlerischen Schöpfungen der meisten, wenn nicht aller, Hochkulturen dieser Welt – wimmeln von Darstellungen sexueller Sehnsüchte und von Erotik.

Sexualität zur Zeit der Queen Victoria: Nach Freud denken die Frauen die meiste Zeit an Sexualität

Gerade in der extrem sexualfeindlichen Atmosphäre der viktorianischen Ära sprossen sexuelle Phantasien sehr üppig. Der führende Sexualwissenschaftler dieser Zeit beschrieb die weite Verbreitung sexueller Phantasien, insbesondere unter Frauen. Krafft-Ebing kam zum Ergebnis, »daß ihre sexuellen Wünsche eher gering sind unter der Voraussetzung, daß sie gut erzogen wurden und über eine normal entwickelte psychische Mentalität verfügen. Trotzdem okkupiert die sexuelle Sphäre das weibliche Bewußtsein im weitaus größeren Umfang, als das beim Mann der Fall ist.«[2]

2 Krafft-Ebing, R. von. Psychopathic Sexuality. London: Cambridge Press, 1893.

Sigmund Freud, der berühmte Begründer der Psychoanalyse, war ebenfalls der Ansicht, daß Frauen – oder zumindest junge Frauen – den größten Teil des Tages mit dem Nachdenken über sexuelle Gegenstände verbringen: »Die erotischen Wünsche dominieren die Vorstellungswelt junger Frauen fast vollständig, da all ihre Leidenschaften in ihren erotischen Wunschvorstellungen enthalten sind. Die egoistischen und ehrgeizigen Wünsche junger Männer entsprechen hingegen umfassend ihren erotischen Wünschen.«[3]

Krafft-Ebing wie Freud stimmen in ihrer Ansicht über die Häufigkeit, mit der die Frauen ihrer Zeit an Sexualität dachten, überein. Diese Männer (es sei daran erinnert, daß sie über die intimsten Einzelheiten im Leben von Frauen zu schreiben unternahmen) drangen aber nicht unter die Oberfläche, als sie den Frauen zwar zubilligten, über Sexualität nachzudenken, deren physische Anlagen und Möglichkeiten jedoch außer acht ließen. Selbst heute noch beruht die Lebensauffassung vieler Männer und Frauen auf der gleichen stillschweigenden Voraussetzung, die schon zur viktorianischen Zeit galt: auf der Annahme nämlich, daß Frauen in Wirklichkeit keine Sexualität benötigen.

Masters und Johnson setzen neue Maßstäbe

Die Sexualforschung von William Masters und Virginia Johnson beweisen das genaue Gegenteil. Sie betonen in ihren Arbeiten ausdrücklich die enormen sexuellen Fähigkeiten der Frau. Es ist daher unumgänglich, mit bestehenden Vorurteilen und Normen aufzuräumen, die noch immer glauben machen wollen, daß Frauen eigene sexuelle Aktivitäten weder wünschten noch sie genießen könnten. Sexualität ist nicht nur Sache »schlechter Mädchen«! Das ist ein beunruhigender Gedanke für Männer wie Frauen, denn die vorurteilslose Anerkennung der weiblichen Sexualität bedeutet, daß für unterschiedliche Bewertungsmaßstäbe kein Grund mehr existiert. Und darüber hinaus bedeutet es, daß die Frauen, nachdem sie sich ihrer Sexualität voll bewußt geworden sind, logischerweise

3 Freud, S. Der Wahn und die Träume in W. Jensens »Gradiva«. Frankfurt/M.: Fischer Taschenbuch, 1973.

den nächsten Schritt tun und die Verantwortung für ihre Sexualität selbst übernehmen werden. Wenn ich meine Sexualität wirklich akzeptiere, was fange ich dann mit ihr an? Wer soll mein Partner sein? Wie kann ich mich an ihr erfreuen?

Wie wird es gemacht und wie kontrolliert? Bis zum heutigen Tag hat die Gesellschaft den Frauen bei der Kontrolle ihrer Sexualität »hilfreich unter die Arme gegriffen«, und in vielen Fällen hat das dahin geführt, daß Frauen es nicht mehr wagen, sexuelle Wünsche auch nur zu äußern. »Wer, ich? – Nein, ich habe keine«; der Mann ist derjenige, der immer nur an Sex denkt. Ich wünschte, er würde aufhören, mich damit zu belästigen«. Oder gar: »Nun, Sie wissen ja – eine gute Ehefrau hat bereit zu sein, wenn ihr Mann sexuelle Bedürfnisse entwickelt.«

Freud und die weiblichen Sexualphantasien

Freud brachte weiblichen Sexualphantasien ein großes Interesse entgegen. Allerdings muß daran erinnert werden, daß drei wichtige Faktoren seine Untersuchung dieses Gegenstands erheblich beeinflußten. Zum ersten gab Freud selbst zu, daß er in Wirklichkeit nur sehr wenig über Frauen wußte. Zweitens war auch er in gewisser Hinsicht der viktorianischen Moral unterworfen, was sich auf seine Beurteilung des Vorstellungsvermögens, und dies beinhaltet auch die sexuellen Phantasien, abträglich auswirkte. Und drittens schließlich war Freud bei der Konstruktion seiner Theorie der menschlichen Psyche, ihrer Triebkräfte, der Bedeutung der Sexualität usw. beinahe auf sich allein gestellt. Er allein hatte damit begonnen, die Welt jener empirischen Wissenschaften zu verlassen, die den Menschen aus rein physikalischen, medizinischen und neurologischen Begriffen zu erklären suchten. Diese szientifische Betrachtungsweise ignorierte die Auswirkungen der individuellen Erfahrung auf das menschliche Verhalten und konnte auch der komplexen Organisation des Bewußtseins nicht gerecht werden. Freud machte bemerkenswerte Entdeckungen. Leider führten sie nicht dazu, seine recht negativen Ansichten über Frauen zu korrigieren.[4] Freud sah, um ein Beispiel zu nennen, die Frauen grund-

4 Die orthodoxe Psychoanalyse sieht die Frau als passiv, abhängig, masochistisch, narzißtisch und dem Mann intellektuell unterlegen an.

sätzlich als neurotisch an – die Neurose fungiert gleichsam als Normalzustand der Frau. Wahrscheinlich waren auch die Frauen, mit denen er zusammenkam, neurotisch, oder wenigstens auf dem Wege dazu. Jedenfalls müssen sie auf Grund der übermäßigen Verdrängung ihrer Sexualität sehr frustiert gewesen sein. Und es ist ebenso möglich, daß die Frauen heute aus dem gleichen Grund als neurotisch angesehen werden können. Aber das ist deshalb noch lange nicht der natürliche Zustand der Frau – Frauen sind nicht »von Natur aus neurotisch«. Ihre Neurosen sind das Produkt soziokultureller Einflüsse und Erwartungen, nicht das der Biologie.

Freud wußte, daß Frauen eine Vielzahl sexueller Phantasien haben. Er vertrat die Auffassung, es sei ein Unglück, daß die Gesellschaft es den Frauen nicht erlaube, ihre Phantasien in adäquater Form zu bewältigen. Einige der Phantasien, von denen ihm seine weiblichen Patienten damals erzählten, tauchten regelmäßig immer wieder auf – sie handelten von sexuellen Beziehungen mit dem Vater, waren Vergewaltigungs- und Verführungsphantasien sowie Gedanken an Fellatio.

Freud leitete die weite Verbreitung der ersten sexuellen Phantasie – sexuelle Beziehungen mit seinem Vater zu haben – auf recht umständliche Art ab. Als er Frauen zu analysieren begann, erzählten ihm viele, sie seien als Kinder von ihren Vätern verführt worden. Zunächst schenkte Freud diesen Beteuerungen Glauben. Er schrieb das neurotische Verhalten dieser Frauen, das sich oft bis zu Fällen geistiger Umnachtung steigerte, den früheren Verfehlungen ihrer Väter zu. Nachdem er jedoch über einige Jahre hin immer wieder mit der Geschichte von der väterlichen Verführung konfrontiert wurde, änderte Freud seine Auffassung und kam zu dem Schluß, daß die meisten der Frauen doch nicht von ihren Vätern verführt worden seien – daß es sich um reines Wunschdenken gehandelt habe.[5] Er vertrat von nun an die Ansicht, daß die Frauen sich selbst eingeredet hätten, sie seien von ihren Vätern verführt worden, und daß daher die sexuellen Gedanken gegenüber ihren Vätern rühren würden – für den eigentlichen Grund hielt er den Ödipuskomplex.

Neben der ödipalen Verführung begegneten Freud nach seiner Auskunft viele Frauen, die Vergewaltigungsvorstellungen oder

5 Neuere Studien kommen hier zu einer anderen Auffassung.

anders geartete bedrohliche Verführungsphantasien hatten. Er schien über die Vergewaltigungsphantasien nicht allzu erstaunt zu sein, denn er sah den Masochismus als einen charakteristisch weiblichen Grundzug an. Wirklich überrascht wurde er hingegen dadurch, daß viele Frauen daran dachten, an dem Penis eines Mannes mit dem Mund zu saugen. Er schrieb darüber: »Der Wunsch, am männlichen Sexualorgan zu saugen, der in der guten Gesellschaft als verabscheuungswürdige sexuelle Perversion angesehen wird, ist nichtsdestoweniger unter den Frauen von heute weit verbreitet.«[6] Freud bemühte sich zunächst vergebens, die Herkunft dieser Phantasie zu ermitteln, da er die Frauen seiner Zeit für sexuell ausgesprochen naiv und unerfahren hielt. Obwohl Krafft-Ebing diesen Akt ausführlich in seinem Buch beschrieben hatte, konnte Freud zurecht annehmen, daß kaum eine Frau dieses oder ähnliche Bücher gelesen hatte, in welchen Fellatio beschrieben wurde. Wie also konnten sie davon wissen, und warum hatten so viele von ihnen den Wunsch, es zu tun? Da ihm keine Antwort auf diese Frage einfiel, beschloß Freud, sich in dieser Hinsicht selbst etwas unter die Lupe zu nehmen und gelangte dabei zu einer ziemlich lächerlichen Theorie, die zu der einzigen Erklärung führte, die ihm sinnvoll schien. Seine Theorie sah folgendermaßen aus: Freud vertrat die Ansicht, daß die meisten Menschen immer noch gerne an den Brüsten ihrer Mutter saugen würden, weil ihnen das während ihrer frühen Kindheit so sehr gefallen hätte. Ferner hätten nun aber eine ganze Anzahl von Frauen schon die Euter einer Kuh gesehen und dabei das Verlangen assoziiert, an den Brüsten ihrer Mutter zu saugen. Ein Euter erinnert jedoch an männliche Genitalien – er ist lang und glatt. Deshalb würden Frauen den Penis mit dem Kuheuter assoziieren und diesen mit einer weiblichen Brust, und würden demgemäß ihr Bedürfnis, an der Brust der Mutter zu saugen, auf den Penis übertragen. Mit anderen Worten: Viele Frauen würden deshalb davon phantasieren, einen Penis zu saugen, weil es sie an ein Vergnügen erinnerte, das sie als Kind erfahren hatten.

Ein etwas komplizierter Lösungsversuch – aber immer noch der beste, den Freud zu seiner Zeit anbieten konnte. Es schien ihm auch nicht allzuviel auszumachen, daß die meisten seiner Patienten in der

6 Freud, engl. Gesamtausgabe XI London 1957, S. 86.

Stadt lebten, und daher kaum Gelegenheit gehabt haben dürften, Kühe samt ihren penisähnlichen Eutern zu bewundern.

Freud war selbstverständlich der Ansicht, daß die Individuen sich ihrer Sexualität bewußt werden sollten. Ihm war klar, daß eine generelle Ablehnung sexueller Aktivität von seiten der Frau, die sich mit Sexualität ausschließlich in ihrer Phantasie befaßt, sehr häufig zu psychischer Impotenz führt – also zur Frigidität. Von diesem Standpunkt aus läßt sich auch verstehen, weshalb die Phantasie in einen schlechten Ruf geriet – zumindest bei Freud: Er sah ein, daß Frauen beinahe jede Form sexuellen Verhaltens durch sexuelle Phantasien substituieren mußten und dabei psychisch krank wurden. Betrachten wir aber diesen Sachverhalt etwas gründlicher, so können wir feststellen, daß nicht die Phantasien an sich schlecht sind, sondern daß die unnachsichtige Repression aller anderen Formen sexueller Entäußerung das Grundübel ist. Die Frauen fühlen sich nicht frei genug, um über Sexualität zu diskutieren oder zu lesen; und, wie man Krafft-Ebings Ausführungen entnehmen kann, machen anständige Mädchen so etwas sowieso nicht – wenn sie es doch machen, dann ohne Lust und Freude. Außerdem nur in Grenzen; sie empfinden dabei auch noch Schuldgefühle und bekommen die Verachtung der Gesellschaft zu spüren.

Diesen Mechanismus sah Freud für die Frauen und die Gesellschaft als gleichermaßen ungesund an. Darüber hinaus begriff er, daß die Männer in ganz ähnlicher Weise mit ihrer Sexualität umgehen mußten. Um erregt zu werden, war es für sie notwendig, ihr Sexualobjekt zu erniedrigen. Deshalb konnten sie auch keine Befriedigung (oder gar sexuelle Erfüllung) bei irgendwelchen »anständigen Frauen« finden. Sondern sie mußten sich erniedrigter Geschöpfe bedienen – der »verkommenen Frauen«. Es ist einfach einzusehen, daß eine solche Konstellation, die heute noch in zahlreichen Milieus anzutreffen ist, viele Männer davon abhält, sexuelle Beziehungen zu Frauen aufzunehmen und zu genießen, die sie lieben und respektieren. Statt dessen müssen sie sich für ihre sexuellen Bedürfnisse andere Frauen suchen. Das zwingt die Frau in die Rolle des ewigen Verlierers. Wenn sie dem Mann, den sie liebt, nicht ihre Sexualität anbietet, läuft sie Gefahr, daß er sich zu diesem Zweck eine andere (von ihm weniger respektierte) Frau aussucht. Und wenn sie es andererseits schafft, mit ihm in sexuelle Beziehungen zu treten, kann es ihr passieren, daß sie in seinen Augen auf einmal zu einer schlechten, geradezu minderwertigen Frau wird. Und so eine soll er dann lieben und heiraten! Dieser absurde und unwürdige Zustand, der die Sexualpartner zu möglichst geheimzuhaltenden »Affären« zwingt, scheint sich inzwischen, wenn auch nur langsam, zum Besseren hin zu verändern – obwohl er noch überall in unserer Gesellschaft anzutreffen ist; er gibt gleichsam das Fundament der doppelten Moral ab. Freud erschien diese ganze Auffassung der Sexualität ausgesprochen ungesund; er brachte sie mit den langandauernden Perioden sexueller Abstinenz und dem Aufschieben sexueller Wünsche, zu denen uns die Gesellschaft nötigt, in Verbindung. In gewisser Hinsicht existiert dieses Dilemma noch immer: Wie können wir physische Bedürfnisse mit sozialem Bewußtsein und emotionaler Aufrichtigkeit so koordinieren, daß ein jedes Individuum in Würde ein erfülltes Leben zu führen vermag?

Nochmals Masochismus – Die Vermischung von Schmerz und Lust in der Theorie von H. Deutsch

Einige Jahre danach unternahm eine Schülerin Freuds den Versuch, mit Hilfe seiner Theorie und Techniken die von ihm geäußerten Ansichten über Frauen und deren sexuelle Phantasien zu untermauern und zu erweitern. Die Psychoanalytikerin Helene Deutsch beabsichtigte zunächst Freuds Behauptung, daß der »Masochismus... wahrhaft weiblich sei«, durch die Beschreibung dreier unbewußter Phantasien bei heranwachsenden Mädchen zu beweisen[7]: 1. Die Phantasie der jungfräulichen Geburt, 2. Die Phantasie, eine Prostituierte zu sein, und 3. Die Phantasie, vergewaltigt zu werden. In einer etwas befremdlich anmutenden psychoanalytischen Argumentation führt H. Deutsch aus, daß eine Frau, insofern sie sich keinen Penis wünscht, den unbewußten Wunsch nach einer schmerzhaften Schändung in sich tragen würde. Ihr zufolge wollen also alle Frauen in Wirklichkeit verletzt werden. Nach H. Deutsch

7 Wenn es schon schwierig genug ist, unsere bewußten Phantasien zu eruieren – was hat es dann eigentlich mit dem sogenannten Unbewußten auf sich?

ist es nicht schwierig einzusehen, daß sich für Frauen Schmerz und Vergnügen vermischen. Schon der erste Geschlechtsverkehr ist für die Frau mit Schmerz verbunden, da ihr Hymen durchstoßen werden muß. Und die Geburt, der Inbegriff weiblicher Freuden, bringt noch größere Schmerzen mit sich. H. Deutsch kommt zu dem Schluß, daß Frauen in Wirklichkeit drei primäre Grundzüge aufweisen: Sie seien passiv, masochistisch (wollen verletzt werden) und narzißtisch (übermäßig ichbezogen). Setzt man diese grundsätzlichen Eigenschaften bei Frauen voraus, ist es naheliegend, gemeinsam mit ihr anzunehmen, daß die sexuellen Phantasien von Frauen stets um Schmerz und Erniedrigung kreisen – also Vergewaltigungs- oder Prostitutionsphantasien sind.

Viele zeitgenössischen Psychologen stimmten mit H. Deutsch überein, und viele vertreten ihre Ansichten noch heute. Manche geben ihr teilweise recht, wenn sie behaupten, daß Frauen die schmerzhaften Erfahrungen, die sie mit dem ersten Geschlechtsverkehr und dem Kindergebären haben, in gewisser Weise auf ihre Sexualität und ihre gesamte Lebensauffassung übertragen. Es ist aber so, daß gerade solche Assoziationen durch gesellschaftliche Wertvorstellungen extrem begünstigt werden, für die lustvolle und erfreuliche Aspekte weiblicher Sexualität überhaupt nicht existieren. Wie ich schon früher bemerkte, werden Frauen für ihr sexuelles Interesse häufig dadurch bestraft, daß sie als »unanständig« und »schlecht« denunziert werden – und der Schmerz und die Verwirrung hierüber werden sodann mit Sexualität assoziiert.

Horney behauptet, die Gesellschaft mache uns neurotisch

Karen Horney, eine andere Psychoanalytikerin, die zur selben Zeit wie H. Deutsch praktizierte, widersprach nachdrücklich der These, daß Frauen notwendig masochistische Geschöpfe seien. K. Horney wandte gegen Deutschs Studie ein, daß sie ausschließlich von neurotischen Frauen handle.[8] Wichtiger ist jedoch ihr Hinweis, daß der weibliche Masochismus nicht mit Hilfe biologischer Sachverhalte

8 Nach Freud existiert allerdings keine andere Form weiblichen Daseins – Frauen gelten bei ihm generell als neurotisch.

(Schmerz während des Geschlechtsverkehrs oder bei der Geburt) erklärt werden könnte, sondern kulturell vermittelt sei und in Wirklichkeit auf die gesellschaftliche Unterdrückung der Frau zurückgeführt werden müsse. Das Vorhandensein weiblicher Vergewaltigungsphantasien bestreitet auch sie nicht (sie schrieb in den 30er Jahren darüber), das müsse aber nicht bedeuten, daß die Frauen von Geburt an dazu bestimmt seien, durch und während ihrer Sexualität zu leiden. Vielmehr zwingt die Gesellschaft sie dazu, in vielfältiger Form eine Märtyrerrolle auf sich zu nehmen – von der stets opferbereiten Mutter bis hin zum immer leidenden Weibe, die ihr Leben vollständig »ihren Männern« widmen.

Nebenbei bemerkt, galt jegliche Art von Vergnügen zu dieser Zeit als wenig erstrebenswerte Angelegenheit. Alles in allem: Die Gesellschaft produziert die Neurotiker – besonders unter den Frauen. Und die einzige Möglichkeit für die Frauen, ihre Sexualität vor sich selbst zu rechtfertigen, bestand darin, vergewaltigt zu werden. Durch die Vergewaltigung wird ihnen die Sexualität aufgezwungen – sie scheint jenseits des eigenen Vermögens angesiedelt zu sein. Wenn eine Frau – natürlich »gegen ihren Willen« – zum Koitus gezwungen wird, enthebt sie das der Sündenschuld und bewahrt sie davor, unanständig und verdorben zu werden (was allerdings auch jede offene Freude an der Sexualität verhindert). Ein weiterer berühmter Psychoanalytiker dieser Zeit, Wilhelm Reich, war der gleichen Meinung. Ihm zufolge haben die passiven Vergewaltigungsphantasien der Frau nur diesen einzigen Zweck, sie von ihren sexuellen Schuldgefühlen zu entlasten.

Welcher Frauentypus Vergewaltigungsphantasien produziert, und aus welchem Grund, ist immer noch eine unabgeschlossene Diskussion. Einige Fachleute neigen zu der Ansicht, daß passive und ängstliche Frauen keine sexuellen Phantasien kennen: Es seien die eher aggressiven Frauen, die auch über eine höhere Selbsteinschätzung verfügen. In meiner Studie sprechen nur wenige Frauen über Vergewaltigungsphantasien. Die meisten derjenigen, die angaben, welche zu haben, waren aggressiver und selbstbewußter – die schüchternen Frauen schrieben nur wenig oder überhaupt nichts über ihre sexuellen Vorstellungen. Darüber hinaus beschrieben einige der jüngeren und abenteuerlustigeren Frauen Phantasien, in denen sie einen Mann zu sexuellen Beziehungen zwingen. Im allgemeinen spielt hier aber die Verführung eine wichtigere Rolle als der Zwang oder das Gezwungensein. Und der Schmerz wurde nur äußerst selten als eine Vorbedingung genannt, die die Freude an der Sexualität gewährleisten würde.

Phantasien während des Koitus

Man kann wohl davon ausgehen, daß sich die meisten Liebenden wünschen, daß sich alle Liebe und das ganze sexuelle Verlangen ihres Partners während des Geschlechtsverkehrs auf sie selbst richten. In der Wirklichkeit jedoch, wo es anscheinend etwas kälter und vielleicht auch ein wenig praktischer zugeht, ist es häufig anders: Genau wie unser Partner neigen auch wir manchmal dazu, während des Geschlechtsverkehrs sexuelle Phantasien zu entwickeln. Aus welchem Grund? Um uns in die richtige Stimmung zu versetzen, um erregter zu werden, um einen Orgasmus zu bekommen. Der Psychiater Marc Hollender, der 1970 einen Artikel über weibliche Sexualphantasien veröffentlichte, ist der Ansicht, daß es wahrscheinlich eher die Regel ist, wenn Frauen während des Geschlechtsverkehrs phantasieren. Bedauerlicherweise entwickeln Frauen diesen doch sehr zweckdienlichen Phantasien gegenüber sehr oft Schuldgefühle. So werden zum Beispiel viele Frauen durch Geschichten und Gedanken über die Kindheit oder die Jugendzeit angeregt und können solche »sexuell abhängigen« Phantasien dazu verwenden, die langweilige Routine mancher sexuellen Situationen zu überwinden; oder es wird ihnen möglich, sich in einer sexuellen Situation zurechtzufinden, in der sie den Mann zwar wirklich lieben, dennoch ihm gegenüber keine sexuellen Wünsche empfinden.[9]

Es besteht indes auch die Möglichkeit, daß sich die Frau durch den Gebrauch ihrer Phantasien aus einer unbefriedigenden Beziehung mehr und mehr zurückzieht. Mit ihrer Hilfe kann sie gegebenenfalls den unterschiedlich schnellen Anstieg der Erregung ausgleichen. Hollender sieht die Phantasietätigkeit während des Geschlechts-

---

9 Während einer therapeutischen Sitzung schilderte ein Mann das Problem mit lakonischer Kürze: »Ich liebe meine Frau, aber mein Penis liebt sie nicht.«

verkehrs (auch »koitale Phantasien« genannt) als eine Möglichkeit an, eine Zwei-Personen-Situation zu einer emotionalen Einheit zu führen.

Andere Therapeuten sind im Zweifel, ob es wünschenswert ist, während des Koitus bewußt sexuelle Phantasien einzusetzen. Während einer Debatte, die vor einigen Jahren zwischen Therapeuten geführt wurde, unterstrich Natalie Shainess die negative Seite der Phantasietätigkeit, während Harold Greenwald[10] ihre positiven Aspekte betonte. Nach Shainess hätten gesunde Frauen im allgemeinen beim Liebesakt[11] kaum irgendwelche Phantasien, während gestörte Frauen alle möglichen Arten von masochistischen Phantasien produzierten. Shainess zufolge sind die Sexualphantasien der Männer eher an visuellen Reizen orientiert (demgemäß sprechen sie auch eher auf Fetische an), während die weiblichen Phantasien häufig um die eigene Wirkung auf den Mann kreisen.[12] Mit Greenwald stimmte sie in der Diskussion dahingehend überein, daß der Grund für eine bestimmte Phantasie ausgesprochen wichtig sei. Im ganzen gesehen, hielt sie sie jedoch für eine ziemlich ungesunde Angelegenheit. Greenwald hingegen sprach sich für die bewußte Anwendung sexueller Phantasien aus. Nach ihm hängt es davon ab, was man mit ihnen anfängt: Wir können uns gezielt bestimmter lustvoller Phantasien bedienen, die unser Leben interessanter und anregender machen. Er vertrat die Ansicht, daß diejenigen, die keine Phantasien entwickeln können, genauso schnell, wenn nicht noch schneller, in Schwierigkeiten geraten als die anderen, die ihre Phantasien als ein Werkzeug ihrer Kreativität einsetzen und sich ihren Problemen somit gewachsen zeigen. Es sei allerdings tatsächlich häufig so, daß gerade die Individuen mit den harmlosesten Sexualphantasien zu abweichendem Verhalten[13] samt dem für sie daraus entspringenden Ärger neigen würden; bei Leuten mit weitaus lebhafteren Phantasien sie dies seltener der Fall.

---

10 Mein Freund und Lehrer, Mitverfasser des Vorworts dieses Buches.
11 Meine Forschungsergebnisse widersprechen dieser Ansicht.
12 Meine nächste Studie über die sexuellen Phantasien der Männer wird hierauf näher eingehen. Die hier vor allem dem Mann zugeschriebene Phantasie taucht jedenfalls auch häufig bei Frauen auf.
13 Das ist z. B. beim Exhibitionismus der Fall.

Viele Psychologen vertreten inzwischen die Auffassung, daß die sexuellen Phantasien während des Geschlechtsverkehrs positiv bewertet werden müssen. Der einzige Schaden, der hierbei angerichtet werden könne, gehe auf das Konto der Therapeuten, die ihren Patienten einreden, daß irgend etwas mit ihnen nicht in Ordnung sei, wenn sie während der Liebe phantasieren. Leider neigen immer noch viele Frauen dazu, sich gewissermaßen abnormal oder »unanständig« zu fühlen, sobald sie irgendeine Art von sexuellen Phantasien entwickeln. Selbst die Frauen, die ansonsten im allgemeinen nichts gegen sexuelle Phantasien einzuwenden haben, fühlen sich schuldig, wenn ihnen beim Koitus mit ihrem Ehemann oder ihrem Freund plötzlich sexuell stimulierende Gedanken über andere Männer kommen.

Frühere Untersuchungen über weibliche Sexualphantasien

Es sind nur wenige Studien zu diesem Gegenstand verfaßt worden; die wohl bekanntesten Vorläufer der vorliegenden Studie sind diejenigen von Kinsey und Hariton.

Kinseys Studie über das weibliche Sexualverhalten

Eine der ersten und die wohl bekannteste Studie über das sexuelle Verhalten der Amerikanerin wurde von Alfred Kinsey und seiner Forschungsgruppe in der zweiten Hälfte der vierziger Jahre durchgeführt. Einige wenige Fragen der Studie hatten mit den erotischen Vorstellungen von Frauen zu tun. Nur 69 % der Frauen gaben zu, jemals erotische Phantasien über Männer gehabt zu haben. Und 31 % behaupteten, durch Gedanken an Männer (worunter nicht nur Freunde oder Ehemänner zu verstehen sind) oder an sexuelle Beziehungen zu ihnen in keiner Weise angeregt zu werden. Siebzehn Prozent der interviewten Frauen gaben an, durch den Anblick eines beliebigen männlichen Körpers in Erregung zu geraten, und 41 % behaupteten, daß sie gelegentlich auf den Körper eines bestimmten Mannes in dieser Weise reagierten. Kinseys Interviewer befragten die Frauen auch über ihre Masturbationsphantasien. Von den Frauen, die sagten, sie würden masturbieren, sagten weniger als zwei Drittel, sie phantasierten hierbei. Diejenigen, die bei der Masturbation phantasierten, hatten normalerweise – je nach Stimmung – diverse Phantasien. Zudem berichteten sie über gelegentliche Veränderungen ihrer Sexualphantasien, die sich an ihren jeweiligen sexuellen Erfahrungen orientierten. Die meisten dieser Frauen benutzten keine Kindheitsphantasien, um sich zu erregen, sondern frühere Sexualerfahrungen oder stimulierende Geschichten, die sie gelesen oder gehört hatten. Sechzig Prozent der durch Kinseys Gruppe befragten Frauen gaben an, durch die Vorstellung des Geschlechtsverkehrs zwischen Männern und Frauen sexuelle Erregung zu empfinden, während sich 10 % während der Masturbation einbildeten, mit einer Frau zusammen zu sein. Ein noch geringerer Prozentsatz sagte aus, es würde sie aufregen, sich vorzustellen, daß Frauen sexuelle Beziehungen zu Tieren aufnehmen würden. Und nur sehr wenige Frauen (4 Prozent) sprachen davon, daß ihre Phantasien von masochistischen Wünschen begleitet worden wären.[14]

Kinsey beteuerte, keinerlei signifikante Korrelation zwischen den sozialen Aspekten des weiblichen Daseins (also Erziehung, sozioökonomischer Status, Herkunftsgegend, Ehestatus usw.) und dem sexuellen Verhalten der Frau herstellen zu können. Wogegen ihm das bei den Männern ohne Schwierigkeit gelang. Dieses Ergebnis verführte ihn zu dem Schluß, daß die für seine Studie befragten Frauen weder in ihrer Psychologie durch ihre Umgebung geprägt, noch, wie die Männer, hinsichtlich ihrer Erfahrungen lernfähig seien.

Da von dieser Seite also keine Erklärung der weiblichen Sexualität möglich schien, suchte Kinsey bei seiner Ausbildung als Zoologe Zuflucht und unterstellte, daß ein Großteil des weiblichen Sexualverhaltens sowie der dementsprechenden Gedanken unmittelbar auf hormoneller Steuerung basieren würden. Meine Studie widerspricht dieser Folgerung Kinseys direkt (daß Frauen durch soziale Faktoren nicht wesentlich beeinflußt würden): Es geht ein erhebli-

---

14 Kinseys Untersuchung wie auch neuere Studien widersprechen alle der Theorie von H. Deutsch, wonach es der Natur der Frau entspricht, Lust und Schmerz zu identifizieren.

cher Einfluß von der kulturellen Herkunft auf die weiblichen Sexualphantasien aus. Diesen Einfluß habe ich in den folgenden Kapiteln nachgewiesen. Bedeutet das nun aber, daß sich die Frauen seit der Zeit, in der Kinsey seine Untersuchung anfertigte, erheblich verändert haben und viele von ihnen jetzt beginnen, über ihre Sexualität freier zu diskutieren?

Die Persönlichkeitsstruktur der Frau und ihre Sexualphantasien während des Geschlechtsverkehrs

Als Barbara Hariton[15] im Jahre 1972 weibliche Sexualphantasien während des Geschlechtsverkehrs erforschte, stieß sie auf interessante individuelle Unterschiede. Sie fand heraus, daß die eher impulsiven, unabhängigeren, kreativen und nonkonformistischen Frauen über eine große Anzahl von Phantasien verfügen. Demgegenüber neigen die Frauen, die über keinerlei sexuelle Phantasien zu berichten haben, zu einer angepaßten, nachgiebigen und konservativen Lebensauffassung; sie stammen gewöhnlich aus einem Elternhaus, in dem niemals über Sexualität diskutiert wurde, und in welchem auch niemals der Eindruck hatte entstehen können, daß Sexualität Freude bereitet. Des weiteren vertritt Hariton die Auffassung, Frauen mit einem stärkeren Selbstbewußtsein würden häufig dazu tendieren, während des Geschlechtsverkehrs Unterwürfigkeitsphantasien zu entwickeln, während die an sich passiven und masochistischen Frauen so gut wie keine koitalen Phantasien hätten.

15 In ihrer Dissertation an der New York City University.

Grundmuster weiblicher Sexualphantasien

Wie sehen nun die unter Frauen am weitesten verbreiteten Sexualphantasien aus? Was sind die Themen ihrer Tagträume, ihrer Masturbationsphantasien und ihrer Phantasien während des Geschlechtsverkehrs?

Das folgende Kapitel enthält Beispiele sowie Anmerkungen zu den mehr als dreißig Arten sexueller Phantasien, über die die hier befragten Frauen berichteten. Diese Bandbreite wird vermutlich manche traditionell eingestellten Therapeuten überraschen, die oft allzuschnell bei der Hand sind, den Frauen nur Vergewaltigungs- und Prostitutionsphantasien zu unterstellen. Derartige Phantasien tauchen zwar ab und zu auf, sind aber nicht sehr verbreitet.

Weit verbreiteter sind Phantasien, die nichtgewalttätige Verführungssituationen zum Inhalt haben, in welchen die Frauen den Part des Verführers übernehmen. Ebenso populär sind Phantasien sensorischer Art während des Orgasmus, die Erregung durch den Körper einer anderen Frau und die Vorstellung, Sexualität in einer aufregenden oder möglichst naturnahen Umgebung auszuüben.

Phantasien über Gruppensex, Sex mit jungen Männern oder Knaben und Sex mit einer berühmten Persönlichkeit stehen hoch im Kurs. Und, was nicht vergessen werden sollte, viele Frauen glauben lernen zu können, von einem nackten männlichen Körper stimuliert zu werden.

Die Gegenstände sexueller Phantasien sind so vielfältig wie die Imaginationen der Frauen, und ihre Zahl wird noch zunehmen, sobald die Frauen damit beginnen, unterschiedliche Erfahrungen zu machen. Sie werden lernen, den kreativen Aspekt ihrer sexuellen Vorstellungen zu sehen und zu akzeptieren. In der folgenden Kategorisierung weiblicher Sexualphantasien spiegelt sich das Spektrum ihrer sexuellen Vorstellungswelt wider.

Sex mit einem fremden oder einem anderen Mann

Die am weitesten verbreitete Phantasie, die die Frauen beschreiben, handelt von sexuellen Beziehungen zu einem Mann, mit dem sie bisher noch keine Erfahrung machen konnten oder wollten. Das kann zum Beispiel ein Mann sein, den eine Frau schon seit einer Weile kennt und über den sie sich ihre Gedanken macht:

> Wenn Tony und seine Frau (meine beste Freundin) zu Besuch kommen, denke ich oft darüber nach, wie ich Tony verführen könnte. (Ich würde das nie machen, liebe es aber, mir das auszumalen.) Ich stelle mir vor, daß ich ein Essen bereite, und Jean (seine Frau) geht los, um noch schnell einige Sachen einzukaufen. Tony kommt in die Küche, um mit mir zu sprechen, da drehe ich mich langsam um und reibe mich an ihm, während wir uns miteinander unterhalten. Sein Schwanz schwillt gewaltig an. Ich reibe weiter, und bald holt er ihn raus, läßt ihn unter meinem Kleid verschwinden und steckt ihn mir rein. Es ist phantastisch! Ich liege auf dem Bauch über der Küchenbank und Tony streichelt und fickt mich von hinten wie ein Hund. Wir kommen beide sehr schnell, weil wir wenig Zeit haben. Wenn wir dann erschöpft daliegen, kommt Jean zurück, wir trennen uns rasch und gehen dorthin, wo wir uns zuvor aufgehalten hatten. Ich hoffe, daß Jean mein erhitztes Gesicht nicht auffällt.

> Meine Phantasien richten sich fast immer nur auf Männer, die ich kenne ... Ich bin neugierig darauf, wie sie sich wohl während der Penetration fühlen ... und was sie im Höhepunkt machen – ob sie superbefriedigt, aufgeregt oder sehr zutraulich reagieren usw.

> Während der Arbeit denke ich oft an den Kollegen, der im Büro nebenan schafft. Ich höre, wie er telefoniert. Ich würde gern wissen, wie es ist, mit ihm zu schlafen. Wenn er mit mir

redet, denke ich auch immer daran. Ich beobachte, wie er geht – betrachte seinen Körper – denke daran, wie es wäre, sich an seinen Körper zu schmiegen – möchte wissen, wie es wäre, wenn er mich küßte, wie er riecht, wie er sich anfaßt. Ich denke daran, wie er mich verführt – wie er in mich dringt und mich wild macht. Ich bin sicher, daß er sehr zärtlich sein würde. Dies ist einer meiner regelmäßigen Tagträume, und ich möchte ehrlich, daß er Wirklichkeit wird.

Es kann aber auch sein, daß sie ihn die Straße herunterkommen sieht oder neben ihm im Bus steht. Sie sieht ihn an, schaut vielleicht sogar auf seine Hüften, und schon beginnen die Phantasien:

Wenn ich einen tollen Mann sehe, versuche ich mir gewöhnlich vorzustellen, wie er unter seinen Kleidern ausschaut. Sind seine Schenkel kräftig und stark, und was ist mit seinem Penis? Ich denke daran, wie er auf mich zukommt und mich verführt – und fühle, wie er seinen Körper an mich preßt, und die Beule in seiner Hose. Ich möchte auch gern wissen, wie sich seine Haut und die Haare anfühlen, und wie er riecht und schmeckt.

Sehe ich einen attraktiven Mann, frage ich mich, wie groß wohl sein Penis ist und welche sexuellen Fähigkeiten er besitzt.

Wenn ich einen Mann sehe, der mich sexuell anzieht, denke ich daran, was er wohl am liebsten in der Liebe macht. Und wie riecht er, wie fühlt er sich an und wie sieht sein Schwanz aus? Was würde er mit mir machen, wäre er zärtlich oder brutal?

Wenn mir ein Mann auffällt, mit dem ich selbst nicht schlafen will, stelle ich mir vor, wie er es mit einer anderen Frau im Bett treibt. Während einer langweiligen Sitzung gehe ich manchmal alle anwesenden Männer der Reihe nach durch und überlege, wie sie aussehen, wenn sie nackt sind. Und wie sind sie wohl in der Liebe? Manchmal gehe ich in solchen Situationen noch weiter. Wenn ein Mann dauernd spricht, frage ich mich, ob er das auch während des Geschlechtsverkehrs macht. Und wenn er nervös, scheu oder streberhaft ist, übertrage ich es darauf, was er im Bett macht. Solche Phantasien tragen dazu bei, einige recht düstere Konferenzen etwas aufzuhellen.

Ich sehe oder begegne einem Mann, und sofort entsteht in bestimmten Fällen eine Art magnetischer Anziehung zwischen uns. Wenn ich seine Hand berühre oder ihm nur lange in die Augen blicke, fühle ich sexuelle Hitzewallungen, und es entsteht eine Art von Kommunikation zwischen uns. Ich denke an leidenschaftliche Küsse – und an den Liebesakt.

Eine Phantasie muß nicht durch die Gegenwart eines bestimmten Mannes ausgelöst werden. Ob sie nun gerade ein Referat über Existenzialismus verfaßt oder das Essen anrichtet – eine Frau lehnt sich für einen Augenblick zurück und genießt dabei die sexuellen Gedanken, die ihr gerade durch den Kopf gehen:

Ich denke an einen dunkelhaarigen Mann, sexy mit großen braunen Augen und einem sehr sinnlichen Mund. Ich stelle mir vor, wie sich unsere Blicke im Raum treffen und er auf mich zugeht. Wir schauen uns gegenseitig in die Augen und küssen uns leidenschaftlich und aggressiv. Ich kann seinen harten Penis spüren. Ich öffne seine Hose und nehme seinen Penis in die Hand. Danach lieben wir uns; es ist sehr schön.

Bei der Hausarbeit oder auf dem Schulweg habe ich viel Zeit zum Nachdenken. Dann kann ich von einem gutaussehenden, höflichen Mann träumen, dem ich irgendwo begegne. Wir unterhalten uns miteinander, spüren einen Zauber zwischen uns und finden einen schönen Ort, an dem wir unsere Zeit verbringen und uns lieben können.

Wiederholung sexueller Erlebnisse

Die Basis einer Vielzahl von Sexualphantasien ist die Erinnerung an lustvolle Erlebnisse:

Denke ich an einen Mann zurück, mit dem ich gute sexuelle Erfahrungen gemacht habe, fallen mir eine Menge sexueller Phantasien ein. In meinen Tagträumen tauchen Erinnerungsfetzen auf, wie ich ihn blase oder mit ihm ficke. Solche Erinnerungen habe ich auch während der Masturbation. Eine meiner Lieblingserinnerungen handelt von einem sehr großen Neger, mit dem ich es machte, indem ich mich neben das Bett stellte und seinen Schwanz massierte. Dann bat er mich, vor ihm zu masturbieren. »Laß es dir kommen«, sagte er. Ich machte es mir, während er zuschaute. Dann legte er sich auf mich und führte langsam seinen steifen Schwanz in meine vor Nässe triefende Möse ein, und wir kamen beide. Eine wirklich starke Erinnerung!

Manchmal phantasiere ich über einen Libanesen, den ich während einer Reise traf. Er war sehr hübsch – sein Teint und seine dunklen Augen und Haare beeindruckten mich ungemein. Ich schmelze wirklich dahin, wenn ich nur an sein Lächeln denke. Wir verbrachten eine schöne Zeit miteinander, und hätten wir noch etwas mehr Zeit und Gelegenheiten gehabt, wäre ich ihm wohl ganz verfallen. Er war ein phantastischer Liebhaber und ausgesprochen behutsam. Nach all den Jahren schreibt er immer noch an mich. Bekomme ich einen dieser Briefe, setzen die Phantasien von neuem ein. Er will versuchen, die Vereinigten Staaten in diesem Jahr zu besuchen, dann können wir wieder beisammen sein. Ich hoffe sehr, daß das eintritt.

Wenn ich ein phantastisches sexuelles Erlebnis hatte, gehe ich es normalerweise am nächsten Tag viele Male wieder durch. Die Erinnerung macht meinen Tag um vieles schöner.

Mein erstes sexuelles Erlebnis war so intensiv, daß ich noch immer gelegentlich davon phantasiere. Ich war in meinen Partner so verliebt und genoß es so tief, daß ich mir gelegentlich die Emotionen und Gefühle, die ich dabei verspürte, in Erinnerung rufe.

Sex mit einer berühmten Persönlichkeit

Viele Frauen phantasieren über Sex mit einem berühmten Mann – einem Filmstar, einem Sänger, mit Therapeuten, Professoren, bekannten Geschäftsleuten usw. Vielleicht ist das der übliche Leidensweg der Frau, die auch noch einen Zipfel Macht und Einfluß für sich gewinnen will. Jede Krankenschwester meiner Befragung hat zahlreiche Phantasien über Ärzte – mit Ausnahme der einen, die mit einem Arzt verheiratet ist. (Da scheinen die Phantasien dann meist aufzuhören.)

Die meisten derartigen Phantasien treten in Form von Tagträumen auf (manchmal in Gegenwart der prestigeträchtigen Person). Einige greifen aber auch auf die Masturbation und den Geschlechtsverkehr über. Häufig berichten davon ältere Frauen, die mit dem (ehelichen) Koitus unzufrieden sind. Solche Frauen haben in der Regel mit niemand anderem als ihren Ehemännern sexuelle Erfahrungen gemacht; für sie sind mangels anderer Gelegenheit vielleicht Filmschauspieler der beste Ersatz, den sie sich denken können.

Hier einige Beispiele:

> Ich stelle mir vor, ich befände mich in einem gynäkologischen Examen (während der Masturbation – und auch bei der Prüfung), wobei der Arzt seinen angeschwollenen Penis herausnimmt, mit mir auf den Tisch steigt und mich dann fickt.

> Als junges College-girl habe ich einen irren, leidenschaftlichen Geschlechtsverkehr mit meinem Therapeuten, der in der Beratungsstelle der Universität arbeitet. Wir sind in seinem Büro, und wir befinden uns gerade erst in der zweiten Sitzung. Manchmal stelle ich mir auch vor, ich würde dabei von versteckten Kameras aufgenommen.

> Gerne würde ich meinen Therapeuten verführen – ihn so scharf machen, daß er sich nicht mehr beherrschen kann, bis er vergißt, was wir besprochen haben, und von Leidenschaft überwältigt wird. Ich weiß, wir würden es gut miteinander machen ...

Meine neueste Phantasie (während des Geschlechtsverkehrs), die ich auch meinem Mann mitteile: Er ist ein junger gutaussehender Rechtsanwalt in der Stadt in Kansas, in der ich lebe. Alle Frauen denken, er sei der Größte. Er ist überlegen – ein richtig cooler Typ – und überspielt alle anderen. Ich sehe mich im Alter von 16 Jahren und habe es noch nie mit einem Freund gemacht, weil ich Angst vor der Schwangerschaft habe. Ich habe viele Freunde – aber alle Träume drehen sich nur um mich und den Rechtsanwalt.

Er fragt mich, ob ich zu ihm ins Büro kommen wolle, um seiner Sekretärin beim Adressieren von Umschlägen zu helfen. Ich bin eifrig und aufgeregt. Sie ist nicht mehr da, als ich nach dem ersten Tag gehen will. Er spricht mit mir und fragt mich, ob ich ihm nicht auch noch etwas während der Nacht helfen könnte. Aber sicher, ich möchte gern!

Eines Nachts komme ich zu ihm, flirte mit ihm und er mit mir. Er verspricht mir, daß er mich nicht schwanger machen würde – und er verspricht mir auch, daß es das schönste Erlebnis werden sollte, daß ich jemals gehabt hätte. Er zieht mich langsam aus und erzählt mir, wie sehr er mich begehre und wie schön ich sei. Er ist zärtlich und rücksichtsvoll und wir lieben uns die ganze Nacht.

Ich fliege seit Jahren auf meinen Chef. Ich kann gar nicht sagen, wie oft ich schon davon geträumt habe, daß er mich zum Essen einlädt, meine Hand ergreift, mich im Wagen küßt und dann die ganze Nacht mit mir verbringt. Im Laufe der Jahre wurde er immer anziehender für mich. Vielleicht ist es ein bißchen närrisch, solche Gedanken zu haben, aber ich glaube nicht, daß ich jemandem dadurch Unrecht zufüge.

Ich habe permanent sexuelle Tagträume über meinen Chef. Ich denke daran, ihn zu verführen, ihn zu lieben, mich um ihn zu kümmern. Manchmal macht es mich fast verrückt – ihn tagein, tagaus zu sehen und ihn so zu begehren.

Gelegentlich tagträume ich vor mich hin, was bekannte und hochangesehene Persönlichkeiten im Bett so treiben.

Ich masturbiere und stelle mir dabei vor, mit Mick Jagger oder anderen Rock Stars zu vögeln.

Ich favorisiere einen bekannten Saxophoninterpreten. Er macht sehr schöne Musik. Wenn er spielt, gerate ich in Erregung – besonders bei diesem »down and dirty jazz«. Manchmal stelle ich mir vor, er würde mich lecken, anstatt sein Instrument zu blasen. Ich schaue auf seine Hüften – sein Penis liegt der Länge nach an einem Bein an. Ob er den gleichen Ausdruck hat, wenn es ihm kommt – den gleichen Ausdruck, den er hat, wenn er sich mit geschlossenen Augen ganz in seine Musik verliert?

Ich denke an gutaussehende Filmstars beim Masturbieren – an jemanden wie Robert Redford, Paul Newman, Warren Beatty.

Und eine Krankenschwester schreibt:
Wenn sexuelle Tagträume einsetzen, handeln sie normalerweise von einer intimen Beziehung zu einem bestimmten Arzt.

Verführung eines jüngeren Mannes oder eines Knaben

Frauen mögen die Vorstellung, andere in die Welt der Sexualität einzuführen bzw. selbst darin unterrichtet zu werden. So wie Männer die Jungfräulichkeit traditionell hoch bewerten, hat es auch für viele Frauen einen besonderen Zauber und Reiz, mit einem jungen Mann dessen erstes sexuelles Erlebnis zu teilen – man denke dabei nur an den Erfolg des Romans »Der Sommer '42«.
Einige Psychoanalytiker würden wohl das Bedürfnis einer Frau, einen jungen Mann in die Geheimnisse der Sexualität einzuweihen, als Kindeswunsch interpretieren. Vielleicht ist es aber auch nur eine Art von eigener Wiederbelebung oder die Freude darüber, an den Entdeckungen des Partners teilhaben zu können. Wie schön, einem Kind zuzuschauen, das zum ersten Mal eine Blume bewußt wahrnimmt – wie es an ihr riecht und sich über sie freut. Und welch eine

Aufregung, diesen zitternden jungen Penis zu spüren, und ihn in Wärme, Sicherheit und neue Erfahrungen einführen zu können:

Manchmal masturbiere ich auf die Phantasie, es mit einem jungen Mann zwischen 14 und 15 zu treiben. Er besucht mich aus irgendeinem Grund und ist sehr, sehr anziehend und sexy, aber auch ein bißchen schüchtern. Ich kann sagen, daß ich ihm auch gefalle. Er hat jedoch noch niemals Geschlechtsverkehr gehabt und ist dementsprechend aufgeregt. Wir sprechen lange miteinander – dann gehen wir nach draußen und setzen uns unter die Bäume. Schließlich sitzt er dicht neben mir und ich ergreife seine Hand. Sehr behutsam und zärtlich verführe ich ihn. Wir liegen auf einer Decke im Gras eines vor Blicken geschützten Hinterhofes und schmusen (noch angezogen) miteinander. Anschließend gehen wir zurück ins Haus und legen uns auf mein Bett. Ich entkleide ihn langsam und streichle ihn am ganzen Körper, während ich mich ausziehe. Dann lieben wir uns wunder-, wunderschön. Beim ersten Mal kommt es ihm sehr schnell. Danach machen wir es ein zweites und drittes Mal.

Ich träume davon, einen Mann zu verführen – vor allem einen vom »zurückhaltenden Typus«, der schüchtern ist oder einen jungen und unschuldigen Eindruck macht.

Ich masturbiere manchmal in Erinnerung an ein im »Playboy« abgedrucktes Bild. Es stellte einen Botenjungen dar, dem im Treppenhaus eine ältere Frau begegnet, die ein tiefausgeschnittenes Negligé trägt. Ihre Brüste scheinen jeden Moment herauszuspringen, und an ihrem Schoß ist ein Streifen schwarzer Haare zu erkennen. Der Junge schaut sie an, schluckt, und reißt seine Augen weit auf. An den Text unter dem Bild kann ich mich nicht mehr erinnern, ich male aber gern für mich diese Situation noch weiter aus. Ich bilde mir also ein, die Frau kommt näher und näher – der Schwanz des Jungen wird steif, er ist fasziniert, aber auch sehr nervös. Sie nimmt eine ihrer Brüste aus dem Negligé heraus und berührt damit die Lippen des Jungen – sie sagt ihm, er solle daran saugen. Er saugt und sie massiert den Steifen in seiner Hose. Er wird fast ohnmächtig! Sie öffnet ihm die Hose, während sie ihren heißen Körper aufreizend an ihm reibt. Jetzt zieht sie ihn langsam hinüber zur Couch und zieht seine Hose herunter. Sein Gesicht ist rot angelaufen, er zittert, sein Penis ragt hart in die Höhe. Sie läßt sich niedersinken und zieht das Negligé aus und lädt ihn zu sich ein. Er eilt zu ihr hin, legt sich vorsichtig über sie, dringt heftig in sie ein und kommt schnell und wild. Dann liegt er vor Erschöpfung keuchend auf ihr. Sie streichelt sein Haar und spürt, wie sein Penis wieder hart wird. Alsbald fickt er sie wieder. Diesmal ist ihm der Ablauf des Geschehens bewußter, er klammert sich an ihre Schenkel und stößt raus und rein. Es erregt den Jungen über alle Maßen zu sehen, wie es der Frau kommt, er versucht es darauf gleich wieder. Beide ficken und vergessen dabei völlig ihre Umgebung.

Während dieser Phantasie identifiziere ich mich die längste Zeit mit der Frau. Ich habe so schon eine ganze Menge junger Männer aus meiner Nachbarschaft verführt. Eigentlich fände ich es sehr schön, wenn sich diese Phantasie verwirklichen ließe, andererseits hätte ich Angst davor, daß einer meiner Nachbarn herausfinden könnte, daß ich solche Sachen mache. Ich bin mir auch nicht sicher, ob so eine Geschichte sich auf einen Jungen dieses Alters nicht irgendwie negativ auswirken könnte. Es bleibt aber trotz alledem eine äußerst erregende Vorstellung. Schon dadurch, daß ich sie eben aufnotierte, bin ich tatsächlich in Erregung versetzt worden.

Seit ungefähr vier Jahren hänge ich jetzt dieser Phantasie nach. Vor kurzem bin ich wirklich in eine Situation geraten, die dieser Phantasie ein wenig ähnlich war – eigentlich noch sehr viel schöner. Der Junge war um die 17 und hatte schon erste sexuelle Erfahrungen gemacht. Das war aber erst vor ein paar Monaten mit seiner jungen Freundin geschehen. Er war richtig geil, und wir hatten schon eine nette, freundschaftliche Beziehung. Da waren eines Tages die äußeren Umstände günstig, wir waren allein und er fing bald damit an, mich erst anzufassen und danach zu küssen und mir tief in die Augen zu blicken. Darauf zog er mich mit zitternden Händen aus. Es war so schön! Wir liebten uns viele Male. Er war nicht sehr erfahren, aber mächtig aufgeregt und ungeheuer zärtlich. Ich verspürte eine Mischung aus Wollust und Mütterlichkeit. Es war phantastisch! Später unterhielten wir uns, und er erzählte mir etwas über seine kurze Sexualpraxis, die er heimlich mit seiner jungen Freundin erprobt hatte. Er blieb die ganze Nacht bei mir und hielt mich eng umschlungen. Er sagte, daß er noch nie die Nacht mit einer Frau verbracht hätte und sehr gern mit mir schlafen würde. Viele Male spürte ich in jener Nacht seinen harten Schwanz an meinem Körper. Manchmal wachte er auf, und wir liebten uns erneut.

Ich kann mich gar nicht daran erinnern, ob ich in dieser Nacht überhaupt einen Orgasmus hatte, und wenn ja, wie viele es waren. Aber das ist wahrscheinlich gar nicht so wichtig. Unser Zusammensein war so voller Aufregung und Zärtlichkeit! Ich bin sicher, daß dies eines meiner schönsten sexuellen Erlebnisse überhaupt gewesen ist. Es war schön. Ich werde ein bißchen traurig, wenn ich daran denke. Ich würde es gern wiedermachen. Ich glaube aber, es war eines dieser Erlebnisse, die sich einfach nicht wiederholen lassen. Ich werde ihm gegenüber immer ein besonderes Gefühl bewahren, und er sagte zu mir, er werde mich nie vergessen. Der Gedanke, daß er zusammen mit mir einige Dinge zum ersten Mal erlebt hat, wird für mich immer reizvoll bleiben.

Manche meiner Phantasien gehen dahin (gewöhnlich beim Masturbieren), daß eine Reihe von Jungen ansteht, die darauf warten, mich zu ficken. Jeder von ihnen ist sehr steif und furchtbar aufgeregt, allen kommt es schnell und heftig. Ich befehle jedem einzelnen, in mich einzudringen und bewege mich dabei sehr sinnlich. Das bringt sie zur Raserei. Wenn es dem einen gekommen ist, kommt der nächste an die Reihe.

Der ältere Mann

Für viele Frauen, die über Phantasien berichten, in denen ein älterer Mann eine wesentliche Rolle spielt, dient dieser nicht nur als Lehrer

in sexuellen Angelegenheiten, sondern repräsentiert auch noch
Weisheit, Stärke und Sicherheit. Allerdings gaben nur zwei Frauen
zu, über den Koitus mit ihrem Vater phantasiert zu haben. Das
waren wesentlich weniger, als ich vermutete, da ich noch Freuds
Erfahrungen mit der väterlichen Verführung im Hinterkopf hatte,
von der ihm doch so viele Frauen berichteten.[1]

In meiner frühen Jugend war meine wichtigste Phantasie,
wenn ich es mir selber machte, ein Baby zu sein, und von
einem großen und starken Mann geliebkost und gestreichelt
zu werden.

Als ich ein Kind war, pflegte ich mir vorzustellen, wie mein
Vater zu mir ins Bett kommen würde und mich in seine Arme
nähme und anschließend mit mir schliefe.

Ich träume davon, es mit meinem Onkel zu treiben, mit dem
ich vor Jahren einmal einen Flirt hatte.
Machmal steigt in mir die Idee auf, mit einem älteren Mann
sexuelle Beziehungen aufzunehmen – also mit jemandem,
der viel von der Welt gesehen hat und der wirklich eine Frau
zu lieben versteht.

Es gibt noch viel, was ich über die Liebe lernen möchte. Am
besten geeignet wäre hierzu eine Affäre mit einem Mann, der
zehn oder zwanzig Jahre älter ist als ich (ich bin 23). Mir
schwebt ein etwas älterer Europäer vor, dessen Sexualleben
wirklich befreit sein müßte. Oft bin ich mit den Männern
meines Alters richtig unzufrieden, weil sie immer nur ihre
Männlichkeit unter Beweis stellen müssen. Ich hätte lieber
einen von denen, wie man sie in älteren Filmen sieht, oder wie
sie in Büchern beschrieben werden. So ein Mann weiß, wie

---

1 Ich bin mir nicht ganz sicher, ob nicht Freud selber auf Grund seiner
Erscheinung seinen weiblichen Patienten eine Vaterfixierung unbewußt
nahelegte. Die meisten Patienten entwickeln ein sehr enges Verhältnis zu
ihrem Therapeuten; Freud spricht in diesem Zusammenhang von » Über-
tragung«. Vielleicht war es vielen seiner Patientinnen unmöglich, ihm
gegenüber ihre sexuellen Gefühle einzugestehen; statt dessen sprachen
sie von sexuellen Beziehungen zu ihren Vätern.

man auf Frauen wirklich eingeht, und kann seine Liebe und seine Gefühle auch offen ausdrücken – mit ihm könnte ich mich unterhalten, von ihm lernen.

Am besten beides

Manche Frauen hätten am liebsten beides:

Am liebsten hätte ich beides: Einen Liebhaber, der jünger ist als ich, den ich unterrichten und in die Sexualität einführen könnte – und einen anderen, alt und erfahren genug, um mein Lehrer zu sein. Ich habe beides schon erlebt. Es müßte sehr schön sein, könnte es zur gleichen Zeit geschehen.

Sich gleichzeitig mit einem jüngeren und einem älteren Mann einzulassen – das wäre ideal. Ich könnte Jugend, Begeisterungsfähigkeit und die physische Ausdauer des einen genießen, und von der Feinfühligkeit, Erfahrung und Zärtlichkeit des anderen profitieren.

Ich habe während verschiedener Zeiten meines Lebens Beziehungen zu sehr viel jüngeren, wie auch sehr viel älteren Männern unterhalten. Das war großartig! Gewisse Dinge gingen mit dem jüngeren sehr gut – ich lernte ihn richtiggehend an, und erforschte und genoß mit ihm das Leben und die Sexualität. Manchmal trieben wir es stundenlang und konnten nicht genug bekommen. Sein Schwanz stand immer.
Der ältere Mann war aber auch phantastisch. Er war äußerst geschickt und verständig. Ich hörte einmal, wie ein Franzose eine Frau mit einem Musikinstrument verglich. Nun, mein älterer Liebhaber beherrschte mich virtuos. Seine Sensibilität, sein Sinn für Zeitabläufe, seine Art, mich zu berühren und in mich einzudringen waren einfach superb! Und ich traf niemals wieder einen, der meine Votze so leckte wie er. Er leckte genau an der richtigen Stelle auf eine Art, daß es mir immer wieder kam. Manchmal schrie ich dabei laut auf, es konnten ruhig alle Leute hören!

Häufig phantasiere ich, ich triebe es mit diesen beiden gleichzeitig.

Imaginäre Geschöpfe

Einige Frauen behaupten, in ihren Phantasien tauchten Geschöpfe auf, die nicht sehr menschenähnlich seien:

Ich habe sogar daran gedacht, daß es nett wäre, über einen nur zwei Fuß großen Mann mit einer riesigen Zunge zu verfügen, der mich unter dem Pult lecken könnte, während ich meinen religiösen Pflichten nachkomme.

Ich hätte gern Sex mit einem satyrähnlichen Wesen, halb Mensch, halb Tier, wie es in der Mythologie geschildert wird.

Der nackte männliche Körper

Nur wenige Frauen dieser Studie konnten von Phantasien berichten, die sich um den nackten Körper ihres Partners drehen. Vielleicht hängt das damit zusammen, daß das den jungen Mädchen in unserer Gesellschaft einfach nicht beigebracht wird. In fast allen erotischen Darstellungen sind halbbekleidete oder nackte weibliche Körper in verführerischer Pose abgebildet. Wenn überhaupt die Rede darauf kommen sollte, werden Frauen nur entmutigt, über den männlichen Körper nachzudenken – besonders die genitale Zone wird tabuisiert. Die wenigen hier erwähnten Phantasien scheinen sich aus einer sehr befriedigenden sexuellen Beziehung mit einem Mann entwickelt zu haben. Nur so konnten die Frauen lernen, beim Anblick eines nackten männlichen Körpers auch sexuelle Erregung zu empfinden.

Ich habe einen Tagtraum, in dem mir der nackte Körper meines Freundes in Form eines Torsos erscheint – insbesonders sein Genital. Sein Penis ist erigiert. Das ist eine neue Phantasie, die ich erst seit kurzem habe. Sie kommt mir immer dann, wenn ich ihn einige Tage lang nicht gesehen habe.

Wenn ich mit meinem Freund nicht zusammensein kann, denke ich daran, wie sein hübscher Körper neben mir im Bett liegt. Dabei werde ich geil, und ich möchte ihn streicheln und lieben.

Ich habe die Masturbationsphantasie, den Schwanz meines Freundes immer größer und härter anschwellen zu sehen.

Dunkle Haut

Manche weißen Frauen werden dadurch angeregt, daß sie sich einen Farbigen vorstellen. (Die schwarzen Frauen äußerten sich nicht über die Hautfarbe, die sie anspricht.)

Ich denke gern daran, wie ein Schwarzer neben meinem Bett steht – sein Schwanz ist groß und steht. Dann erzählt er mir Sauereien und fragt, ob er es mir besorgen soll. Sein Körper ist kräftig und glänzend. Sein Schwanz ist so stark und schön und ich sage ihm, daß ich es haben will.

Dunkelhäutige Männer erregen mich. Sie sind irgendwie rätselhaft und ganz anders, als ich es bin.

Dunkle Augen und dunkle Haut finde ich furchtbar sexy.

In meiner Phantasie ficke ich oft mit einem Schwarzen. Er hat einen großen Penis, der sehr, sehr lange Zeit steif bleibt. Einmal habe ich wirklich mit einem Schwarzen geschlafen. Ich habe das genossen, sehne mich aber nicht nach einer Wiederholung. Von Zeit zu Zeit möchte ich zwar diese Phantasie richtig ausleben, habe aber irgendwie das Gefühl, dazu noch nicht reif zu sein.

Phallische Gegenstände

Verwandelt sich der Schalthebel ihres Autos oder die Wohnzimmerkerze unter ihren Blicken in einen erigierten Penis? Solche phallischen Phantasien waren überall und zu jeder Zeit weit verbreitet. Tatsächlich wurden lange vor Freud bewußt zahllose Gegenstände geschaffen, um Macht und Stärke des Penis zu verherrlichen. Die Werbeleute von der Madison Avenue spielen darauf, wenn sie neue Ketchup- oder Sodaflaschen entwerfen, die die Frauen ebensogerne anfassen wie anschauen. Erfolgreich leben – das propagiert der Turm in der Architektur und das Softdrink-Glas in unserer Hand.

Viele Gegenstände, die mir tagsüber zu Gesicht kommen, erscheinen mir phallisch und bringen mich auf sexuelle Gedanken.

Ich denke häufig an ein männliches Glied, wenn ich das turmähnliche Gebäude gegenüber sehe, an dem gearbeitet wird, oder wenn ich so etwas wie einen Schilfkolben erblicke.

An manchen Tagen, wenn ich besonders scharf bin, habe ich das Gefühl, daß überall, wo ich hingucke, ein Ding herumsteht, das wie ein Pimmel aussieht.

Sex in freier Natur

Vermutlich wird es eher traditionell eingestellte Psychologen überraschen, daß erstaunlich viele Frauen in ihrer Phantasie sexuelle Kontakte in die freie Natur verlegen. Vielleicht steckt dahinter der Versuch, die Sexualität bis zu ihrem natürlichen Ursprung zurückzuverfolgen – ein Unterfangen, dem die ganze Lebensart der westlichen Gesellschaft diametral entgegensteht. Ich meine dazu folgendes: Im viktorianischen Zeitalter wurde die Sexualität generell unterdrückt – und vor allem die der Frauen. Nur nicht daran denken und um Gottes willen nicht darüber reden; sie darf auch nicht genossen, sondern höchstens erduldet werden. Wie sich aber aus dem vorigen Kapitel ersehen läßt, waren dadurch weder die bewußten Gedanken über Sexualität zu verhindern noch die Mechanismen des Unbewußten außer Kraft gesetzt. Als Reaktion auf die viktorianische Vergangenheit ist die sexuelle Protzerei vieler Leute zu bewerten – Sexualität wird inzwischen nicht nur einfach so, wie sie ist, akzeptiert, sondern zur unbedingt erstrebenswerten Eigenschaft stilisiert. Zwingt uns vielleicht unsere amerikanische Mentalität dazu, alles und jedes nur im harten Wettbewerb erkämpfen zu wollen? Auf jeden Fall darf es einem jungen Mann heutzutage nicht mehr genügen, der beste Student weit und breit zu sein. Er muß zudem der ausdauerndste und beste Liebhaber sein. Sobald es ihm nicht gelingt, seinem Sexualpartner jedesmal einen multiplen Orgasmus zu verschaffen, hat er bereits versagt. Die Frauen sind in diese Art von nationalem Wettkampf schon längst einbezogen. Auch sie geben sich verbissen Mühe und sorgen sich um ihren multiplen Orgasmus unter dem Motto: »Letzte Nacht bin ich nur zweimal gekommen – ob ich ihn wohl enttäuscht habe?«

Sexualität unter den Gesichtspunkten von Konkurrenz und Leistung zu betrachten, läuft auf das gleiche hinaus, wie sie zu unterdrücken. Sicher gibt es Situationen, in denen die Sexualität äußerst unterhaltsam und spannend ist, wo unbekannte Geräusche ertönen, oder aber der Penis außer Kontrolle seines Besitzers gerät usw. Wichtig aber ist, daß wir unsere Sexualität auch wirklich genießen können – ohne dabei immer gleich der oder die Beste sein zu wollen, und ohne uns dauernd auf die »richtigen« Stellungen und Techniken konzentrieren zu müssen. Zurück also zur natürlichen Sexualität – zurück zur Natur! Vielleicht ist es das, was viele Frauen ihre sexuellen Vorstellungen mit einer natürlichen Umgebung oder die Gegenwart von Tieren verknüpfen läßt:

Der Mond geht auf – und wir spazieren den Strand entlang. Die Wellen umspülen unsere Füße. Das Meer brandet gegen die Klippen, er küßt mich, und auch in mir brandet es auf. Ich will ihn haben. Wir legen uns in den trockenen, salzigen, warmen Sand. Immer dann, wenn ich das Brechen einer Welle vernehme, fühle ich einen wunderbaren warmen Schauer in mir. Ich bebe und möchte ihn in mir spüren. Ich weiß, daß sein harter Riemen dasselbe will. Wir küssen uns leidenschaftlich und lieben uns im Mondlicht.

Tagsüber denke ich sehr oft an einen Mann, den ich sehr attraktiv finde. Wir liegen am einsamen Strand einer Südseeinsel und bräunen uns. Die Wellen plätschern leise vor sich hin, und alles ist ruhig und friedlich. Schließlich lieben wir uns, das Gesicht meines Liebhabers ist von blendend hellem Sonnenlicht umgeben. Sein Körper ist naß vor Schweiß, und wir finden beide zum Höhepunkt.

Manchmal träume ich davon, einfach nur irgendwo glücklich und zufrieden mit meinem Mann im Gras zu liegen. Wir sind nackt, toben herum, finden zueinander und lieben uns ohne Ende.

Ich habe es gern, wenn mein Mann nackt an einem verschwiegenen Ort im Gras liegt und die Sonne auf seinen warmen Körper brennt. Dann komm' ich in seine Arme und wir lieben uns, von schöner Natur umgeben.

Eine meiner Phantasien handelt davon, wie ich bei einer Skiwanderung verführt werde. Ein gutaussehender Mann kommt auf mich zugefahren, er verlangsamt etwas sein Tempo, so daß wir parallel den Hang hinunterfahren. Er beginnt mit mir zu flirten, und ich gehe darauf ein, indem ich mit ihm gemeinsam Zickzack fahre. Dann beginnt es zu schneien, alles ist sehr friedlich und gleichzeitig sehr aufregend. Zu der Hochstimmung, die das Skifahren in mir verursacht, kommt jetzt noch die Aufregung der Verführungsszene hinzu. Wenn wir dann endlich am Ziel sind, sind wir beide so abgeschafft und gleichzeitig so scharf aufeinander, daß wir es gar nicht erwarten können, bis wir in der Hütte sind, um uns leidenschaftlich zu lieben.

Gelegentlich phantasiere ich (während des Geschlechtsverkehrs), ich befände mich an einem anderen Ort. Beispielsweise auf einem wundervollen Flecken Land auf einer Insel vor der Küste von Maine – mit weichem Gras, von Wäldern umgeben, die Felsenküste vor Augen.

Ich träume davon, daß sich mein Mann und ich auf freiem Feld unter einem sehr sehr blauen Himmel lieben. Vielleicht ziehen eine oder zwei Wolken in der Entfernung vorbei.

Sex und Tiere

Viele Frauen phantasieren von Sex in Gegenwart von Tieren. Wenn sich ein Paar auf der Wiese liebt, ist ein Pferd in der Nähe, eine Katze beäugt eine Verführungsszene, oder der Hund des Hauses betrachtet sachkundig die sexuellen Spiele, die sich im Bett neben ihm ereignen. Es ist fast so – und die Natur des Sexualtriebes spricht an sich dafür –, als ob das Tier die sexuelle Erregung des Menschen spüren könnte. Es kommt ja auch in Wirklichkeit vor, daß ein Tier durch menschliche Sexualaktivitäten derart angeregt wird, daß es versucht, auf irgendeine Weise an ihnen teilzunehmen.

> Ich phantasiere (tagträume) über Szenen am Strand oder auf einer Wiese, die von einem dichten, dunklen Wald umgeben ist. Ich bin nackt und spaziere gewöhnlich mit anderen Leuten durch die Gegend. Er ist groß, kräftig und tief gebräunt. Meist weidet in unserer Nähe ein braunrotes Pferd, mit dem wir ab und zu spielen oder das wir reiten. Wir vögeln miteinander und verbringen viel Zeit damit, Gefühle, Gerüche und Geräusche zu genießen. Normalerweise werden wir dann müde und schlafen eng umschlungen ein; das Pferd hat sich dicht neben uns auch zur Ruhe gelegt.

Das Pferd in dieser Phantasie schaut nicht nur dem Liebespaar zu, sondern hat mehr oder weniger passiv an den Liebesspielen teil, da es von ihr wie auch ihm geritten wird. Ein Pferd zu reiten wurde schon immer als eine sexuelle Angelegenheit angesehen – die Bewegungen des Reiters gleichen denen des Geschlechtsverkehrs, und ihr Rhythmus sowie der Druck auf die Geschlechtsteile kann sehr lustvoll sein. Oft hört man von jungen Mädchen, die ihre Sexualität dadurch sublimieren, daß sie zum »Pferdenarren« werden. (Bei jungen Männern ist das genauso.) Deshalb ist es nur logisch, wenn man sich ein Pferd in diesem Fall als einen wichtigen Teil einer sexuellen Erfahrung denkt – obwohl es, um nicht gegen die soziale Norm zu verstoßen, meist nicht als direkt Beteiligter auftritt.

> In allen meinen sexuellen Phantasien trage ich sehr weibliche, sinnliche und weite Kleider – in dunklen Farben oder in Schwarz (selten kommt auch etwas Rotes vor). Und immer ist da auch eine Katze in der Gegend (was mir früher nie auffiel),

mit der ich mich in vollkommener Harmonie befinde – sie ist eine Verkörperung meiner selbst. (Für mich drücken Katzen das Wesen der weiblichen Sexualität vollendet aus.) In dieser Phantasie werde ich von vielen Männern begehrt, während ich mich aber nur für einen einzigen interessiere. All die anderen Männer bekommen mich nicht. Unsicher geworden, ziehen sie sich zurück. Der Mann meiner Phantasie ist schlicht und einfach der Mann, den ich liebe. Er ist physisch schrecklich besitzergreifend, so daß ich auch spüre, daß ich wirklich geliebt werde. Ich vermute, mein Bedürfnis geht dahin, die Einheit von Sexualität und Liebe zu erreichen.

Es macht mich geil zu wissen, daß sich unser Hund Bruno im gleichen Raum befindet, wenn Jack und ich es miteinander treiben. Selbst wenn Bruno nicht im Zimmer ist, stelle ich mir vor, er wäre da – und würde uns zuschauen und dabei immer spitzer werden.

Andere Frauen gehen noch einen Schritt weiter und entwickeln Phantasien, in denen sie mit Tieren unmittelbaren sexuellen Kontakt haben:

Einmal sah ich, wie ein Bulle in einer Viehherde eine Kuh bestieg. Die Herde trottete langsam voran und der Bulle marschierte in Seelenruhe mit. Während er die Kuh fickte, wanderte er durch die Gegend! Als er fertig war, stieg er auf eine andere Kuh und machte dasselbe. Es war sehr anregend. Der Bulle war riesig, groß und stark. Ich bekam auch seinen Penis zu sehen, ein rotes Riesending. Manchmal masturbiere ich auf diese Phantasie.

Ich denke gern an Hundefick. Viele Hunde unterschiedlichster Art. Manchmal denke ich beim Bumsen, ich wäre eine Hündin, und ein Hund würde es mir machen. Manchmal frage ich sogar, ob wir nicht in die Hunde-Position gehen wollen und dann kommt es mir bei dieser Phantasie.

Manchmal habe ich mir von einem Hund an der Möse schnuppern und lecken lassen. Es war sehr gut und ich werde sehr scharf, wenn ich nur daran denke. Ich habe mir auch schon einen deutschen Schäferhund vorgestellt, der mich fickt. Eines Tages kam einmal der Schäferhund, der die Straße weiter unten wohnt, zu mir auf Besuch. Er hatte das schon häufiger getan, aber diesmal muß ich irgendwie heiß gewesen sein oder so, weil er nämlich versuchte, auf mich zu springen. Ich habe ihn schließlich weggeschickt. Aber manchmal phantasiere ich, daß ich mich von ihm hätte ficken lassen. Sein Name war Ricky. Manchmal masturbiere ich mit dem Vibrator und denke mir dabei, Ricky würde mich ficken.

Gelegentlich habe ich Masturbationsphantasien über einen großen Hirtenhund – eine Freundin hatte ihn und ihr Appartement mir überlassen, als sie ins Ausland ging. Abends, wenn ich ins Bett wollte, wurde er sehr verspielt, und darauf auch zunehmend sexuell aggressiv – mit seiner Zunge und seinem Penis –, bis er mich fast soweit gebracht hatte, daß ich mit ihm gefickt hätte. (Ich vermute, daß mich das Sodomie-verbot der christlich/jüdischen Ethik davon abgehalten hat, aber unter günstigen Umständen würde ich es vielleicht machen.)

Ich masturbiere mit dem Gedanken, ein nettes Schoßtier – Hund oder Katze – dazu abgerichtet zu haben, mich zu lecken.

Verbotene Orte

Die Örtlichkeit, an der es zu sexuellen Handlungen kommt, scheint für viele Frauen wichtig zu sein. Neben der freien Natur scheinen vor allem »unzüchtige Handlungen an öffentlichen Orten« für sexuelle Vorstellungen und Aktivitäten äußerst attraktiv zu sein.

Wenn ich Sex mit meinem Mann mache, stelle ich mir oft dabei vor, an einem Strand oder im Wald oder an einem verbotenen Ort zu sein – z. B. im Schlafzimmer der Eltern oder im Auto. Die Phantasie »Gefahr, erwischt zu werden« macht die Situation viel kitzliger und hilft mir, meinen Höhe-punkt zu erreichen.

Ich denke daran, in einem eleganten Restaurant zu dinieren – weiße Tischdecken, Kerzen, Wein, kostbarer Wandschmuck usw. –, und mir gegenüber sitzt ein Mann, von dem niemand weiß, daß er mein Liebhaber ist. Wir haben die Schuhe ausgezogen und spielen mit unseren Füßen verdeckt unter dem Tisch mit dem Geschlechtsteil des anderen. Niemand bemerkt es, was wir sehr genießen.
Etwas Ähnliches habe ich auch schon einmal erlebt – ich saß neben einem Freund und wir spielten heimlich mit den Händen.

Eine der neueren Phantasien, die mich sehr erregen, habe ich mir sozusagen angelesen. Sie stammt aus Greenwalds »The Sex Life Letters«, wo beschrieben wird, wie eine Frau, die einen künstlichen Penis trägt, in den Supermarkt und auf eine Party geht. Der Dildo steckt in ihrer Vagina, und sie bekommt hin und wieder einen Orgasmus, und nur sie und ihr Ehemann, der ihn eingeführt hat, wissen davon. Während der Party flüstert sie ihrem Mann zu: »Liebling, es kommt mir.« Was für mich zählt, ist das Gefühl des Dildo und ebensosehr das Geheimnis, das die beiden miteinander teilen. Das ist jedenfalls die schärfste Geschichte, die ich mir nur denken kann.

Manchmal denke ich an ein wirkliches Erlebnis, das ich früher einmal hatte. Ich blies den Schwanz meines Freundes, während wir im Auto die Straße herunterfuhren. Er fuhr, und ich blies. Gewöhnlich füge ich dieser Phantasie noch hinzu, daß uns, als ich gerade voll beschäftigt bin, ein Bus begegnet, dessen Fahrgäste auf unseren Wagen hinabschauen, und es dann alle sehen.

Eine Masturbationsphantasie: Ich gehe zu einem Einstellungsgespräch. Der Mann, der mich befragt, stellt einige sehr persönliche Fragen, und ich gebe ihm laszive Antworten. Er ist erst etwas verblüfft, und dann wird er scharf. Ich sehe, wie sein Schwengel immer dicker wird und sich prall unter seiner Hose abzeichnet. Ich ziehe meinen Rock in die Höhe – und biete ihm meine Votze an. Er wirft sich auf mich und wir ficken auf seinem teuren, dicken Teppich. Die Bürotür ist unverschlossen, und jeden Augenblick kann die Sekretärin hereinkommen. Die Furcht davor, erwischt zu werden, vergrößert noch meinen Genuß.

Ich denke daran, wie mich fremde Männer an unbekannten Orten, in Fahrstühlen oder Treppenhäusern nehmen.

Eine Krankenschwester schreibt:
Während der Arbeit kommt mir die Phantasie, daß ich den ganzen Kram – Krankenberichte, Röntgenbilder und Arbeitsanweisungen – auf den Schreibtisch des Arztes schmeißen möchte, um dann oben drauf herumzuficken und unsern Saft überall herumzuschmieren. Ich habe auch davon phantasiert, in den Untersuchungsstühlen zu vögeln . . . Diese Phantasie kommt mir ca. dreimal die Woche, und bisher ist auch nichts geschehen – ich arbeite da aber dran. Im Büro habe ich schon etwas herumgeknutscht. – Natürlich soll jetzt bald mal etwas passieren. Aber gleichzeitig habe ich furchtbare Angst, entdeckt zu werden, und es kann schon sein, daß mir meine Paranoia alles verdirbt – oder das Ganze vorantreibt, wer weiß das schon?

Sehr begehrenswert zu sein

Frauen wird Zeit ihres Lebens eingeredet, sie müßten alles nur Denkbare unternehmen, um einen Mann zu bekommen. Es erscheint ihnen sozusagen als das erste Gebot im Leben, für das andere Geschlecht begehrenswert zu sein. So nimmt es kaum wunder, daß so viele Sexualphantasien dieses Thema variieren:
Ich werde von vielen Männern begehrt, während ich mich selbst nur für einen einzigen interessiere. All die anderen Männer bekommen micht nicht. Unsicher geworden, ziehen sie sich zurück.

Ich werde erregt, wenn ich mir vorstelle, daß ich viele Männer einfach dadurch anmache, daß ich ganz dicht an ihnen vorbei gehe und ihnen in die Augen schaue.

Ich habe Phantasien, in denen ich Männer verführe, die angeblich zu dieser Zeit an Sex nicht interessiert sind, und die ich dann scharf mache. Ich habe so etwas meines Wissens noch nie gemacht, ich würde es aber schon gerne mal versuchen.

An die Wände einer Höhle sind einige Männer gefesselt. Sie sehen alle gesund aus, und niemand von ihnen scheint zu leiden. Sie sind alle freiwillig gekommen. Ich stehe nackt in der Mitte der Höhle und weiß, daß ich sehr sexy aussehe. Ich gehe umher, fühle, wie meine Erregung zunimmt und beobachte genau die Reaktionen der einzelnen Männer. Bei jedem von ihnen steigert sich das Verlangen, mich zu besitzen. Wenn ich dann scharf genug bin, befreie ich denjenigen, der mir am meisten zusagt, von seinen Fesseln, und dann treiben wir es vor den anderen.

Die Phantasie hat nichts damit zu tun, daß ich mich an Männern in Fesseln weide. Es ist vielmehr so, daß es darum geht, sie daran zu hindern, mir das Vorspiel zu verderben. Ich kann, solange ich will, meine Vorlust auskosten, während sich die Männer doch immer nur auf Geschlechtsverkehr und Orgasmus zu konzentrieren scheinen.

Während des letzten Monats habe ich über diesem Tagtraum bestimmt öfters gebrütet, und gelegentlich verwandelt er sich auch zu einer Masturbationsphantasie.

Erlebt habe ich so etwas noch niemals. Ich habe aber versucht, den symbolischen Wert dieser Geschichte zu ergründen, um daraus meine Folgerungen zu ziehen. Daher werde ich in Zukunft »nein« zu einem Mann sagen, wenn mir selbst danach (noch) nicht zumute ist, und er mich die verschiedenen Stufen sexueller Gefühle nicht voll auskosten läßt.

An sich würde ich aber meine Phantasie doch einmal gern wirklich erleben.

In meiner Lieblingsphantasie während des Geschlechtsverkehrs spricht mein Mann offen von seiner Liebe zu mir – er sagt, daß ich es bin, die er wirklich haben möchte. Denn obwohl sich seine Liebe zu mir in seinem ganzen Verhalten beweist, kann er sie nur schlecht verbalisieren. Während anderer Phantasien sind es viele Männer, die mir bedeuten, daß sie mich haben wollen – daß ich für sie die Größte bin. Ich phantasiere davon, eine kosmetische oder chemische Veränderung an meiner äußeren Erscheinung vornehmen lassen zu können, denn ich halte meinen Körper für unattraktiv – ich hätte gern einen längeren Unterleib und einen größeren Brustumfang. Wenn ich einen schöneren Körper besäße, würde ich mehr Männer bekommen, weil ich mir dann selbst begehrenswerter vorkäme.

Ich tanze mit dem Mann, den ich liebe. Viele andere Männer beobachten, wie ich durch den Raum schwebe. Ich fühle, wie ihre Augen mir folgen, wie sie nach mir verlangen. Sie finden, daß ich schön bin. Sie fordern mich zum Tanzen auf; einer von ihnen sieht besonders gut aus und ist ungewöhnlich anziehend. Ich gebe ihm meine Telefonnummer. In der nächsten Nacht lieben wir uns!

Eine Masturbationsphantasie:
Ein Mann will mich besitzen. Zärtlich streichelt er meinen Körper – berührt meinen Venusberg – dann meine Schamlippen – umgeht die Klitoris – fingert vorsichtig an meinem Arschloch – dann (mit einem Extrafinger – das ist unbedingt nötig) reizt er endlich (ich bin schon leidenschaftlich erregt) meine Klitoris – und meine Phantasie hört auf: Ich phantasiere jetzt nicht mehr, sondern beginne zu handeln.

Meine Phantasien haben damit zu tun, daß ich begehrt werde – daß alles erlaubt ist – daß ich neue Dinge erlebe und viele Liebhaber finde.

Striptease und ähnliche sexuelle Anreize

Oft entwickeln sich Phantasien, die davon handeln, »sehr begehrenswert zu sein«, in Richtung auf exhibitionistische Vorstellungen. Der Gedanke, Männer durch das demonstrative Vorzeigen ihres Körpers zu erregen, ist bei Frauen weit verbreitet. Viele Frauen phantasieren vom Striptease oder davon, auf ausgesprochen sexuelle Art zu tanzen und dadurch männliche Beobachter aufzureizen. Manche Frauen denken auch daran, andere Frauen auf diese Weise in ihren Bann zu ziehen.

Ich tanze zum Beispiel, nur mit einem Slip bekleidet, vor einem gemischten oder rein männlichen Publikum. Mein Tanz ist sehr erotisch, und die Leute geraten in helle Aufregung darüber. Dann masturbiere ich mich bis zum Höhepunkt; manchmal besorgt das auch ein Mann mit seiner Zunge oder eine Frau, die das zuerst gar nicht will.

Ich habe davon mal in einem Buch gelesen, und jetzt stell' ich mir vor, ich würde es selbst machen. Manchmal masturbiere ich auch drauf: Ich sitze in der New Yorker U-Bahn und trage ein sehr kurzes Kleid – und kein Höschen. Ich sitze also da und öffne meine Beine gerade soweit, daß der Mann, der mir genau gegenübersitzt, mein Schamhaar und meine Möse sehen kann. Er glotzt hin und wird geil – er kriegt eine rote Birne und sein Schwanz wird dick. Von Zeit zu Zeit bewege ich mich ein bißchen, und er sieht dadurch immer andere Sachen – das geilt mich genauso auf. Manchmal hört die Phantasie so auf, daß ich aussteige und er hinter mir herrennt. Trotz des großen Gedränges auf der Station hat er mich schließlich eingeholt. Er drückt mich gegen eine Wand, und ich kann sein hartes Ding spüren. Dann finden wir einen Ort, an dem wir eine Nummer schieben können. Manchmal denk' ich mir auch nur, daß der erste Kerl bei seiner Station aussteigt und daß ich dann den nächsten anmache.

Ich gerate in Erregung, wenn ich an eine Stripperin denke, die ich vor einigen Jahren einmal in Aktion sah. Sie war sehr sexy – jedes ihrer Kleidungsstücke ließ sie betont langsam zu

Boden gleiten. Ein alter, schmuddeliger Kerl wollte nach ihr greifen, aber sie wich ihm geschickt mit einer verführerischen Bewegung aus.

Ein anderes Mal schaute ich einer Stripteasetänzerin zu, die nach ihrem Auftritt von einem jungen Mann hinter die Bühne begleitet wurde. Es regt mich wirklich auf, wenn ich darüber nachdenke, was die beiden hinter der Bühne gemacht haben – besonders auch deshalb, weil ich sah, daß der junge Mann furchtbar spitz war.

Manchmal fällt mir beim Masturbieren eine Geschichte ein, die mir ein Nachbar vor einigen Monaten erzählte. Sie regt mich sexuell sehr an. Er berichtete mir, er sei eines Nachts in ein Striplokal geraten. Eine der Tänzerinnen wäre sehr schön gewesen – und sie hätte direkt vor meinem Freund getanzt – und sie hätte ihre Votze genau vor sein Gesicht gehalten, sie geöffnet und wieder zugemacht.

Manchmal stell ich mir vor, genauso zu tanzen. Ich bewege mich verführerisch vor vielen Männern. Dann tanze ich dicht an einen sehr gut aussehenden Mann heran und berühre seinen Mund mit meiner Votze. Er fängt an zu lecken. Ich will eigentlich von ihm weg, aber er macht es einfach zu gut. Ich wiege mich hin und her, und dann kommt es mir. Es ist einfach toll!

Ich bin eine Haremssklavin, die zum Bauchtanz aufgefordert wird. Alle Scheichs, die mir zuschauen, geraten in Erregung. Schließlich zerrt mich der bestaussehende – dunkle Haut und wunderschöne dunkle Augen und Augenbrauen – auf sein Lager und macht es mir.

Während des Liebesakts beobachtet zu werden

Exhibitionistische Phantasien müssen sich nicht auf die sexuelle Reizung eines Mannes beschränken. So stellen sich einige Frauen vor, sie würden in einem pornographischen Film mitspielen; andere glauben sich beim Geschlechtsverkehr beobachtet oder heimlich gefilmt. Für gewisse Frauen kann es anregend sein, sich bei der Masturbation selbst zuzuschauen, oder aber von anderen beobachtet zu werden.

Wenn mein Mann und ich uns lieben, habe ich manchmal das Gefühl, daß jemand anderes uns durch das Fenster beobachtet.

Es macht die Sache viel aufregender, wenn ich mir vorstelle, daß mein Mann und ich uns auf einer Bühne lieben. Viele Leute schauen uns dabei zu und geraten in wachsende Erregung.

Während des Sexualakts denke ich gern daran, wie mehrere Männer um uns herumstehen und mir und meinem Partner zusehen. Die Männer werden furchtbar geil und holen ihre Schwänze raus – sie werden aber niemals wirklich aktiv.

Eine Phantasie: Scheinwerfer, Kamera, Action!!! In Aktion sind mein Mann und ich, die es miteinander treiben. Wir spielen alles miteinander durch. Ich blase ihn. Er leckt mich. Er dringt in mich ein, und wir kommen zur Sache. Alles, was wir machen, wird gefilmt, und der Film wird ein Welterfolg werden. Die Scheinwerfer brennen hell und heiß. Viele Leute stehen herum, geben Anweisungen und filmen. All die Männer, die diesen Film sehen werden, wird mein schöner Körper in Aufregung versetzen. Mein Körper, meine Bewegungen – ich bin die sinnlichste Frau der Welt. Und mir gefällt es, im Zentrum weltweiter sexueller Anbetung zu stehen. Alle Frauen wären gern an meiner Stelle, denn mein Mann ist so aufregend gutaussehend und sexy. Er läßt mich immer und immer wieder kommen. Nachdem wir uns die erste Vorstellung angesehen haben, müssen wir es gleich wieder miteinander treiben.

Anderen beim Sex zuschauen

Viele Frauen finden es sehr anregend, anderen beim Sex zuzuschauen; bei manchen Gelegenheiten übernehmen sie auch die Rolle der Frau im Koitus.

Ich bilde mir ein, daß ich einem Mann und einer Frau beim Liebesspiel zuschaue. Den Mann kenne ich, habe aber niemals mit ihm geschlafen. Dann verwandle ich mich plötzlich in die (unbekannte) Frau. Er ist sehr nett und zärtlich. Er hat schon eine Erektion, bevor ich ihn ausgezogen habe – danach zieht er mich aus. Unsere Körper finden zueinander, und ich reibe mich an seinem Penis. Er führt mich zum Bett, stößt ihn (aber immer noch vorsichtig) hinein und beginnt mit mir zu spielen, bis ich ihm sage, daß ich nun bereit bin, ihn ganz aufzunehmen. Er wälzt sich von mir, sein Penis ragt in die Höhe – ich besteige ihn, nehme sein Organ in mich auf, und stoße ihn heftig, bis wir beide einen Orgasmus haben.
Diese Geschichte fällt mir einigemal pro Monat ein; entweder während der Masturbation oder beim Geschlechtsverkehr. Seit fünf Jahren trage ich sie nun mit mir herum, habe sie aber niemals wirklich erlebt . . . (Ich habe zwar einmal einem Paar beim Geschlechtsverkehr zugeschaut, habe aber dabei nicht die Rolle der Frau, so wie ich das beschrieben habe, übernehmen können.)

Beobachtet zu werden

Die Mehrzahl der Frauen bevorzugt jedoch Phantasien, in denen sie beobachtet werden. Das hängt damit zusammen, daß unsere Gesellschaft die Frauen zu bloßen Sexualobjekten herabwürdigt – sie sind nur Mittel zum Zweck. Einige wenige Frauen behaupten, von dem Gedanken, sie würden beim Masturbieren beobachtet, angeregt zu werden, dadurch, daß sie ihren Körper auf verführerische Art hin und her bewegen.

Einen masturbierenden Mann beobachten

Manche Frauen erregt die Vorstellung eines masturbierenden Mannes. Diejenigen, die das als eine lustbetonte Phantasie bezeichneten, hatten entweder als Kind einen Bruder bei der Masturbation beobachtet, oder aber ihren Sexualpartner dazu aufgefordert, es vor ihnen zu machen. Es kann bestimmt sehr erregend sein, zu beobachten, wie sich der Penis eines Mannes versteift und er ihn mit fachmännischem Geschick handhabt.

Zwei männliche Homosexuelle bei der Liebe beobachten

Obwohl es sich um keine weitverbreitete Phantasie handelt, gaben immerhin nur vier der befragten Frauen an, sie würden durch den Anblick männlicher Homosexueller beim Liebesakt erregt. Die entsprechende Phantasie – zwei Frauen bei der Liebe zu bewundern – ist bei Männern hingegen häufig anzutreffen. Vielleicht hat das seinen Grund darin, daß die weibliche Homosexualität weniger tabuisiert wird. Dieses Tabu spiegelt sich in der Gesetzgebung der meisten nordamerikanischen Staaten wider, die für sexuelle Beziehungen unter Männern Strafe androhen, während solche unter Frauen nur selten erwähnt werden. Natürlich waren in den meisten Fällen Männer für diese Gesetze verantwortlich, diese Regelung hängt wahrscheinlich auch mit der Homosexuellenangst und -abwehr der Männer zusammen.[2] Sexuelle Handlungen zwischen zwei Frauen werden normalerweise von Männern nicht als bedrohlich aufgefaßt. Im Gegenteil, vielen erscheint der Gedanke hieran ausgesprochen attraktiv. Vielleicht liegt das daran, daß die Männer für die Form der hier geäußerten Emotionen besonders empfänglich

2 Eine weitere mögliche Erklärung, die mir gegenüber erwähnt wurde – dokumentarisch belegen kann ich sie nicht –, liefert die folgende Geschichte: Die britische Gesetzgebung enthielt ursprünglich einen Homosexualitätsparagraphen, der jegliche homosexuelle Aktivität unter Strafandrohung stellte. Queen Victoria, die Frauen einer derartigen Perversion nicht für fähig hielt, ließ den die Frauen betreffenden Absatz streichen. Die amerikanische Gesetzgebung folgte dem blind und befaßt sich deshalb beinahe nur mit männlicher Homosexualität.

sind; oder auch daran, daß ein Mann unbelastet von seinen eigenen Potenzproblemen den Liebesakt beobachten und genießen kann.

Von Frau zu Frau

Wie wir schon gesehen haben, werden die meisten Frauen bis zu einem gewissen Grad durch den Körper einer anderen Frau stimuliert. Gleich, ob es sich dabei um visuelle oder um »Strip«-Phantasien handelt oder darum, wie eine andere Frau einen Mann durch die Bewegungen ihres Körpers verführt – viele Frauen berichten von Phantasien, die um andere Frauen kreisen. Trotz dieser Phantasien lehnen es die meisten Frauen ab, eine sexuelle Beziehung zu einer anderen Frau aufzunehmen. Wie immer auch ihre persönlichen Neigungen sein mögen – viele Frauen werden durch homosexuelle Gedanken angeregt. Zum Beispiel:

> Ich habe über eine Beziehung zu einer Frau phantasiert, nachdem ich einen Film hierüber gesehen hatte. Ich habe so etwas in Wirklichkeit nie erlebt, würde es aber gern tun, wenn ich jemanden träfe, der mich in dieser Hinsicht ansprechen würde.

> Ich bin eine Frau, die eine andere Frau liebt. Ich male mir aus, wie sie unbekleidet vor mir steht, und meine Erregung steigt. Sie ist groß, lässig, warm und freundlich. Wenn wir uns küssen, wünsche ich mir, ein Mann zu sein. Wir erreichen den Höhepunkt gemeinsam – immer und immer wieder.

> Wenn ich eine attraktive Frau zu Gesicht bekomme, träume ich normalerweise davon, wie es wohl wäre, sie anzufassen und ihr Gesicht, ihren Hals und ihre Hände zu küssen. Schließlich würde meine Zunge ihren ganzen Körper liebkosen, wobei sie langsam immer tiefer gleiten müßte. . .

> Ich hatte noch niemals ein homosexuelles Erlebnis. Aber seitdem ich etwas offener geworden bin und auch sexuelle Neugier entwickelt habe, spiele ich manchmal mit dem Gedanken, sexuelle Beziehungen zu einer Frau aufzunehmen.

119

(Ich weiß nicht, ob ich es jemals wirklich versuchen werde, aber das wird sich mit der Zeit sicher noch herausstellen.) Vor einigen Wochen stellte unser Büro eine neue Sekretärin ein – eine sehr attraktive dunkelhäutige junge Frau. (Ich selbst bin weiß.) Ihre Augen, ihr Körper, ihre Haut sind schön. Sie trägt manchmal tief ausgeschnittene Kleider oder auch sehr kurze Röcke. Schon ihr Anblick regt mich auf, und es macht mir Spaß, das in meiner Einbildung fortzusetzen. Eines Nachts dachte ich während der Masturbation, ich würde mich ihr sexuell nähern – ich legte meine Hand auf ihre Schenkel oder ließ sie unter ihrem Höschen verschwinden. Dann zogen wir uns nackt aus und streichelten uns gegenseitig unsere Mösen. Unsere Finger spielten in unserer Feuchtigkeit, und unsere Körper fanden zueinander – vielleicht benutzten wir einen Dildo oder einen Vibrator, um es uns kommen zu lassen. Zur Zeit bin ich aber noch nicht so weit, um eine Frau küssen zu können.

Ich bin tatsächlich noch nicht so weit, daß ich irgend etwas von dem tun könnte – aber es ist ein interessantes neues Abenteuer, sich solche Geschichten auszudenken.

Ungefähr 4 % der Frauen dieser Studie[3] meinten von sich, sie seien bisexuell. In der Beschreibung ihrer Phantasien und ihrer sexuellen Erlebnisse betonten sie vor allem die Zärtlichkeit, die sie durch Frauen erfahren und bei Männern vermissen.

Gruppensex

Gruppensex ist als Leitmotiv vieler Phantasien häufig anzutreffen. Viele Frauen genießen die Vorstellung, sie seien die einzige Frau bei einem Sexualakt mit mehreren Männern. Normalerweise malen sie

---

3 Dieser Prozentsatz ist weitaus geringer, als man vermuten könnte. Allerdings wird in dem hier vorliegenden Fragebogen auch nicht direkt danach gefragt. Meine angekündigte Untersuchung männlicher Sexualphantasien wird mit Hilfe eines Fragebogens durchgeführt werden, der die diesbezügliche Frage offen stellt.

sich aus, es mit einem Mann zu treiben, während die anderen darauf warten, bis die Reihe an sie kommt. Es geht also, wie der gängige Ausdruck lautet, hierbei um eine Art »Gruppenfick« (gang bang):

> Eine meiner Masturbationsphantasien handelt von einer Warteschlange von Männern, die darauf warten, mich bumsen zu dürfen. Ich liege auf einer Matratze auf dem Boden oder im Freien im Gras und die geilen Jungs stehen mit ihren gewaltigen Erektionen da, und warten nur darauf, einer nach dem anderen in mich einzudringen.

> Mir gefällt die Vorstellung einer Reihe junger Männer, die sich anstellen müssen, um mit mir Sex haben zu können. Jeder von ihnen hat einen enorm harten Schwanz, ist äußerst erregt, und stößt mich mit voller Kraft, bis es ihm richtig kommt.

> Eine solche Erfahrung möchte ich nie machen – ich würde mich dabei furchtbar elend fühlen. Der Gedanke daran gefällt mir aber. Ich würde es gern einmal anonym versuchen – Ich habe mich schon immer gefragt, wie das wohl sein würde.

Ich habe mich bei mehreren Frauen, die derartige Phantasien entwickeln, erkundigt, was diese eigentlich in ihren Augen so attraktiv erscheinen läßt. Die meisten antworteten, es sei einfach beglückend, die Aufmerksamkeit mehrerer Männer auf sich zu ziehen. Im übrigen sei es normalerweise für eine Frau sehr aufregend, wenn ein Mann in ihr seinen Orgasmus hätte; geschieht das unmittelbar hintereinander mit verschiedenen Männern, vergrößert sich noch die Lust.

Gruppensex hat viele Variationen. Verschiedene Paare können es miteinander treiben, ebenso können aber auch Individuen diverse Gruppen bilden, um hetero- oder homosexuellen Aktivitäten nachzugehen:

> Während des Geschlechtsakts stelle ich mir manchmal vor, mein Mann und ich befänden uns auf einer wilden Party, wo dann Paare überall in einem großen Raum miteinander ficken. Ich habe mir einen gutaussehenden Mann mit einem großen Pimmel ausgesucht, während es mein Mann in einiger Entfernung einer Blondine besorgt. Ich bewundere seinen

Arsch, der beim Ficken auf und ab geht. Wenn wir dann wieder zusammen sind, regt mich die Erinnerung an den sich hin und her bewegenden Arsch enorm auf, und es kommt mir, während ich daran denke.

Wir besuchen eine ziemlich hochgestochene Party. Jedermann ist äußerst elegant gekleidet. Dann eröffnet einer die Runde mit einem starken Spruch, und die Hölle bricht los. Zuerst beginnt ein Mädchen auf einem Tisch mit einem Striptease, der alle geil macht. In diesem Augenblick spüre ich, wie eine Hand unter meinem Kleid damit beginnt, meine Schenkel zu öffnen. Bevor ich mir über irgend etwas klar geworden bin, liege ich schon in den Armen eines unbekannten Mannes, der seinen Schwanz in mich einführt. Die anderen Paare um uns herum machen genau das gleiche. Es erregt mich, das Stöhnen und Schreien der anderen Frauen zu hören. Wenn alles vorbei ist, ziehen sich alle an und verlassen gemessenen Schrittes die Party, so als ob nichts geschehen sei.

In Wirklichkeit würde ich Gruppensex nicht mögen – ich bin wohl zu gehemmt, und das Ganze erscheint mir auch zu mechanisch. Das trifft übrigens auch auf Pornofilme zu.

Ich phantasiere von »Lustgärten«, in denen jeder nackt herumläuft und sich alle miteinander paaren, wobei die Initiative von den Frauen ausgeht.
Selbstverständlich ist die Faszination des Gruppensex für viele Leute in der Tatsache zu suchen, daß man hierbei anderen zuschauen kann oder selbst dabei gesehen wird. Deshalb kann man auch diesen Abschnitt nicht strikt von den vorherigen trennen.

Gewaltphantasien
Zur Sexualität gezwungen zu werden

Obwohl einige Frauen von Phantasien berichteten, in denen sie mit Gewalt zu sexuellen Beziehungen gezwungen werden, zeigte sich, daß derartige Phantasien längst nicht so verbreitet sind, wie viele Psychologen es sich vorstellen. Das Spektrum solcher Phantasien reicht von der »sanften Gewalt« bis hin zur Vergewaltigung. Einige Beispiele:

> Er will mit mir ins Bett gehen, aber ich protestiere. Er zieht mich sanft, aber bestimmt an sich, seine Hand betastet mein Geschlecht. Ich möchte mich ihm entziehen, aber er hält mich fest. Er holt seinen Penis heraus und stößt ihn vorsichtig zwischen meine Schenkel. Ein letztes Mal wehre ich mich – dann gebe ich ihm nach.

> Eine Masturbationsphantasie, die ich im Alter von 14 bis 16 Jahren hatte – noch vor dem ersten Geschlechtsverkehr –, begann damit, daß ich entführt und in eine kleine Bretterbude eingesperrt wurde.

> Im Alter zwischen 8 und 28 Jahren pflegte ich in meinem Schlafzimmer oder im Bad auf folgende Phantasie zu masturbieren: Sklavenmarkt, Harem, Schloß; eine Untersuchung, die der Sklavenhalter verlangt, wird durch einen »Arzt« durchgeführt; dann in sexy Kleider gesteckt; vergewaltigt; danach als Liebesdienerin im Harem aller möglichen Schikane ausgesetzt; dabei dienten mir Haarbürste und Waschlappen als Penisersatz bzw. zur Reinigung. Ein großer Teddybär oder Stofftiere ersetzten den »Liebhaber«. Es machte mir riesigen Spaß (obwohl es bis zu meinem 25. Lebensjahr mit entsetzlichen Schuldgefühlen verbunden war).

> Mein Professor gefällt mir gut, aber ich möchte nicht, daß er das weiß, oder daß irgend etwas passiert, weil ich verheiratet bin . . . Trotzdem male ich mir oft folgende Situation aus: Nach dem Seminar sind nur noch wir beide im Raum, und als ich auch hinausgehen möchte, versucht er mich zu küssen; ich entwinde mich seinen Armen und versuche zu entkommen. Er überwältigt mich jedoch und vergewaltigt mich auf seinem Pult.

Ein großer dunkelhäutiger Mann begegnet mir auf der Straße und schaut mich voller Leidenschaft an – ich gehe ruhig weiter. Er folgt mir zu meiner Wohnung; stößt die Wohnungstür auf; faßt mich an; ich versuche wegzulaufen. Er atmet schnell und erregt, mir geht es ebenso. Er zieht mich auf das Bett. Ich kämpfe gegen ihn. Er teilt meine Beine und stößt seinen gigantischen Penis in meinen Körper. Ich versuche noch immer ihm zu entkommen. Er stößt mich hart . . . es kommt ihm schnell und heftig . . . Dieser Gedanke kommt mir manchmal während des Geschlechtsverkehrs mit meinem Ehemann, den ich etwas aufregender gestalten möchte.

Einen Mann zur Sexualität zwingen

Das Gegenstück zu der klassischen Vergewaltigungsphantasie ist diejenige, in der der Mann zum Geschlechtsverkehr gezwungen wird. Einige Frauen werden ihrer Auskunft nach auf diese Art erregt:

Drei von uns halten einen Mann am Boden fest und ziehen seine Kleider aus. Er wehrt sich energisch und versucht zu entkommen, bis ich seinen Schwanz lutsche und dieser steif wird. Dann setze ich mich auf seinen steifen Penis und erreiche den Höhepunkt.

Mein Freund und ich haben oft Spaß daran, eine Phantasie nachzuspielen, die ich vor einigen Jahren einmal hatte. Wir laufen den Strand entlang, und ich stelle ihm von hinten ein Bein (in meiner Phantasie ist er ein Fremder), dann reiße ich ihm seine Hose herunter. Eine andere Frau kommt hinzu. Wir halten ihn beide fest und ich blase seinen Schwanz, bis er hart wird. Dann fickt die eine ihn, während die andere ihn festhalten muß. (Wir spielen diese Phantasie meist am Strand nach und stellen uns die andere Frau dabei nur vor.)

Ich denke daran, einen Kerl zum Sex zu zwingen.

Diejenigen Frauen, die von derartigen Phantasien zu berichten wissen, haben alle eine gute Erziehung genossen und sind nicht älter als 35 Jahre. Sie sind sexuell nach ihrer eigenen Bekundung durchweg ausgelastet. Alle geben an, mit ihrem Sexualleben zufrieden zu sein. Anscheinend hat Freud niemals von solchen Phantasien gehört, und auch in Kinseys Studien werden sie nicht erwähnt. Handelt es sich also um eine neuartige Phantasie unter Frauen, und ist sie ein Produkt wachsenden weiblichen Selbstbewußtseins? Allgemein wird angenommen, daß ein Mann, der eine Frau wirklich vergewaltigt, das nicht so sehr aus unmittelbar sexuellem Bedürfnis heraus tut, sondern aus dem Bedürfnis heraus, ihr seine Macht zu demonstrieren und sie zu erniedrigen. Wenn nun Männer Vergewaltigungsphantasien produzieren – sind dann die gleichen Gründe für sie ausschlaggebend – nämlich andere Menschen zu demütigen und unter ihre Kontrolle zu zwingen? Und warum haben Frauen ähnliche Phantasien? Drückt sich darin ihre Wut den Männern gegenüber aus? Oder steckt so etwas wie ein Machtanspruch dahinter?

Und inwiefern unterscheiden sich derartige Vergewaltigungsphantasien von eher traditionellen Vorstellungsmustern, in denen die Begehrlichkeit eines Mannes zuerst gereizt wird, um ihm anschließend das Objekt seiner Begierde zu verweigern? Es existieren vielerlei Möglichkeiten, um seinem Ärger Ausdruck zu verleihen bzw. einen Mann an die Kandare zu nehmen, ohne dabei eine eher passive Rolle aufgeben zu müssen. Eine dieser Möglichkeiten wäre das Wecken von Schuldgefühlen. Wenn man jemandem Schuldgefühle vermitteln kann, hat man ein hervorragendes Kontrollinstrument in der Hand, ohne selbst aktiv Verantwortung übernehmen zu müssen. Zur traditionellen Frauenrolle gehören solche Methoden der »passiven« Kontrolle. In der Zwischenzeit ziehen es aber immer mehr Frauen vor, offen und aktiv und nicht mehr auf dem Umweg über Intrigen oder Täuschungen zu handeln. Sind also solche Gewaltphantasien nicht ein (vielleicht auch nicht konstruktives) Resultat einer unter den Frauen sich ausbreitenden Tendenz, ihr Leben auf aktive Art und Weise zu gestalten?

Prostitution

In einer Gesellschaft, die noch der doppelten Moral anhängt, ist es dem »anständigen Mädchen« nicht gestattet, sich seiner Sexualität zu erfreuen. Sexuelle Gefühle und Aktivitäten werden hier den sogenannten schlechten Mädchen zugedacht. Freud sprach von einem »Madonna/Hure-Syndrom« (was auf das gleiche wie unsere Unterteilung hinausläuft). Die »anständigen Mädchen« haben von Sexualität keine Ahnung und sehnen sich auch nicht danach. Sie halten sich für ihre zukünftigen Ehemänner rein. (Sie werden dann von den ordentlichen, in ihrer Stadt ansässigen jungen Männern geheiratet.) Die unordentlichen und verkommenen Mädchen hingegen, die ihre Sexualität genießen und sie ausleben, rangieren automatisch im Status von Huren – ob sie sich nun bezahlen lassen oder nicht. Welch eine großartige Wahl, vor die sich ein heranwachsendes Mädchen gestellt sah! (Und in vielen Fällen gilt das bis heute.) Madonna oder Hure – keine dieser Rollen ist im geringsten geeignet, ihrer wirklichen Persönlichkeit zu entsprechen. Über Jahre hinweg berichteten Psychologen von zahlreichen Prostitutionsphantasien, die sie von traditionell eingestellten, ja sogar prüden Frauen in Erfahrung bringen konnten. Dem entspricht die Auskunft, die Dr. Harold Greenwald, der Autor des Buches »The Elegant Prostitute«, durch Prostituierte erhielt: Sie hatten in keinem einzelnen Fall Prostitutionsphantasien. Aus meiner Studie wird ersichtlich, daß eher konventionelle Frauen derartige Phantasien entwickeln – manche behaupteten, erst hierdurch vor sich selbst das Gefühl zu bekommen, sich »sexuell fühlen zu dürfen«. All jene Frauen waren, von einer Ausnahme abgesehen, verheiratet. Die meisten hatten relativ geringe Erwartungen hinsichtlich ihres Sexuallebens, und die Mehrzahl entstammte dem Angestelltenmilieu – anständige Mädchen mit einer guten Kinderstube, die die Rolle der keuschen Madonna gewählt haben, die aber, wenn sie sich sexuell stimulieren wollen, in ihrer Phantasie in die Haut einer Hure schlüpfen müssen. Normalerweise treten ihre Prostitutionsphantasien beim Geschlechtsverkehr mit ihrem Ehemann auf. Sind das dieselben Männer, die sich vorstellen müssen, sie wären mit einer Hure zusammen? Wie viele Huren plagen sich eigentlich in Amerikas Betten?

Es folgen einige Prostitutionsphantasien, von denen die befragten Frauen zu berichten wußten:

Ich stell mir vor, ich sei eine Prostituierte, wenn ich mich während des Geschlechtsverkehrs zu erregen versuche.

Ich bin ein teures Callgirl. Männer, die mich haben wollen, müssen schon Wochen vorher ihre Bestellung aufgeben. Sie sind verrückt nach mir. Und dann gibt es einen Millionär, der mich immer wieder treffen will. Ich bin die beste Frau, die er jemals im Bett hatte. Ich weiß, daß er immer wieder zu mir zurückkehren wird.

Ich gehe die nächtliche Straße entlang. Ein Wagen hält an, und ich schaue hinein. Ich mache einen Preis aus und steige ein. Der Mann fährt los, dann gehen wir in mein Zimmer. Er steckt seine Hand zwischen meine Beine und sagt: »Ich will deine Votze haben.«

In meiner Phantasie bin ich die beste Hure des »Hauses«. Wenn Männer eintreten, läßt uns die Madame in unserem aufreizenden Ornat durch das »Wohnzimmer« paradieren (der Raum sieht ungefähr so aus, wie ich mir Sally Stanfords Haus im San Francisco der Jahrhundertwende vorstelle). Ich bin unwiderstehlich, und der Mann, den ich haben will, wählt mich aus. Dann gehen wir hoch und ich mache ihn wild!

Ich bin eine Prostituierte oder ein Haremsmädchen. Viele Männer verlangen nach mir. Der Sultan erwählt mich zu seiner Favoritin.

Sex mit einem anderen Partner

Über die Jahre kann eine sexuelle Beziehung zu einem Partner abkühlen, sie verliert den Reiz des Neuen, wird zur Routine und stumpft ab.

Neben den Prostitutionsphantasien wenden viele Ehefrauen den Kunstgriff an, sich während des Geschlechtsverkehrs einen anderen Partner zu denken. Diese Phantasie kommt beim Koitus recht häufig vor. Sogar Frauen, die über viele andere Imaginationen zu berichten wissen, kommen immer wieder hierauf zurück. Besonders gilt es jedoch für seit mehreren Jahren verheiratete Frauen, denen ihr Sexualleben zu routiniert erscheint. Gerade traditionell eingestellte Frauen wissen häufig Derartiges zu berichten, ohne jedoch dazu allzu detaillierte Angaben zu machen:

Manchmal kommt mir während des Geschlechtsverkehrs mit meinem Mann der Gedanke, ich sei mit einem anderen Mann zusammen.

Von Zeit zu Zeit bilde ich mir ein, mit einem anderen Mann als meinem Ehemann zu schlafen. Meist hat er kein Gesicht – es existiert nur ein vager Eindruck eines fremden, sexuell ungemein anziehenden Mannes. Manchmal ist er dunkelhäutig und hübsch und sehr, sehr aufgeregt darüber, mit mir schlafen zu dürfen. Seine Erregung steckt mich an.

In meiner Phantasie ist mein Ehemann ein anderer Mann, der mir sehr gut gefällt. So etwas kommt öfter vor. Und ich würde diese Phantasie auch gern einmal verwirklichen.

Nach fünf Jahren Ehe ist der Sex mit meinem Mann nicht gerade weltbewegend. Mein Ehemann sieht zwar hübsch aus – aber daran habe ich mich inzwischen gewöhnt. Gelegentlich denke ich daran, es mit einem alten Schulfreund zu treiben, oder mit einem Arbeitskollegen, der mir attraktiv erscheint. Ich fühle mich schuldig dabei.

Normalerweise habe ich keine Phantasien während des Geschlechtsverkehrs. Sollten doch einmal welche auftauchen, so handeln sie von einem anderen Mann.

Wenn ich mit jemandem zusammen bin, den ich nicht so mag wie einen bestimmten anderen Mann, ersetze ich den einen durch den andern.

Vorwegnahme

Eine weitere, weit verbreitete Phantasie während des sich anbahnenden Geschlechtsverkehrs ist die Vorwegnahme der bevorstehenden sexuellen Aktivität:

Wenn wir zusammen sind, bin ich oft so aufgeregt, daß mein Kopf dröhnt – bei der Vorstellung zum Beispiel, wie mir zumute sein wird, wenn dieser Penis in mich spritzt.

Wenn ich mich mit einer Person einlasse, mit der ich noch nicht gevögelt habe, brenne ich darauf zu erfahren, wie sie sich während der Penetration verhalten wird. Ich denke im voraus darüber nach, was wir alles tun werden.

Das erste Mal

Zwei der befragten Frauen berichteten, daß sie bei der Vorstellung, noch Jungfrau zu sein, in sexuelle Erregung gerieten. Eine dieser Frauen teilt diese Phantasie auch regelmäßig ihrem Mann mit, der offensichtlich ebenfalls davon erregt wird.

Nichtsexuelle Tätigkeiten

Sie sind zwar während des Geschlechtsverkehrs nicht oft anzutreffen, aber doch überraschend: Phantasien, einfach nur umarmt zu werden, in den Armen des Geliebten oder der Mutter zu liegen:
> Während des Geschlechtsverkehrs kommt mir der Gedanke, daß mein Liebster mich in seine Arme schließt und mich hin und her wiegt. Eine solche Vorstellung von Wärme und Sicherheit macht erst meinen Orgasmus zu einer total erfüllten Angelegenheit.

Sensorische Phantasien

Die wohl interessantesten und differenziertesten Phantasien während des Koitus sind die sogenannten sensorischen Phantasien, die normalerweise spontan beim Orgasmus auftreten und nicht kontrolliert oder bewußt herbeigeführt werden können. Das folgende Kapitel »Phantasie und Orgasmus« handelt von sensorischen Phantasien und versucht sie an Hand von Beispielen zu analysieren.

Phantasie und Orgasmus

Farben blitzen, Alarmglocken schrillen, Ozeanwellen umwogen unseren Geist – ein Orgasmus!

Die meisten, wenn nicht alle, Frauen schließen ihre Augen während des Orgasmus.[1] Die Gedanken und Eindrücke, die sie zu dieser Zeit erfahren, lassen sich in zwei Kategorien einteilen: 1. Phantasien, die zu einem Orgasmus führen oder ihn provozieren sollen, und 2. Phantasien, die ein Resultat des Orgasmus sind.

1 Schließen alle Frauen während des Orgasmus die Augen? Ich bin nicht sicher, da ich erst seit kurzer Zeit mit dieser Frage konfrontiert wurde – aber alle Frauen, die ich bisher darüber befragte, antworteten mir mit »ja«. Gemeinsam mit einem Freund, der in Kalifornien als Therapeut arbeitet, versuchte ich wochenlang eine Frau ausfindig zu machen, die die Augen bei einem durch Masturbation erreichten Orgasmus offen läßt. Wir fanden keine. Ich bat einige mir bekannte Frauen daraufhin, während des Geschlechtsverkehrs den Versuch zu unternehmen, mit offenen Augen zu kommen – zwei von ihnen behaupteten, es wäre ihnen nach mehreren Versuchen gelungen, mit halbgeöffneten Augen einen Orgasmus zu haben; es sei jedoch eine große Anstrengung gewesen und wäre ihnen »unnatürlich« vorgekommen.
Wie verhält es sich mit Männern in dieser Hinsicht? Manche geben an, die Augen offen zu haben, wenn es ihnen kommt; andere halten sie ebenfalls geschlossen. Das diesbezügliche Verhalten kann auch von der jeweiligen Situation abhängen. Manche Männer scheinen die Augen deshalb offen zu halten, weil sie sich an den Reaktionen, die sich im Gesicht ihrer Partnerin während des Koitus abzeichnen, zu ergötzen gedenken.
Weshalb nun schließen wir unsere Augen während des Orgasmus? Es besteht dazu meines Wissens keine physiologische Notwendigkeit. Aber viele von uns schließen auch dann ihre Augen, wenn sie sich anderen Genüssen hingeben – zum Beispiel, wenn sie gute Musik hören wollen. Auch der Tastsinn und die Geschmacksnerven scheinen besser zu arbeiten, wenn keine visuellen Reize auf uns einstürmen. Vielleicht geschieht dasselbe während des Orgasmus: Wir schließen unsere Augen, um unser Vergnügen zu genießen und weil wir uns dabei von der übrigen Welt nicht ablenken lassen wollen.

Phantasien, die zum Orgasmus führen

Die richtige Phantasie kann eine Frau soweit erregen, daß sie zum Orgasmus gelangt. Sie gebraucht in der Regel diese Phantasie, um bei der Masturbation oder während des Geschlechtsverkehrs einen Orgasmus zu bekommen.[2] So schreibt zum Beispiel eine Frau:

> Wenn ich mich dazu entschließe, zu masturbieren, bringe ich meinen Vibrator in die richtige Stellung und denke an eine Erinnerung zurück, die mich wirklich stimuliert und mir zu meinem Orgasmus verhelfen kann.
>
> Gelegentlich springe ich besonders auf eine Geschichte an, die auf einem weniger erfreulichen Zwischenfall basiert, die ich aber in meiner Phantasie zu einem schöneren Ende führe. Vor einigen Jahren spazierte ich, nur mit meinem Bikini bekleidet, den Strand einer kleinen karibischen Insel entlang. Als ich an einem Strandhaus vorbeikam, sah ich da plötzlich einen Teenager stehen. Ich betrachtete ihn eine Weile, bis mir auf einmal auffiel, daß der dicke schwarze Stock, der da aus seiner Badehose ragte, sein Penis war. In Wirklichkeit murmelte ich nur einige Flüche und wünschte den Kerl zur Hölle.
>
> Ich erinnere mich aber oft daran und baue es in meinem Kopf zu einer aufregenden Sache um. Jetzt stelle ich mir vor, ich würde ihn sehen und alsbald das winzige Bikinioberteil langsam von meinen großen Brüsten gleiten lassen – dabei bewege ich meinen Körper geil und verführerisch. Dann nehme ich auch das Unterteil ab und mache so den Teenager immer gieriger und seinen Schwanz immer härter (wenn das überhaupt noch möglich sein sollte). In der Zwischenzeit haben sich noch andere Jungs eingefunden, die mein Strip richtiggehend aufputscht. Sie streicheln mich und ich sinke auf das Gras, wo sie mich nacheinander heiß vernaschen.

---

2 Einige wenige Frauen behaupten, ohne jede Phantasie zu masturbieren. Bei anderen scheint hingegen Phantasietätigkeit auszureichen, um zum Orgasmus zu kommen. Ein äußerst aufreizender sexueller Gedanke genügt ihnen, um ohne sich selbst zu berühren oder von anderen masturbiert zu werden, den Orgasmus zu erreichen.

Normalerweise benutze ich diese veränderte Erinnerung zur Masturbation – manchmal gebrauche ich sie auch, um beim Koitus einen Orgasmus zu erreichen. Gewöhnlich ist der Höhepunkt schon kurz nach der Stripteaseszene da.

Genausogut kann eine Frau, die ihrem Orgasmus entgegenstrebt, sich an ihre vorigen Liebhaber erinnern oder sich ein aufregendes sexuelles Erlebnis in ihr Gedächtnis rufen. Solche Gedanken werden meist bewußt selektiert oder einem bestimmten Partner bzw. einer besonderen Situation zugeordnet. Selbstverständlich sind die Phantasien ebenso vielschichtig und unterschiedlich wie das jeweilige individuelle Vorstellungsvermögen. Und auch ihre Wirkung differiert entsprechend der einzelnen psychischen Disposition: Eine Vorstellung, die die eine Frau extrem erregt, kann eine andere völlig kalt lassen. Zudem wird ein jeder von uns seine Phantasievorstellungen seiner augenblicklichen Stimmung und den äußeren Umständen angleichen.

High durch Sex

Neben solchen bewußt ausgewählten Phantasien, die zum Orgasmus führen sollen, gibt es auch Gedanken und Eindrücke, die direkt unserem Unbewußten zu entsteigen scheinen.

Wie oft war es schon zu hören, und wie oft hat man es sich schon selber gesagt: »Das macht mich ganz verrückt.« Was immer ein Orgasmus sein mag, er ist im wahrsten Sinne des Wortes sensationell. Ein Orgasmus umfaßt oft alle oder die meisten unserer Sinne und kann die unterschiedlichsten sensorischen Wahrnehmungen hervorrufen. Bewußte Gedanken oder spezifische Phantasien können sensorisch verändert oder vollständig umgeformt werden. Sexuelle Gefühle können eine unwahrscheinliche Intensität erlangen. Und, was das Aufregendste ist: Wir können Gedanken, Gefühle und Wahrnehmungen schaffen, die sich dem Orgasmus verdanken. Manche ähneln dem Delirium – Halluzinationen entstehen (ein Wort, daß früher nur als Herabwürdigung angesehen wurde) –, wunderschöne Gebilde treten mit orgastischer Intensität vor unser inneres Auge. Manche Frauen behaupten, daß sie manchmal während des Orgasmus die Ausdehnung oder eine tiefe Einsicht einer bestimmten Vorstellung erleben, ähnlich wie im Fieberrausch. Sinnliche Eindrücke verstärken sich oder werden schwächer; sie geraten in Bewegung, formen eine dynamische Harmonie:

Wenn ich bei der Masturbation genau den Punkt vor meinem Orgasmus erreicht habe (meine Augen sind dabei geschlossen), habe ich das Gefühl, daß mein Kopf nur noch den Durchmesser von fünf Zentimetern hat, während mein Geschlechtsteil den ganzen Raum ausfüllt. Dieser Eindruck entsteht häufig und taucht immer wieder auf.

Manchmal scheint es mir (und ich stelle es mir wirklich vor), als sei der männliche Penis mindestens zehn Zentimeter dick (das ist vielleicht ein wenig übertrieben), wenn er mich zum ersten Mal penetriert – wenn wir uns dann gemeinsam bewegen, werde ich ganz zum Penis und zur Vagina. Er dehnt sich aus – ich greife nach ihm, halte ihn fest, sauge ihn aus und dann kommt es mir.

Gewöhnlich habe ich keinerlei Phantasien während des Geschlechtsverkehrs. Gelegentlich habe ich aber eine Art von visuellem Eindruck von Schwanz und Eiern meines Partners, wobei ich sehen kann, wie der Penis immer stärker anschwillt, bis er zur Ejakulation bereit ist. Es ist ungefähr so, als würde mein Bewußtsein meinen Kopf verlassen, um sich auf einen bestimmten Punkt zu fixieren.

Ab und zu werde ich in meiner Phantasie zu einem Mann – ich verführe eine Frau und nehme sie. Manchmal wechsele ich auch mitten im Geschlechtsverkehr die Rolle: Ich bin der Mann, der den Penis vor- und zurückstößt – dann bin ich wieder die Frau, die ihn empfängt und durch ihn ausgefüllt wird.

Wenn ich den Geschlechtsverkehr genieße und kurz vor dem Orgasmus stehe, schließe ich meine Augen. Jedes Bild, das ich dann sehe, erscheint wie auf einer Kinoleinwand und dehnt sich nach allen Seiten aus. Zum Schluß reicht die Leinwand nicht mehr aus, das Bild erfüllt den ganzen Raum.

Einige dieser Sexualphantasien, die zum Orgasmus führen oder sich dabei ereignen, erinnern manche Frauen an Effekte, wie sie sich bei Drogeneinnahme einstellen können:

> Obwohl ich niemals LSD genommen habe, stellen sich bei mir während des Orgasmus gelegentlich Wahrnehmungen ein, wie ich sie bei einem leichten Trip vermute – Farben vermischen sich – mein Körper reagiert auf Reize mit einer eigenartigen Sensitivität – Wirbel bilden sich – Farben, Zeit, Natur gehen ineinander über.

Viele Frauen vergleichen ihre orgastischen Halluzinationen mit einem Marihuana- oder einem Alkoholrausch:

> Mein Bewußtsein ist abgeschaltet, ich verspüre nur noch physische Kraft und sinnliche Wahrnehmungen. Ich habe keinen reflektierten Gedanken mehr und nehme alles, wie es gerade kommt. Es ist so, als ob ich stoned wäre, was aber z. Z. kaum vorkommt. Meine besten Höhepunkte habe ich, wenn ich mich in einem solchen Zustand befinde, dabei entwickle ich auch geradezu umwerfende Phantasien. Leider stellt sich dieser Zustand nicht mehr so häufig ein wie früher. Ich konzentriere mich wohl z. Z. einfach zu sehr und habe dadurch Orgasmusschwierigkeiten.

> Eine andere Art von Sexualphantasie stellt sich bei mir während des Koitus unter Drogeneinfluß – Kiff oder Alkohol – ein. Ich bekomme wirkliche Lust aufs Vögeln und möchte, daß mein Freund so erregt wie möglich wird. Ich will die ganze Situation so stimulierend und aufregend gestalten, wie es nur geht. Ich versetze mich in einen psychischen Zustand, in dem ich jede physische Wahrnehmung um das Zehnfache verstärken kann – was für mich die reine Seligkeit bedeutet. Mein Orgasmus kommt dann ziemlich rasch, und er dauert auch sehr viel länger. All das ist dank dem Zustand möglich, in den ich mich selbst versetzen kann. Diesen Zustand erreiche ich nur, wenn die Situation schon weiter fortgeschritten ist.

> Bestimmte Eindrücke scheinen gleich wieder zu verfliegen, es ist, als sei das Bewußtsein bestimmter Dinge ausgelöscht.

Die meisten Frauen jedoch können ihre Phantasien ohne die Hilfe von Drogen rezipieren – durch das Wunder des Orgasmus.

Sensorische Phantasien

Es ist schwierig, wenn nicht unmöglich, derartige Phantasien genau zu kategorisieren. Denn sie spielen mit unseren Sinnen und entstammen ihnen doch gleichzeitig. In Ermangelung eines besseren Begriffs nenne ich diese Produkte des Orgasmus »sensorische Phantasien«. Sie bewirken alles mögliche: Man sieht Farben und Bilder, hört bisher unbekannte Geräusche, der Tastsinn verändert sich, neue Gerüche steigen auf, der Geschmack ändert sich. Diese Phantasien unterscheiden sich nicht vollständig von den oben geschilderten, sind aber noch intensiver und gewissermaßen bewußtloser.

Anstatt nun den fruchtlosen Versuch zu unternehmen, solche schwer faßbaren Gedanken nach einem wissenschaftlichen Schema zu ordnen, möchte ich einige besonders schöne Beispiele weiblicher Sexualphantasien während des Orgasmus vorstellen und meine Leser darum bitten, diesen Kreationen menschlicher Phantasie die ihnen gebührende Wertschätzung widerfahren zu lassen:

Ich sehe Farben. – Ich schließe meine Augen, und alles ist zunächst nur Schwarz, dann kommen die Farben von der linken Seite und von rechts unten her. Sie geraten in Bewegung, brechen förmlich aus, überschwemmen mich und werden Eins mit mir. Ich bin überwältigt – so, als ob ich mich inmitten einer blumengeschmückten Sommerwiese befände, die sich nach allen Seiten hin ausdehnt!
So etwas passiert mir öfter.

Wenn ich komme, sehe ich häufig grell orangene oder gelbe Kleckse, die meine Vorstellung durchströmen wie Blütenblätter. Gelegentlich ist es so, als sähe ich Feuer. Und manchmal sehe ich Lichter aufblitzen, die mich an Sterne erinnern oder an die blendenden Flecke, die unmittelbar nach einer Blitzlichtaufnahme auf der Netzhaut zurückbleiben. Irgendwie erinnert mich das alles an Comics, in denen immer dann, wenn irgendwer etwas abkriegt, ein paar Sternchen oder ähnliche Sachen eingezeichnet werden. Nun gut, ein guter Orgasmus kann das mindestens ebensogut, und das Gefühl, das man dabei hat, vermittelt den Eindruck, man würde aus dieser Welt hinausgetragen werden können.

Was ich meine, entwickelt sich unmittelbar aus der sexuellen Erfahrung und ist kein Produkt meines Bewußtseins. Ich nehme eine ungeheure Vielfalt von Farben wahr, wobei sich gewisse Töne den verschiedenen Stufen meiner sexuellen Erregung zuordnen lassen. (Der Orgasmus erscheint mir oft in Rot oder Gold.) Ich und mein Partner werden zu einem tiefen und rhythmisch zuckenden Strom. Dabei haben wir in irgendeiner Form an der Schöpfung teil. Ich fühle mich in diesem Moment wie eine brennende Leuchtkugel oder wie ein erhabener Berg. Das Allerschönste war jedoch für mich (lachen sie nicht), als ich mir wie ein sehr fruchtbarer, tief-brauner Acker vorkam, der, in herrliches Sonnenlicht getaucht, gerade bestellt wurde. Hauptsächlich sind jedoch meine Wahrnehmungen abstrakter Art – einfach Farben oder Rhythmus. Derartige Phantasien werden bei mir mit wachsendem Alter immer häufiger. Sie sind dann am schönsten, wenn ich in einer vertrauensvollen Gemeinschaft bereit bin, viel zu geben und viel zu empfangen.

Eines Nachts hatte ich einige phantastische Orgasmen. Ich kann mich an all die Phantasien, die dabei auftauchten, gar nicht mehr erinnern – mit zwei Ausnahmen: Die erste war ein abstrakter Eindruck – alles floß und veränderte sich – ein intensiver Kontrast zwischen schwarz-weißen Gebilden entstand. Später sah ich ein weiteres, dynamisch fließendes Gemälde – dieses Mal war alles in Gelb und Grün getaucht.
Viele Male komme ich in Gelb, Orange und Rot – manchmal höre ich dabei den alten Song der Rolling Stones im Hintergrund »She comes in colors everywhere«. Während des Orgasmus bewege ich meinen Kopf oft heftig hin und her – dadurch scheine ich buchstäblich hinweggetragen zu werden. Ich werde »verrückt« – so, als ob ich zur Decke schweben oder fliegen würde.

Die lebendigsten Phantasien, die ich während des Geschlechtsverkehrs jemals erlebt habe, sind visueller Art. Vor meinem geistigen Auge steigen phantastische Szenen mit blühenden Rosen, Wiesen voller Gänseblümchen auf, mit ungewöhnlich grellen, abstrakten Mustern, wenn ich mich auf dem Höhepunkt sexueller Erregung befinde. Sie wirken wie durch Marihuana hervorgerufen.

Diese Phantasien habe ich häufig, wenn ich extrem angeturnt bin, sie tauchen stets nur in Verbindung mit einem guten Orgasmus auf.

Oft sind solche Phantasien mit kurz zurückliegenden Ereignissen verknüpft; wenn ich beispielsweise Bäume betrachte, phantasiere ich alsbald abstrakte Baummuster, die in Bewegung geraten.

Ich verwirkliche meine Phantasien gern auf diese Art. Sie sind wirklich schön.

Ich bin Innenarchitektin, und sehe gelegentlich während eines besonders guten Orgasmus (auch wenn das etwas seltsam klingen sollte) sehr schöne Räume, die manchmal mit Möbeln der verschiedensten Epochen ausgestattet sind.

Wenn ich den Höhepunkt erreiche, höre ich öfter wunderschöne klassische Musik – besonders solche mit Glockengeläut. Einmal glaubte ich sogar, Big Ben zu vernehmen –, so als sollte der ganzen Welt meine Erregung mitgeteilt werden.

Vor vielen Jahren liebte ich einen Mann, der ein bestimmtes Rasierwasser benutzte. Bis auf den heutigen Tag erregt mich dieser Duft, und ich habe einen phantastischen Orgasmus, wenn ich mir bei der Masturbation vorstelle, wie er mir zuschaut und dabei diesen Duft verströmt. Ich glaube zwar nicht, daß ich einen Orgasmus bekommen könnte, wenn wirklich irgend jemand mir dabei zuschauen würde – ich liebe aber diesen Duft. Tatsächlich habe ich manchmal nach einem guten Orgasmus plötzlich das Gefühl, als schwebe dieser Duft durch das Zimmer – ein würziger Zitronenduft –, der dem Parfum meines früheren Geliebten ähnelt.

Während des Orgasmus habe ich häufig Visionen von bestimmten Speisen, die bei Banketten dargeboten werden: Krustentiere, Schlagsahne, luxuriöse Canapés, die liebevoll dekoriert wurden.

Wasser-Phantasien. – Der ganze Körper versinkt langsam in einem See; dabei entstehen Wellenmuster ...

Im Wind auf der Spitze eines Turmes zu sitzen – etwas verwirrt, aber entspannt –, diese Phantasie kommt mir nur noch selten. Ich würde sie auch nicht gerne wirklich erleben, da ich Höhenangst habe.

Beim Vorspiel male ich mir mitunter aus, wie das Gefühl des Eindringens jetzt wäre. Ich stelle mir auch einen Orgasmus vor, der von dem Gefühl absoluter Selbstaufgabe begleitet wird, das sich dann in ein Hinwegfließen verwandelt.
Ich habe diese Gefühle tatsächlich während einiger teilweise befriedigender sexueller Erlebnisse empfunden. Bei allen wurde der eigentliche Geschlechtsverkehr durch ein langandauerndes Vorspiel eingeleitet.

So etwas habe ich schon immer gekannt, es ist aber niemals offen sexuell – eher kosmisch. Es handelt sich gewöhnlich um Naturereignisse, die in irgendeinem Zusammenhang stehen – Flüsse, Berge, Land, Wege, Ozeane, Gewitter, Blitz und Sonnenschein. Das alles ist niemals statisch – alles ist in Bewegung.
Normalerweise verändern sich die Phantasien während des Höhepunkts, und Frauen empfinden allgemein die unterschiedlichsten Arten von Vorstellungen und Wahrnehmungen – das hängt von der Qualität des Orgasmus und den äußeren Umständen ab. Die folgende Phantasie ist hingegen in gewissem Sinn einzigartig – schon deshalb, weil die Frau, die sie hat, sie mit unwesentlichen Unterschieden in diversen orgastischen Situationen immer wieder erlebt. Ich mag vor allem ihren Schluß:
Es beginnt vermutlich eine halbe Minute vor dem Orgasmus, meine Augen sind geschlossen, da habe ich den Eindruck, in

einen hohen Raum zu blicken. Diese Räume oder Zimmerfluchten, die ich mir vorstelle, sind in den unterschiedlichsten Farben gehalten: Sie funkeln blau, rot, gelb oder grün.

Die Räume haben sehr hohe Decken, etwa so, wie in altmodischen Küchen; ich kann jedoch nichts erkennen, was auf ihren Verwendungszweck hinweisen würde.

Wenn ich dann meinen Orgasmus habe, schließen sich die offenen Türen, die mir Einblick gewährten, plötzlich sehr rasch, ohne ein Geräusch zu verursachen. Meine Zehen geraten in Bewegung, und ein ausgesprochen süßer Geschmack breitet sich in meinem Mund aus.

Einem intensiven Orgasmus folgen manchmal Gefühlsausbrüche. Diese können von den sensorischen Phantasien ihren Ausgang nehmen und die an sich befriedigte Frau in einen Zustand der Hilflosigkeit versetzen. Häufig sind Weinen und Schluchzen das Ergebnis eines intensiven Höhepunkts. Keinerlei Verstellung scheint mehr möglich, und auch der Körper befindet sich in Aufregung. Verborgene Gefühle steigen auf, und die Frau wünscht sich, in den Armen ihres Geliebten Ruhe und Sicherheit zu finden. Eine Frau schreibt:

Es passiert mir nicht sehr oft – aber wenn es einmal vorkommt, schätze ich es äußerst hoch. Manchmal muß ich nach einem wirklich erfüllten, physisch wie emotional befriedigenden sexuellen Erlebnis einfach weinen. Vielleicht nur einige Tränen – oft fließen aber auch wahre Ströme, und meine Gefühle sind unheimlich stark. Manche Männer verstehen mich anfangs nicht. Denen erkläre ich dann, daß es sehr viel bedeutet, wenn ich nach dem Koitus weinen muß, und daß es ein phantastisches Erlebnis war. Dann bitte ich meinen Partner, mich in seine Arme zu nehmen, mir nah und zärtlich zu sein.

Und die Frau mit den Essensphantasien meint zu diesem Thema:

Unmittelbar nach und schon während des Orgasmus: Furchtbare Ängste steigen in mir hoch, ich möchte bemuttert, umarmt werden, bekomme regelrechte Ausbrüche, häufig Weinkrämpfe. Ich phantasiere, von einer Mutter (nicht unbedingt von meiner eigenen) in den Armen gehalten und von ihr gewiegt zu werden.

Das weibliche Bedürfnis, nach dem Orgasmus in der körperlichen Nähe des Sexualpartners zu bleiben, reicht bis in den Schlaf hinein. Während ihrer Untersuchungen beobachteten Masters und Johnson, wie viele Frauen, die nach dem Orgasmus eingeschlafen waren, ihre Arme ausstreckten, um ihren Partner berühren zu können.

Sensorische Phantasien und Sexualforschung

Bisher hat sich die Sexualforschung nur selten um die weiblichen Sexualphantasien gekümmert – Kinsey, Hariton, Masters und Johnson sowie Seymor Fisher[3] haben sich, neben wenigen anderen, mit diesem Themenkomplex befaßt. Doch nur Fisher kommt auf die sensorischen Phantasien während des Orgasmus zu sprechen – vielleicht deshalb, weil sie sich einer genaueren Bestimmung bzw. wissenschaftlichen Einordnung zu entziehen scheinen und bisher kaum als Äußerungsform einer gesunden Psyche angesehen wurden. Wie sich jedoch aus den geschilderten Beispielen unschwer ersehen läßt, tauchen derartige Phantasien relativ häufig auf und besitzen zudem für die Frauen, die sich mit ihnen konfrontiert sehen, eine überragende Bedeutung.

Therapie und Phantasie

In der Vergangenheit wurden diese an sich kreativen Phantasien von keiner Seite richtig verstanden: Weder waren die Frauen, die sie hatten, in der Lage, sie zu würdigen, noch konnten die Therapeuten, die davon erfuhren, sie adäquat zur Kenntnis nehmen. Viele dieser Phantasien fügten sich in das Schema der halluzinatorischen Wahrnehmung ein, die die traditionelle Psychotherapie allgemein als ein Symptom wertet, welches auf eine Psychose hinweist. Mit anderen Worten: Wer die Glocken läuten hört oder den frischen Duft eines Rasierwassers riecht, während alle anderen Anwesenden so etwas weder hören noch riechen, muß damit rechnen, verrückt zu werden.

3 Seymor Fisher, Autor des Buches »The Female Orgasm«.

140

Es ist höchste Zeit, solche Ansichten über derartige Halluzinationen und/oder Phantasien zu revidieren. Eine negative Einschätzung aller Phantasien ist einfach unsinnig. Die Phantasie ist weder gut noch schlecht (wenn wir schon diese Unterscheidung treffen müssen), weder gesund noch krankhaft. Phantasien sind einfach vorhanden. Es ist Sache der Menschen, darüber zu verfügen, sie zu gebrauchen oder abzulehnen – im positiven wie im negativen Sinne.

Die sensorischen Phantasien während des Orgasmus sind besonders aufregend. Hier zeigt sich auch, daß Phantasien nicht nur Substitute, also Lückenbüßer oder Projektionen, sind, sondern eine eigenständige, kreative Angelegenheit, die unseren Erfahrungshorizont erweitert. Sensorische Phantasien sind das wunderbare Produkt einer erfüllenden Begegnung. Deshalb sind sie uns auch willkommen!

Eines sollte dabei jedoch nicht vergessen werden: Wenn ich hier versuche, für die orgastischen oder koitalen Phantasien eine Lanze zu brechen, heißt das nicht, daß ich damit diejenigen Frauen, die sie nicht haben, unter sexuellen Leistungsdruck stellen möchte. Viele der Frauen, die diese Phantasien nicht haben, verfügen dennoch über ein sehr befriedigendes Sexualleben. Wir alle müssen uns gegenseitig als sexuelle Wesen akzeptieren, wir müssen aber ebenso anerkennen, daß jeder von uns ein Individuum mit spezifischen Eigenarten ist. In dieser Sphäre können keine starren Vorschriften gelten. Allzuviele Frauen opfern heute ihre sexuelle Genußfähigkeit ihren Anstrengungen, endlich den »Superorgasmus« zu bekommen oder zur »sinnlichen multipelorgastischen Frau« zu werden. Wirklicher Genuß hat aber mit Leistung und Wettbewerb nichts zu tun.

Wer also die Glocken nicht läuten hört, und nicht die grellen psychedelischen Farben aufflammen sieht, während er am Rand der Ekstase schwebt, hat keinen Grund, sich zu beunruhigen.

Die Ekstase begegnet uns in vielerlei Formen.

Wer hat was?

Erziehung und sexuelle Phantasien

Im Verlauf meiner Studie zeigte sich, daß die weiblichen Sexualphantasien und der Bildungsgrad in großem Maße voneinander
abhängen. Diejenigen Frauen, die eine bessere Erziehung genossen
haben, phantasieren häufiger und vielfältiger als solche, bei denen
das – aus welchen Gründen auch immer – nicht der Fall war. Um
diese Differenz aufzuzeigen, sollen hier die Antworten zweier
Frauen miteinander verglichen werden. Während die eine ihre
akademische Ausbildung fast abgeschlossen hat, konnte die andere
nur die High-school besuchen.

Jill

Jill ist eine ledige Frau, die der Altersgruppe zwischen 25 und 34
angehört. Sie ist auf einer traditionsbewußten Middlewest-Farm
aufgewachsen, und promoviert z. Z. in Psychologie.

Sie masturbiert gelegentlich, hat oft sexuelle Phantasien und ist
mit ihrem Sexualleben nicht zufrieden.

Tagträume

Ich phantasiere über Szenen am Strand oder auf einer Wiese,
die von einem dichten, dunklen Wald umgeben ist. Ich bin
nackt und spaziere gewöhnlich mit anderen Leuten durch die
Gegend. Er ist groß, kräftig und tief gebräunt. Meist weidet in

unserer Nähe ein braunrotes Pferd – mit dem wir ab und zu spielen oder das wir reiten. Wir vögeln miteinander und verbringen viel Zeit damit, Gefühle, Gerüche und Geräusche zu genießen. Normalerweise werden wir dann müde und schlafen eng umschlungen ein; auch das Pferd hat sich dicht neben uns zur Ruhe gelegt.

Masturbationsphantasien

Meist haben sie damit zu tun, daß ich verführt werde – langsam, zärtlich und klug. Ich stelle mir zunächst einmal eine angenehme, ansprechende Umgebung vor: flauschige Teppiche, offener Kamin, schwere Möbel aus dunklem Holz. Wir beginnen mit einer eher intellektuellen Diskussion, kommen dann zu einem passionierten Gespräch über Sexualität, dann berühren wir uns wie zufällig, streicheln und küssen uns, um schließlich die Kontrolle über uns zu verlieren – wir haben Geschlechtsverkehr. Während des Koitus scheint unser Bewußtsein fast ausgelöscht zu sein, doch verspüren wir intensiv unsere sinnlichen Eindrücke.
Diese Phantasie stellt sich oft bei mir ein. Sie überschneidet sich weder mit meinen Tagträumen noch mit koitalen Phantasien. Ich erlebte sie bisher nicht, sehne mich aber danach.

Phantasien während des Geschlechtsverkehrs

In meiner Jugend beschränkte sich die sexuelle Kontaktaufnahme auf Petting und Belästigungen. Während des Petting hatte ich manchmal Vergewaltigungsphantasien – ich dachte an eine Situation, aus der es kein Entkommen gäbe, während die andere beteiligte Person jede Selbstkontrolle verlöre und mich ohne Rücksicht auf meine Gefühle einfach nehmen würde, obwohl ich mich wehren und schreien würde usw. Das alles fand in einer kalten und herzlosen Umgebung statt: keine Möbel, keine Farben – überhaupt keine Einrichtung, grelles weißes Licht.

Ich entwickle diese Phantasie nur noch sehr selten. Sie überschneidet sich manches Mal mit meinen Tagträumen. Ich bin niemals vergewaltigt worden und habe auch wirklich nicht den Wunsch danach.

Wie viele andere Frauen, die über eine gute Ausbildung verfügen, schmückt Jill in ihren Phantasien das sexuelle Geschehen durch eine Rahmenhandlung oder die Beschreibung der Umgebung aus. In ihren Masturbationsphantasien beschreibt sie die näheren Umstände einer Verführungsszene – die Möbel, die Teppiche, die ganze Atmosphäre bewirken einen bestimmten Effekt, ohne den die Zärtlichkeit und Wärme dieser Szene geradezu undenkbar wären. Die Verführung beginnt in diesem Fall verbal, bewegt sich von einem nichtsexuellen Gesprächsstoff über sexuelle Andeutungen zu einem ersten Austausch von Zärtlichkeiten hin. Es existiert ein eindeutiger Zusammenhang von intellektuellen Fähigkeiten, Emotionen und starken physischen Bedürfnissen. Viele Frauen, die ihre eigenen geistigen Fähigkeiten vervollkommnet haben, setzen das auch bei Männern voraus. Der Mann, den sie sexuell attraktiv finden, muß gewissen intellektuellen oder auch politischen Ansprüchen genügen können. Mit den Worten einer der befragten Frauen: »Gewöhnlich weiß ich schon nach sehr kurzer Zeit, ob es möglich ist, mit diesem oder jenem ins Bett zu gehen. Wenn ich aber mehr von ihm erfahren kann, nimmt mein Interesse an ihm entweder zu, oder es schwindet völlig. Was er sagt und welche geistigen Interessen er hat, ist wichtig für mich. Ich bin sicher leicht zu langweilen; um so mehr mag ich Männer, die wirklich etwas zu sagen haben und ihre eigene Lebensphilosophie entwickeln.«

Jill versucht sogar, die Ursache ihrer Vergewaltigungsphantasie rational zu analysieren. Interessant ist zudem, daß die hierbei geschilderte Umgebung derjenigen der Verführungsszene genau widerspricht.

Im Gegensatz zu Jills Ausführungen erwähnt Verna, die etwa gleichaltrig ist, aber nur einen High-school-Abschluß besitzt, so gut wie keine Sexualphantasien.

Verna

Tagträume

Ich glaube nicht, daß ich welche habe

Masturbationsphantasien

(Nach ihrer Auskunft masturbiert sie nicht.)

Phantasien während des Geschlechtsverkehrs

Manchmal denke ich daran, mit jemand anderem zusammen-zusein.

Es gibt eine Reihe von Erklärungen, die sich auf den fast vollständigen Mangel wie immer gearteter Sexualphantasien bei Verna beziehen lassen. Vielleicht hat sie wirklich keine sexuellen Vorstellungen, da viele Frauen ihrer Schicht der Ansicht sind, Sexualität sei eine Sache, die von Männern gewünscht und von Frauen toleriert wird. Viele dieser Frauen haben ihre eigene Sexualität mit Erfolg unterdrückt, und ihr frappanter Mangel an Phantasie spiegelt diese Unterdrückung nur wider. Auf der anderen Seite ist es durchaus möglich, daß Verna über weitaus mehr Phantasie verfügt, sich aber nicht getraut, sie uns offen mitzuteilen, indem sie sie niederschreibt. Würde man sie in einem persönlichen Gespräch beispielsweise fragen: »Hast du dir jemals, wenn dir auf der Straße irgendein Mann begegnet ist, Gedanken darüber gemacht, wie er wohl im Bett sein könnte?«, wäre es durchaus denkbar, auch von ihr weitere sexuelle Phantasien zu erfahren.

Ausbildungsgrad und Häufigkeit von Sexualphantasien

Je höher der Bildungsgrad, desto häufiger treten sexuelle Phantasien auf. Dagegen behauptete die Mehrheit (78 %) der Frauen, die das College höchstens für ein Jahr besuchten, sie entwickelten nur selten sexuelle Phantasien, während 26 % sagten, es käme gelegentlich vor. Keine Frau dieser Kategorie bejahte die Frage, ob sie häufig über Sexualität nachdenke. Im Gegensatz hierzu sagen 37 % der Frauen mit College-Abschluß, sie dächten oft an Sex, und 24 % der Frauen, die das College länger als ein Jahr besuchten, hatten häufig Sexualphantasien. Nur wenige Frauen mit akademischem Abschluß bekundeten, sie dächten nur selten an Sex.

Ausbildungsgrad und Vielfalt von Sexualphantasien

Hier verhält es sich fast genauso: Je höher der Ausbildungsstand, desto größer das Spektrum an sexuellen Phantasien. Von den Highschool-Abgängern, die anschließend nicht das College besuchten, liegt denkenswerterweise überhaupt keine Masturbationsphantasie vor.[1] Von den Frauen, die nur kurze Zeit im College verbrachten, liegen nur zwei Arten sexueller Phantasien vor: mit einem Mann zu schlafen, mit dem man es noch nicht getan hat; und zu sexuellen Beziehungen gezwungen zu werden. Alle anderen Arten sexueller Phantasien gehen auf Frauen mit höherem Bildungsgrad zurück. Eine ganz ähnliche Diskrepanz läßt sich bei den Tagträumen und den Phantasien während des Geschlechtsverkehrs beobachten.

High-school-Abschluß

High-school-Abgänger, die anschließend nicht das College besuchen, tagträumen ebenfalls nur vom Sex mit einem Mann, mit dem sie bisher noch keinen hatten, und davon, zu sexuellen Handlungen gezwungen zu werden. Da – ihren Auskünften zufolge – keine dieser Frauen masturbiert, haben sie auch keine entsprechenden Phantasien anzuführen. Die Phantasien während des Geschlechtsverkehrs beschränken sich darauf, mit einem anderen Mann bzw. mehreren Männern zu schlafen.

---

[1] Ein logisches Ergebnis, da alle diese Frauen von sich behaupten, niemals masturbiert zu haben.

Phantasien von Frauen, die mehrere Monate das College besuchten

Von den Frauen, die das College nur für einige Monate besuchten, stammen Berichte über Tagträume und koitale Phantasien, die von Sex mit einem jüngeren oder älteren Mann handeln; für die Masturbationsphantasien gelten ebenfalls nur die beiden Kategorien »Sex mit einem anderen Mann« und »Zu sexuellen Handlungen gezwungen werden«.

Sexualphantasien von Frauen, die das College länger als ein Jahr besuchten

Aus gewissen Gründen – auf die wir später noch eingehen werden – nehmen die Sexualphantasien in dieser Gruppe in erstaunlichem Maß zu. Fünfzehn verschiedene Arten von Tagträumen, einundzwanzig Typen von Masturbationsphantasien und zwanzig, die während des Geschlechtsverkehrs auftauchen, werden von diesen Frauen beschrieben.

Nicht nur erscheinen nunmehr die diversen Phantasien reichhaltiger und inhaltlich differenzierter, es tauchen in dieser Gruppe noch einige neue, bisher unbekannte Typen auf. Die wichtigsten sind meines Erachtens die sensorischen Phantasien sowie die Wunschvorstellung, einen Mann zum Geschlechtsverkehr zu zwingen.

Weshalb diese Unterschiede?

Ist die Frau, die sich dazu entschlossen hat, ihre Ausbildung zu vervollständigen, wißbegieriger, unabhängiger und neugieriger als diejenige, die früher die Schule verläßt und die traditionelle Frauenrolle annimmt, die ihr die Gesellschaft zugedacht hat? Das mag in einigen Fällen sicher zutreffen. Doch selbst wenn beide über die gleiche Unabhängigkeit und Neugier verfügen sollten, ist die letztere in ihren Erfahrungsmöglichkeiten wesentlich benachteiligt. Die alltägliche Hausarbeit und die Beaufsichtigung der Kinder mögen zwar auch als lebenserfüllende Aufgaben angesehen werden; doch können sie weder eine Reise nach Europa oder in den Orient noch die anregende Umgebung ersetzen, die eine universitäre Karriere vermittelt. Auch sind die finanziellen Möglichkeiten einer Frau mit geringerem Bildungsgrad in der Regel kleiner als die einer Akademikerin. Meist ist sie vom Geld und den Interessen ihres Ehemanns unmittelbar abhängig. Darüber hinaus hat sie wohl kaum Gelegenheit, die Welt zu durchstreifen oder interessante Leute von unterschiedlichster Lebensauffassung kennenzulernen. Das alles trägt sicher dazu bei, ihre Sexualphantasien zu beschränken, denn von wo in aller Welt sollte sie die Ideen herholen, um welche zu entwickeln? Und, selbst wenn es trotzdem der Fall sein sollte, hat sie denn jemals die Möglichkeit, ihre erotischen Bedürfnisse auszudrücken oder sie gar auszuleben?

Die Frauen mit geringerem Bildungsgrad sind also wahrscheinlich in der Regel auf ihren Ehemann reduziert – das gilt besonders für ihre sexuellen Erfahrungsmöglichkeiten. Haben sie zudem einen Mann mit gleichem Bildungsstandart geheiratet, verstärkt sich ihre Misere noch. Gerade solche Männer neigen dazu, »ihre Frauen« nur innerhalb ihrer angestammten Rolle zu akzeptieren. Und selbst dann, wenn sie mit einem »höhergestellten« Mann zusammenlebt, bleiben oft die Zweifel an den eigenen sexuellen Möglichkeiten bestehen.

Sexualität und soziale Schichtung

In einem Land, wo es jedermann möglich ist, seine soziale Stellung durch Heirat, Erziehung und Ausbildung oder andere Mittel zu verändern, ist der Zusammenhang von Sexualverhalten und Klassenzugehörigkeit nicht immer einfach zu bestimmen.

Kinseys Studie aus den vierziger Jahren ordnet auf Grund seiner Erhebungen dem Mann einer bestimmten sozialen Schicht ein spezifisches Sexualverhalten zu. Eine solche signifikante Korrelation zwischen Klassenzugehörigkeit und Sexualverhalten schien sich bei Frauen nicht zu ergeben; daher verfiel Kinsey auf seine schon bekannte These von der Hormonsteuerung. Sie soll, unbeeinflußt von sozialen Gegebenheiten, das Sexualleben der Frau bestimmen. Die Ergebnisse meiner Studie widersprechen dem. Die schichtspezifische Herkunft und das Sexualverhalten der Frau haben sehr wohl etwas miteinander zu tun.[2]

Als wichtigstes Kriterium kann die Unterscheidung von Unterschicht (blue collar) und Mittelschicht (white collar) gelten, der sich jeweils spezifische Verhaltensmuster und Phantasien zuordnen lassen. Allgemein läßt sich sagen, daß diejenigen Frauen, die in einem Mittelschichtmilieu aufwuchsen, häufiger und differenziertere Sexualphantasien produzieren als die der Unterschicht. Mittelschichtfrauen berichten häufiger oder ausschließlich von Sex mit einem jungen Mann, von homosexuellen Beziehungen, von autoerotischen und voyeuristischen Aktivitäten, von Gruppensex und sensorischen Phantasien Diese Frauen masturbieren auch öfter – und berichten deshalb weitaus häufiger über ihre Masturbationsphantasien.

Marge

Marge ist eine 27jährige Sekretärin, die mit einem Aufsichtsbeamten verheiratet ist. Sie wuchs in Südkalifornien in einer protestantischen Unterschichtsfamilie auf. Sie masturbierte früher gelegentlich, momentan tut sie es so gut wie nicht mehr. Mit ihrem Sexualleben ist sie zufrieden und hat nur selten sexuelle Phantasien.

Tagträume
Keine

Masturbationsphantasien

Vergewaltigungsphantasien oder von mehreren hintereinander gefickt zu werden.

[2] Die Schichtenzugehörigkeit wird in diesem Fall durch den Beruf des Vaters definiert – eine Methode, zu der ich mich nur zögernd entschließen konnte, da ihr sexologische Implikationen innewohnen. Ihre Anwendung gewährleistet aber die Möglichkeit eines direkten Vergleichs mit anderen Untersuchungen.

Daran denke ich fast jedes Mal, wenn ich masturbiere; es ist mir nie passiert. Ich möchte auch nicht, daß es irgendwann einmal passiert.

Phantasien während des Geschlechtsverkehrs

Ich phantasiere, mein Ehemann sei ein anderer Mann, den ich sehr anziehend finde.

Marges Phantasien entsprechen genau dem, was von Frauen aus vielen Unterschichtshaushalten zu erfahren ist. Wenn sich aber die Frauen dieser Schicht weiterbilden, verändern sich auch ihre Phantasien: Sie werden zahlreicher und vielfältiger. Es wirkt sich in dieser Hinsicht anscheinend schon positiv aus, wenn die Mutter außer Haus arbeitet.

Grace

Grace ist eine 42jährige geschiedene schwarze Frau, die mit ihren beiden Kindern lebt. Sie ist von der High-school abgegangen und arbeitet als Stenotypistin. Die meiste Zeit ihres Lebens verbrachte sie im mittleren Westen.

Sie behauptet, niemals masturbiert zu haben, mit ihrem Sexualleben unzufrieden zu sein und nur selten sexuelle Phantasien zu erleben.

Tagträume

Wenn ich einen Mann sehe, der mir gefällt, frage ich mich, wie groß wohl sein Penis sein mag und wie es um seine sexuellen Fähigkeiten steht. Diese Phantasie habe ich immer dann, wenn ich einem sexuell attraktiven Mann begegne.

Grace ist ebenfalls das Beispiel einer Frau, die in einer Unterschichtfamilie aufwuchs. Aus meiner Studie geht hervor, daß sich der Unterschied zwischen weißen und schwarzen Frauen im allge-

meinen auf das Alter, die soziale Zugehörigkeit und den Bildungsgrad beschränkt – der Grad der Ausbildung ist in diesem Zusammenhang besonders wichtig. So ähneln die Phantasien schwarzer
Frauen zwischen 25 und 34, die einen akademischen Titel erworben
haben, sehr stark jenen der weißen Frauen dieser Kategorie. Nicht
zuletzt diese Tatsache beweist, daß die Gedanken einer beliebigen
Frau mehr von sozialen Variablen und der Kenntnis bestimmter
Kulturtechniken als von rassisch geprägten Zügen abhängig sind.

Debra

Debra ist eine 30jährige alleinstehende Katholikin, die in einer
Arbeiterfamilie aufwuchs. Sie studiert zur Zeit Jura an der Westküste. Sie sagt, sie hätte niemals masturbiert, sei mit ihrem Sexualleben
zufrieden und hätte gelegentlich sexuelle Phantasien.

Tagträume

Manchmal frage ich mich, wie dieser oder jener Mitarbeiter
oder auch bestimmte hochgestellte Persönlichkeiten wohl im
Bett sein mögen. Diese Phantasie habe ich öfters.
Eine bessere Figur zu haben – davon träume ich gelegentlich.
An vergangene sexuelle Beziehungen oder Wünsche denken
und frühere mit jetzigen Liebhabern vergleichen: Diese
Phantasie taucht unregelmäßig auf.
Viele alltägliche Gegenstände erscheinen mir als phallische
Symbole, so z. B. der Schalthebel eines Autos.

Masturbationsphantasien

Keine

Ich möchte die ganze Nacht über wach bleiben, es viele Male machen und mehrmals dabei kommen. Ich habe diese Phantasie oft. Ich wünsche mir, er wäre etwas heftiger.

Ich möchte mit zwei Männern zusammensein. Falls mir das wirklich einmal passiert sein sollte, war ich bestimmt zu verwirrt, um es wahrzunehmen.

Oft denke ich an einen anderen Mann und wie er es machen würde, wenn ich mit jemandem zusammen bin, der mich nicht richtig anturnt.

Ich wünsche mir, von einem Mann einmal wirklich richtig beglückt zu werden.

Debra wie Marge erwähnen Heftigkeit und Vergewaltigung – was den recht rauhen Annäherungsversuchen und dem Sexualverhalten der typischen Unterschichtsmännlichkeit entspricht. Auffallend ist auch, wie wenig die Unterschichtfrauen bei der Beschreibung ihrer Phantasien ins Detail gehen. Das hängt zweifellos mit ihrer Umgebung zusammen, in der abstrakte Diskussionen nicht in dem Ausmaß gepflegt werden, wie das bei Mittelstandsfamilien der Fall ist, deren Mitglieder ihre Bedürfnisse und Konflikte verbalisieren, und nicht unmittelbar körperlich ausagieren.

Dieses unmittelbare körperliche Ausagieren hatte die Unterschichtfrau vor Augen, die auf den Fragebogen schrieb: »Der Körperfick ist hier weit eher der Fall als der Kopffick.«

Jody

Jody ist eine 22jährige alleinstehende Frau, die erst kürzlich vom College abging und gerade als Kellnerin arbeitet. Sie kommt aus einer Familie der gehobenen Mittelschicht und lebt z. Z. mit einem Mann zusammen. Sie pflegte früher gelegentlich zu masturbieren, während sie es jetzt nur selten tut. Mit ihrem Sexualleben ist sie sehr zufrieden. Sie hat nach ihrer Auskunft nur selten sexuelle Phantasien »oder irgend was ähnliches, was ich jetzt nicht genau sagen kann, während ich das hier ausfülle«.

Tagträume

Ich denke daran, wie mein Freund und ich sich lieben – mit all den schönen und guten Gefühlen, die damit einhergehen. Wenn ich in einem Film ein Paar sehe, das sich häufig liebt, stelle ich mir mich in der gleichen Situation vor.

Masturbationsphantasien

Mehr oder weniger dieselben Gefühle wie beim Tagtraum – das Gefühl, mich mit meinem Freund zu lieben.

Phantasien während des Geschlechtsverkehrs

Während des Geschlechtsverkehrs fühle ich Wärme und ein wunderschönes Gefühl in mir. Es ist die vollkommene Erfüllung, die einfach unbeschreiblich ist.

Jody und Carolyn stammen beide aus der Mittelschicht. In Jodys Ausführungen zeigt sich, daß manche konkreten Fälle sich nicht notwendig in unsere allgemeineren Aussagen – in diesem Fall, daß Frauen aus der Mittelschicht häufiger vielfältigere Sexualphantasien entwickeln – fügen müssen. Jody ist auch ein Beispiel für die sexuelle Fixierung auf eine andere Person (ihren Freund), über welche viele der Frauen berichten, die sich in einer sexuell äußerst befriedigenden Beziehung befinden.

Carolyn

Carolyn liefert einen interessanten Beitrag über die Wirkung von Marihuana oder Alkohol auf sexuelle Gefühle und Vorstellungen.

Carolyn ist eine geschiedene 23jährige Kindergärtnerin, die erst kürzlich an die Universität zurückkehrte, um ihren Magister nachzuholen. Sie ist in einer Familie der unteren Mittelschicht in Südkalifornien aufgewachsen und hat zwei Kinder aus ihrer früheren Ehe. Sie sagt, sie hätte niemals masturbiert.

Tagträume

Mitunter träume ich davon, einfach so in der Gegend herumzuliegen, alles ist glücklich und friedlich – mein Freund und ich sind nackt –, wir purzeln durch das Gras, halten uns eng umschlungen und lieben uns unzählige Male.

In einem weiteren Tagtraum erscheint mir ein Teil des Körpers meines Mannes, vorzugsweise sein Rumpf, oder sein ganzer wohlgeformter Körper – stark und glatt. Normalerweise steigt dieser Traum in mir auf, wenn wir uns unter vielen anderen Leuten befinden, wo es nicht gut möglich ist, daß ich meinen Arm ausstrecke, um ihn an die Eier zu greifen. So sitze ich dann da und träume davon, ihn anzufassen und ihn in Erregung zu versetzen. Wie ich schon sagte, diese Phantasie habe ich nur, wenn ich von vielen Leuten umgeben bin. Diese Phantasie stellt sich dann allerdings sehr häufig ein. Sie wurde auch schon einmal Wirklichkeit, und ich hatte das Glück, das zu erleben, was ich mir vorher ausgemalt hatte. Die erste Phantasie, die ich vorhin erwähnte, würde ich auch gern einmal erleben – ich war schon dicht daran, aber es war noch nicht so schön, wie ich mir das in meinem Traum immer vorgestellt hatte.

Masturbationsphantasien

Ich habe niemals eine Masturbationsphantasie gehabt. Zumindest kann ich mich an keine erinnern. Sollte es daran liegen, daß sie mir dabei einfach nicht richtig bewußt werden kann?

Phantasien während des Geschlechtsverkehrs

Eine Sexualphantasie, die ich früher einmal hatte, war mit einem gewissen Schuldgefühl verbunden. Ich versetzte mich selbst während des Geschlechtsverkehrs in eine Art Hochstimmung, in der das Bedürfnis in mir aufstieg, mit dem Mann, mit dem ich gerade zusammen war, für eine längere

Zeit zu leben. Dann wurde mir aber ganz abrupt klar, daß ich nur die kurze Zeit meiner Ekstase genossen hatte und dabei ein Traumbild des Mannes entworfen hatte, mit dem ich gerade zusammen war.

Eine andere Art von Sexualphantasie stellt sich bei mir während des Koitus unter Drogeneinfluß – Kiff oder Alkohol – ein. Ich bekomme wirklich Lust aufs Vögeln und möchte, daß mein Freund so erregt wird wie möglich. Ich will die ganze Situation so stimulierend und aufregend gestalten, wie es nur geht. Ich versetze mich in einen psychischen Zustand, in dem ich jede physische Wahrnehmung um das Zehnfache verstärken kann – was für mich die reine Seligkeit bedeutet. Mein Orgasmus kommt dann ziemlich rasch, und er dauert auch sehr viel länger. All das verdankt sich dem Zustand, in den ich mich selbst versetzen kann. Diese Phantasie erreiche ich immer nur, wenn die Situation weiter fortgeschritten ist.

Die Klassenzugehörigkeit ist allerdings nur einer von vielen Faktoren, die unsere Phantasien beeinflussen. Da viele Frauen auch ihren sozialen Status im Verlauf ihres Lebens ändern (normalerweise steigen sie von einer niedrigeren Position in eine höhere auf), wäre es sicher nicht uninteressant, die hieraus erwachsenden Folgen zu untersuchen.

Zweifellos wird Kinseys Auffassung der weiblichen Sexualität durch diese Studie radikal in Frage gestellt. Frauen sind nicht, wie er sich das dachte, die Gefangenen ihrer Hormone. Unsere Umgebung und unsere Erfahrung beeinflussen in der Tat unsere Vorstellungen sowie unsere Lebensart.

Sexualphantasien und Alter

Ändern sich unsere sexuellen Fantasien mit wachsendem Alter? Die allgemeine Antwort müßte »ja« lauten. Mit dem Alter machen wir neue Erfahrungen und, so möchte man wenigstens hoffen, werden wir auch weiser. Vielleicht bewahren wir noch einige uns sexuell stimulierende Erinnerungen (die sogar bis in die Kindheit zurückreichen können), tragen aber ebenso unseren veränderten Lebensumständen und Ideen Rechnung.

Mit anderen Worten, unsere Sexualphantasien haben etwas mit unseren sexuellen Gefühlen und mit unserer inneren Einstellung zur Sexualität zu tun; ebenso wie mit den Möglichkeiten, sie auch auszuleben, sowie mit unserem physischen und psychischen Zustand. All diese Faktoren verändern sich aber mit zunehmendem Alter. Wenn wir Frauen verschiedener Altersstufen miteinander vergleichen, müssen wir in Betracht ziehen, daß sie verschiedenen geschichtlichen Zeitabschnitten entstammen. Eine 20jährige aus den dreißiger Jahren hat wohl kaum die gleichen Erfahrungen und schon gar nicht die gleichen Auffassungen wie eine Frau, die gegenwärtig dieses Alter erreicht hat. Das gilt gerade auch in sexueller Hinsicht. Wir altern nicht in einer ansonsten gleichbleibenden Welt, und wir können auch nicht Altersunterschiede von sozialen Veränderungen getrennt betrachten.

Vergleicht man die Frauen aller Altersgruppen, die ich für meine Studie befragen konnte, mit denjenigen, über die Kinsey in den vierziger Jahren seine Daten sammelte, so fallen gravierende Unterschiede in den Sexualgewohnheiten auf. Dasselbe gilt für die Altersstufe um 45 und darüber. Gleichzeitig existieren natürlich zwischen den verschiedenen Altersgruppen Unterschiede. Die typische 25jährige Frau von heute hat weitaus liberalere Ansichten über sexuelle Dinge, und beurteilt ihre eigene Sexualität auch positiver, als die typische 45jährige.

Auch die Phantasien variieren gemäß der Altersstufe. Verschiedene Arten von Phantasien dominieren bei bestimmten Altersgruppen, obwohl die Häufigkeit erst rapide in der Altersgruppe zwischen 55 und 64 abnimmt. Am vielfältigsten und reichhaltigsten scheinen die Frauen zwischen 25 und 34 zu phantasieren; sie haben schon einige sexuelle Erfahrungen machen können und kommen mit ihren Triebwünschen häufig recht gut zurecht. Es sollte aber nicht vergessen werden, daß die Frau den Höhepunkt ihrer sexuellen Potenz erst mit etwa 35 Jahren erreicht, sie ist also keinesfalls, wie immer noch oft behauptet wird, mit 29 »über'n Berg«. Weiterhin ist es wichtig festzuhalten, daß gerade die Frauen, die sexuell sehr aktiv sind, auch am häufigsten zu phantasieren scheinen. Sexualphantasien haben also keine Ersatzfunktion, sondern bereiten sexuelle Handlungen gewissermaßen vor oder gehen auf sie zurück.

Wie unterscheiden sich nun bestimmte sexuelle Stimuli hinsichtlich des Alters einer Frau? Die älteren Frauen (45–56) artikulieren häufiger den Wunsch, in einer sexuellen Beziehung »dem Mann begehrenswert« zu erscheinen; während bei den Frauen zwischen 25 und 34 im Vergleich zu anderen Altersgruppen homosexuelle und sensorische Phantasien überwiegen. Vergleicht man die Frauen über und unter 35, so fällt auf, daß die jüngeren öfter über den nackten männlichen Körper phantasieren und auch häufiger voyeuristische Phantasien produzieren.

Natürlich sind das alles nur sehr allgemein gehaltene Ergebnisse – obwohl doch, wie die folgenden Beispiele von Frauen der verschiedensten Altersgruppen demonstrieren, gerade die erotischen Vorstellungen sehr individualistisch ausgeprägt sind.

Jean

Die 28jährige, alleinstehende Jean lebt in einer Stadt in Kalifornien und strebt den Titel eines Doktors der Psychologie an. Zur Zeit ist sie mit ihrem Sexualleben zufrieden, sie masturbiert gelegentlich und entwickelt eine Vielzahl sexueller Phantasien.

Tagträume

Ich phantasiere von konkreten Dingen, die immer dann von Wichtigkeit sind, wenn ich mit meinem Partner zusammen bin: Geschlechtsverkehr, orale Spiele mit seinem Penis, das wechselseitige zärtliche Streicheln unserer Körper, gesagt zu bekommen »ich liebe dich«, während seines Höhepunkts sein Gesicht zu sehen – das ist wohl für mich das Wichtigste.
Diese Phantasie habe ich zweimal pro Tag; sie überschneidet sich nur selten mit Masturbations- bzw. koitalen Phantasien; ich habe das, was ich phantasiere, auch in Wirklichkeit erlebt.
Ich phantasiere, ich ginge mit jemandem ins Bett, mit dem ich das eigentlich gern machen würde. Es war aber noch nie der Fall und wird wahrscheinlich auch niemals eintreten. Ich

denke dabei an Geschlechtsverkehr, an das Gespräch und die vertraulichen Zärtlichkeiten danach. Ein weiterer Punkt von Bedeutung wäre das sichere Gefühl, als Frau wirklich anerkannt und akzeptiert zu werden. Diese Phantasie taucht z. Z. zweimal im Monat auf; ich würde sie gern verwirklichen, allerdings steht dem die Ehefrau meines Wunschpartners im Wege, die ich kenne und nicht verletzen möchte.

Ich denke daran, in einem eleganten Restaurant zu dinieren – weiße Tischdecken, Kerzen, Wein, kostbarer Wandschmuck usw. –, und mir gegenüber sitzt ein Liebhaber, von dem niemand weiß, daß er mein Liebhaber ist. Wir haben die Schuhe ausgezogen und spielen verdeckt unter dem Tisch mit dem Geschlechtsteil des anderen. Niemand bemerkt etwas, was wir sehr genießen.

Etwas ähnliches habe ich auch schon einmal erlebt – ich saß neben einem Freund und wir spielten heimlich mit den Händen.

Ich habe den Penis meines Liebhabers im Mund und die anderen Männer in meiner Vagina und in den Händen; sie streicheln die Innenseite meiner Schenkel und auch an jeder meiner Brüste saugt gleichzeitig ein Mann.

Sexparty: Ich schaue zu, wie mein Liebhaber verschiedene Frauen, die sich anstellen müssen, der Reihe nach vögelt.

Sexparty: Ich schaue zu, wie der Penis meines Liebhabers sich in den Scheiden einiger Frauen hin und her bewegt, die sich vornüber beugen, während er stehen bleibt. Das gleiche wie oben, nur daß er in ihre Münder eindringt, während sie vor ihm knien.

Bei allen drei Szenen erregt mich die Vorstellung, das Vergnügen, das sich in seinem Gesicht zeigt, zu beobachten.

Mein Freund und ich laden eine andere Frau zu einem Dreier ein. a) Er hat mit ihr Geschlechtsverkehr, aber nicht bis zum Orgasmus, den er mit mir hat; b) genau dasselbe, nur diesmal hat er mit ihr einen Orgasmus, wobei ich genau auf sein Gesicht achte; c) das Mädchen leckt mich; d) ich lecke das Mädchen; e) ich sauge an ihren Brüsten; f) erst leckt mich das Mädchen und dann mein Freund; g) das Mädchen bläst ihm einen.

Von dieser Phantasie habe ich meinem Freund erzählt. Sie taucht einmal im Monat während unseres Geschlechtsverkehrs auf, wenn ich nicht übermäßig erregt bin. Mit Ausnahme der letzten Sitation möchte ich sie nicht wirklich erleben; und da auch nur mit einer Frau, die mir wirklich zusagt.

Masturbationsphantasien

Ich phantasiere dabei, oral stimuliert zu werden, und manchmal bilde ich mir kurz vor dem Orgasmus ein, selber eine Frau oral zu befriedigen. (Ich gebrauche zur Masturbation normalerweise einen Vibrator.)

Diese Phantasie habe ich ungefähr dreimal im Monat; sie überschneidet sich manchmal mit meinen koitalen Phantasien; ich habe Erfahrung mit oraler Stimulation; was die orale Stimulation einer anderen Frau anbelangt, bin ich doch etwas zurückhaltender.

Phantasien während des Geschlechtsverkehrs

Ich phantasiere dabei je nach Gelegenheit alle möglichen Dinge (zum Teil auch, weil das meinem Freund sehr gut gefällt).

Ich bin z. B. auf einer Gruppensexparty und werde festgehalten, während mich mehrere Männer hintereinander nehmen. Eine sehr aggressive Szene.

Oder, auf einer anderen Party, liege ich auf dem Rücken und über mir befinden sich viele Schwänze, von denen ich mir einen aussuchen kann.

Jean erwähnt homosexuelle und voyeuristische Phantasien – beide kommen in ihrer Altersgruppe besonders oft vor. In vielen ihrer Phantasien tritt ihr Freund auf, den sie durch die Äußerung ihrer Gedanken zu stimulieren sucht. Ihre Angaben sind ein anschauliches Beispiel dafür, inwieweit unsere sexuellen Vorstellungen unsere emotionalen Beziehungen zu spiegeln vermögen.

Rita berichtet von überhaupt keinen sexuellen Phantasien – obwohl sie genauso alt wie Jean ist. Sie ist ein Paradebeispiel dafür, daß man altersspezifische Zuordnungen nicht überstrapazieren darf. Das Alter einer Frau ist nur eine von vielen sozialen Variablen, die untereinander nicht isoliert betrachtet werden dürfen. Wie sich zeigt, hat Rita eine Lebensauffassung und -art, die der von Jean geradezu entgegengesetzt zu sein scheint.

Rita

Rita ist eine 28jährige Hausfrau und Mutter dreier Kinder. Sie ist eine Wasp, die mit einem Luftwaffenoffizier verheiratet ist und der örtlichen baptistischen Kirchengemeinde angehört. Sie stammt aus dem Südosten der USA und besuchte ein Jahr lang das College.

Sie sagt, sie hätte früher manchmal masturbiert, würde es aber in der Zwischenzeit nicht mehr tun. Sie hat so gut wie keine sexuellen Phantasien und ist mit ihrem Sexualleben zufrieden.

Sexualphantasien
Keine

Ähnliche Unterschiede lassen sich hinsichtlich von Ada, Elizabeth, Agnes und Vanessa angeben, die alle 50 Jahre alt oder älter sind.

Ada

Ada ist eine zum dritten Mal verheiratete Frau in der Altersgruppe zwischen 55 und 64, mit zwei Kindern. Sie hat die High-school abgeschlossen, gehört der Methodistenkirche an und verbrachte die meiste Zeit ihres Lebens an der Westküste.

Nach ihren Angaben hat sie niemals masturbiert und auch beinahe keine sexuellen Phantasien. Mit ihrem Sexualleben ist sie zufrieden.

Tagträume
Keine

Masturbationsphantasien
Keine

Phantasien während des Geschlechtsverkehrs

Manchmal ertappe ich mich während des Geschlechtsverkehrs dabei, wie ich an einen anderen Mann denke, um
meinen Genuß zu erhöhen.

Elizabeth

Elizabeth ist 52, hat zwei Kinder, ist in zweiter Ehe mit einem Lehrer
verheiratet und im Besitz eines Universitätsexamens. Als ethnische
Herkunft gibt sie Wasp an; sie stammt von der Westküste.

Sie masturbiert selten, hat ab und zu sexuelle Phantasien und ist
mit ihrem Sexualleben nicht zufrieden.

Tagträume

In meinen Tagträumen wiederholen sich eigentlich immer
nur stückweise längst zurückliegende Erlebnisse. Es sind
Fragmente – ein Blick, eine Berührung, ein Duft –, sie sind
kaum langandauernd oder geordnet, beinhalten jedoch immer eine gewisse körperliche Reaktion meinerseits, die aber
recht diffus ist.

Masturbationsphantasien

Ehrlich niemals; ich wußte gar nicht, daß es so etwas gibt, bis
ich kürzlich einmal darüber etwas gelesen habe.

So etwas habe ich schon immer gekannt, es ist aber niemals offen sexuell – eher kosmisch –, gewöhnlich Naturereignisse, die in irgendeinem Zusammenhang stehen – Flüsse, Berge, Land, Wege, Ozeane, Gewitter, Blitz und Sonnenschein. Das alles ist niemals statisch – überall ist immer Bewegung dabei.

Um es noch einmal zu sagen: Mir war niemals bewußt, daß auch andere derartige Phantasien entwickeln, und es ist durchaus möglich, daß ich mich auf Grund dieser Erkenntnis verändern werde.

Agnes

Die 50jährige Agnes ist eine alleinstehende Krankenschwester von der Ostküste. Sie wuchs in einer Familie der unteren Mittelklasse auf, ihre Eltern waren polnische Immigranten.

Sie hat niemals masturbiert, ist mit ihrem Sexualleben zufrieden und hat gelegentlich sexuelle Phantasien.

Tagträume

Meine Tagträume waren zur Zeit meiner Jungfernschaft und in den Jahren danach am ausgeprägtesten. Später dann lernte ich einen sexuell erfahrenen Mann kennen, der mir nicht nur einen, sondern mehrere Orgasmen verschaffen konnte. Mit ihm endeten meine Tagträume, da ich von nun an sexuell befriedigt war.

In meinen Tagträumen trat normalerweise ein gesichtsloser Mann auf, dessen Liebe sich dadurch ausdrückte, daß er sich mit mir beschäftigte und bei mir war. Über einen freundschaftlichen Klaps oder einen Kuß ging das nie hinaus.

Phantasien während des Geschlechtsverkehrs

Wenn ich etwas über den Koitus lese oder ihn auf einem Bild dargestellt finde, kann mich das erregen. Es kam jedoch nur einmal vor, daß ich zusammen mit einem Mann (der Potenzprobleme hatte) irgendwelche Vorlagen benutzte, um mich zu erregen.

Wenn mich mein Partner vor dem Geschlechtsverkehr liebkost, denke ich an das Vergnügen, das mir sein steifer Penis bereiten wird.

Ich habe fünfzehn Jahre meines Lebens mit demselben Mann verbracht. Allerdings mußten wir einen Großteil dieser Zeit aus beruflichen Gründen getrennt leben. Wir waren so oft wie möglich beisammen und erfreuten uns einer sehr befriedigenden sexuellen Beziehung. Gegenwärtig genügt es mir, wenn ich einige Male im Monat mit ihm schlafe – und dazwischen phantasiere ich auch nicht.

Vanessa

Vanessa ist eine 50jährige Gelegenheitsschriftstellerin, die zum zweiten Mal verheiratet ist und Kinder hat. Sie lebt in einer Kleinstadt, gehört keiner bestimmten Kirche mehr an, interessiert sich aber für verschiedene Religionen. Obwohl sie früher häufig masturbierte, macht sie es gegenwärtig nur selten. Sie hat gelegentlich Sexualphantasien und ist mit ihrem Sexualleben nicht zufrieden.

Tagträume

In einem schummrig beleuchteten Raum mit einer Rollenkonstruktion an der Decke baumeln Suspensorien an zwei Meter langen Seilen, die oben durch die Rollen laufen. Ich hänge in einer dieser Vorrichtungen und schwinge hin und her; andere Leute machen das gleiche. Vermutlich hat diese Phantasie mit den Schaukeln meiner Kindheit zu tun und damit, daß ich einmal die Sportausrüstung meines Vaters und den Strumpfgürtel meiner Mutter zu Gesicht bekam – für mich rätselhafte Gegenstände von hohem sexuellen Symbolwert. Einige Jahre später schlief ich mit diversen Folgen einer Fortsetzungsgeschichte ein (ich selbst spielte den Part der Heldin), in der ein Junge und ein Mädchen zusammen um die Welt fuhren, wobei sie innerhalb von sechs Monaten mal im Iglu wohnten und dann wieder in einem tropischen See unter Wasser schwammen. Sie küßten und streichelten sich – berührten ihre Körper und gelangten manchmal bis hin zur Genitalzone –, manchmal spürte ich seinen Penis zwischen meinen Beinen, wenn wir gemeinsam im See schwammen.

In meinen Tagträumen laufen oft die Erlebnisse noch einmal ab – vor allem am Morgen danach. Oder sie gehen noch weiter zurück, wenn die Erinnerungen besonders schön sind.

Neben einigen visuellen Eindrücken, die ich mir von besonders intensiven Erlebnissen mit meinen Ehemännern bewahrt habe, erinnere ich mich besonders häufig an eine drei Jahre während Affäre mit einer anderen Frau. Diese Erinnerungen sind nicht primär sexuell, sondern eher romantisch und sehr emotional. Eine Frau scheint über die Art der Zuneigung und Hingabe, die eine andere Frau sich wünscht, besser als jeder Mann Bescheid zu wissen. Manchmal denke ich an ihren Blick, aus dem Hingabe und Liebe sprachen. Ich erinnere mich an den gequälten Blick, wenn sie erregt wurde; an ihren Blick, wenn sie mir »ich gehöre zu dir« sagen wollte. Es war sehr bewegend! (Ich erinnere mich in ähnlichem Zusammenhang auch an meinen ersten Ehemann, den ich in der Öffentlichkeit nur anzuschauen brauchte, worauf er mich kurz berührte und ich von ungeheurer Erregung befallen wurde.) Ich erinnere mich an eine Situation, wo ich mit meiner geliebten Freundin ganz allein war, sie aber das Verlangen nach einem Penis oder einem Dildo hatte, und wir es dann beide mit der Dusche machten.

Masturbationsphantasien

Ich habe schon oft während des Petting einen Orgasmus bekommen. Meine frühen Masturbationsphantasien knüpfen an diese Erfahrung an. Die meisten von ihnen haben jedoch mit Pornographie zu tun – Texte, Fotografien oder Zeichnungen –, also Hard-core-Pornographie. Manchmal sind es Gruppenbilder, auf denen sich die Leute in allen nur denkbaren Stellungen auf alle mögliche Art gegenseitig befriedigen. Das hat überhaupt nichts mehr mit romantischen Gefühlen oder erotischen Szenen zu tun. Manchmal stelle ich mir vor, französische Dildos zu benutzen, die ich einmal gesehen, aber noch niemals ausprobiert habe. Gelegentlich phantasiere ich über einen Hund oder ein Pony. Manchmal stelle ich mir ein schwarzglänzendes Sofa vor, das auf einer Bühne steht, wo ich es dann mit einem Partner – männlich oder weiblich – treibe. Manchmal wiederum erinnere ich mich an etwas, was ich und mein erster Ehemann miteinander genossen haben. Beispielsweise war es mir als junges Mädchen verboten worden, meine Höschen auszuziehen, und wir trieben es miteinander, indem er seinen Schwanz seitlich durch die Beinöffnung einführt. Deshalb lasse ich manchmal auch die Höschen bei der Masturbation an. Ab und zu fällt mir auch eine pornographische Geschichte ein, in der eine Frau in einen festen, dicken Gummianzug gepackt wurde, der aufgeschnitten werden muß. Gelegentlich denke ich an zärtliche anale Stimulation während des Geschlechtsverkehrs. Und dann rufe ich mir auch die Lieblingspositionen meines ersten Ehemanns zu gewissen Zeiten ins Gedächtnis. Ich sehe dann unsere beiden Körper. Ein Beispiel: Nach einigen Tagen der Trennung finden wir äußerst schnell und intensiv unseren Orgasmus – wir sind ohne jedes Vorspiel total befriedigt; wir trieben es nach einem kurzen Blick auf einem Küchenstuhl.
Filme, in denen zwar nackte Körper – mehr aber nicht – gezeigt werden, interessieren mich nicht. Sie sind mir – trotz Jugendverbots – längst nicht eindeutig und scharf genug. Dafür hat mir »Kane John« in dieser Hinsicht gut gefallen –

das Buch ist viel besser als der Film. Zum Beispiel beim Gebrauch dreckiger Wörter. Direkt pornographische Bücher und Filme sagen mir hingegen zu. Allerdings keine sadistischen Szenen, auch keine Vergewaltigungen. Nichts derartiges gefällt mir, außer vielleicht ganz selten einmal etwas Prügel. Meiner Kusine und ihrem Mann habe ich einmal beim Geschlechtsverkehr zugeschaut; ich fand es nicht besonders aufregend. Vielleicht war ich selbst zu beherrscht und auf Selbstkontrolle bedacht. Eine Reihe von Wörtern und Sätzen versetzen mich dann und wann in physische Erregung – aber nur solche mit offen sexuellem Inhalt, keine romantischen Ergüsse.

Phantasien während des Geschlechtsverkehrs

Keine

Klimakterium und Sexualphantasien

Ändert sich durch die Wechseljahre das sexuelle Interesse der Frau allgemein, und inwieweit wirkt sich das auf ihre sexuellen Phantasien aus?

Zwei Frauen dieser Studie nehmen zu dieser Frage Stellung:

Ruth

Die 59jährige Ruth hat promoviert und hat im Gesundheitswesen Karriere gemacht. Sie ist jüdischer Abstammung, gehört aber jetzt einer christlichen Kirche an. Sie ist geschieden, hat drei schon erwachsene Töchter und lebt an der Westküste. Ihr zufolge masturbierte sie früher weit häufiger; sexuelle Phantasien entwickelte sie schon immer nur relativ selten. Sie betrachtet ihr Sexualleben als unbefriedigend, da sie nicht »mit dem richtigen Mann« zusammen ist.

Die Auswirkungen der Menopause sind bei ihr darin zu suchen, daß die Häufigkeit, mit der sie phantasiert, im Vergleich zu früher noch abgenommen hat.

Tagträume

Seit ich die Wechseljahre mit 55 hinter mich gebracht habe, habe ich auch keine Tagträume mehr und auch nur sehr wenige Masturbationsphantastien. Während des Geschlechtsverkehrs hatte ich auch früher nur Phantasien, wenn mir mein Partner die seinen mitteilte.

Ich glaube nicht, jemals Tagträume ohne Masturbation entwickelt – zumindest jeden Tagtraum durch Masturbation beendet – zu haben.

Masturbationsphantasien

Es folgen die Phantasien, an die ich mich am besten erinnern kann, die mich heute aber so gut wie gar nicht mehr erregen:

1. Ich bin ein kleines Mädchen, das von einem Mann mit Süßigkeiten und Spielsachen in sein Haus gelockt wird. Er masturbiert mich mit seinem schlaffen Schwanz und erzählt mir dabei, wie sehr er mich liebt. Dann bekommt er eine Erektion und bringt mir bei, wie ich damit umzugehen habe. Er war immer nur sehr zärtlich und liebevoll.

2. Ich schaue zwei Homosexuellen zu, die es miteinander treiben, während ich (in meiner Phantasie) dazu masturbiere. Ihre Gesichter erscheinen mir nur unscharf, während ich ihre Körper klar erkennen kann.

3. Ich bin die einzige Frau, die mit fünf Männern (oder mehr) Gruppensex hat. Alle nehmen komplizierte Positionen ein – wovon einige in Wirklichkeit gar nicht möglich sind.

Dazu war ich von mir aus nicht fähig, da ich zu sehr mit dem Mann und meinen eigenen Gefühlen beschäftigt war. Manchmal versuchte ich, wenn der Partner seine Phantasien äußerte, meinerseits mitzuziehen. Aber das beeinträchtigte normalerweise meinen Genuß. Er nannte mich seine junge Kuh, die er als der wilde Bulle bestieg, oder wir waren zwei Hunde, oder er stellte sich vor, mich zu fesseln – aber mich störten diese Phantasien eher. Er war dann oft so erregt, daß wir kaum zur Übereinstimmung kamen.

Seit dem Klimakterium haben meine sexuellen Gefühle auf jeden Fall abgenommen, obwohl ich eine Östrogensalbe benutzte. Manchmal ist der Orgasmus nur sehr sanft; er kann aber auch recht intensiv sein. In gewisser Hinsicht ist es ein ganz angenehmes und friedvolles Gefühl, endlich dem Druck, der ein ganzes Leben auf mir lastete, entronnen zu sein. Ich bin neugierig, ob es anderen Frauen in der gleichen Situation genauso geht. Bei Männern gibt es ja etwas Vergleichbares angeblich nicht, obwohl man berücksichtigen müßte, daß sie von ihren Frauen häufig belogen werden, weil die sie nicht kränken wollen. Außerdem nimmt ihre Phantasietätigkeit wohl eher zu.

Jane (s. erstes Kapitel) berichtete davon, wie sich ihre Vagina nach dem Klimakterium dermaßen verengte, daß der Geschlechtsverkehr ihr Schmerzen bereitet. Da die sexuelle Beziehung zu ihrem Ehemann sich so frustrierend darstellt und sie auch kein Mittel dagegen sieht, scheint sie alle sexuellen Wünsche nunmehr zu unterdrücken. Daher läßt auch ihre Phantasie beträchtlich nach. Die meisten Therapeuten stimmen mit Ruth dahingehend überein, daß die physiologischen Veränderungen der Wechseljahre nicht notwendig jedes sexuelle Interesse versiegen lassen müssen. Allgemein gesehen, behalten Frauen auch danach ihre sexuellen Fähigkeiten – vorausgesetzt, sie waren auch schon vor der Menopause sexuell aktiv und finden geeignete Partner. Wenn Frauen mit 50 oder 60 Jahren beträchtlich in ihrer sexuellen Aktivität nachlassen, hat das nichts mit ihrem biologischen Potential, aber sehr viel mit den an sie gestellten Verhaltenserwartungen zu tun. Häufig ist es in diesem Alter schwierig, einen geeigneten Sexualpartner zu finden. All das kann bewirken, daß sexuelle Phantasien nur noch selten auftreten oder sogar ganz verschwinden.

Zusammenfassung

Das Alter ist ein signifikanter Faktor hinsichtlich der Häufigkeit und Art sexueller Phantasien. Er darf jedoch nicht getrennt von anderen Variablen wie Bildungsgrad, Schichtzugehörigkeit, Religion usw. betrachtet werden. Unglücklicherweise werden viele ältere Frauen durch bestimmte soziale Normen und Verhaltenserwartungen davon abgehalten, sich weiterhin um die Befriedigung ihrer sexuellen Bedürfnisse zu kümmern.

Was Frauen erregt

Was Frauen erregt – darüber geben ihre sexuellen Phantasien erschöpfende Auskunft. Zunächst einmal sei daran erinnert, daß es durchaus ihr eigener Körper oder der einer anderen Frau sein kann, der eine Frau sexuell stimuliert. Vergessen werden sollten auch nicht die äußeren Bedingungen und ihre jeweilige Stimmung. Was aber ist es, das Männer auf Frauen wirken läßt? Ihr wohlproportionierter Oberkörper oder ihre Beine, wie manche Männer von sich selber meinen? Ist es das?

Die Antwort auf diese Frage ist wohl etwas komplizierter. Die meisten Frauen versuchen sich ein umfassenderes Bild von einem Mann zu machen; sie beschränken sich dabei nicht einfach auf Beine, Rumpf oder Genitalien. Obwohl sie durchaus das Aussehen, die physische Erscheinung eines Mannes beachten, ist es doch eher seine Ausstrahlung, die Aura, die einen Mann umgibt, was sie interessiert: seine Lebensauffassung; seine Interessen; die Art, in der er auf andere Leute eingeht.

Geht man einmal davon aus, daß eine Frau sich von einem bestimmten Mann angezogen fühlt, so läßt sich wohl noch nicht einmal diese physische Attraktion festen Regeln unterwerfen – selbst dieser Vorgang ist einer höchst subjektiven Disposition unterworfen. Wenn ich nun unbedingt die Frage beantworten müßte, welcher physische Faktor meiner Ansicht nach für eine Frau ausschlaggebend zu sein scheint, würde ich antworten: Die Augen eines Mannes. Dabei handelt es sich aber nicht um einen rein körperlichen Sachverhalt – durch die Augen vermitteln sich nämlich gewissermaßen die emotionalen Qualitäten eines Menschen. Frauen werden nicht nur etwa von einer bestimmten Augenfarbe angezogen, sondern durch deren Ausdruck. In den Augen eines Menschen können sich Härte und Kälte, aber auch Warmherzigkeit, Humor und ein reiches Gefühlsleben spiegeln.

Die physischen Qualitäten von Männern, auf die eine einzelne Frau anspricht, sind tatsächlich äußerst unterschiedlich. Die einen bevorzugen einen schlaksigen Blonden, andere mögen einen schwarzhaarigen untersetzten Typus. Selbstverständlich halten auch Frauen Ausschau nach bestimmten physischen Merkmalen – nur welche es genau sind, bleibt ihren persönlichen Neigungen anheimgestellt:

Es gefällt mir, die nackten Beine eines Mannes zu bewundern – vor allem dann, wenn sie kräftig sind.

Ein Lächeln – mit guten Zähnen – ist für mich sehr wichtig. Vor allem dann, wenn es bewirkt, daß ich zurücklächeln muß, und ich so etwas wie Wärme verspüre.

Ich mag einen vollen Mund.

Männer mit einem sexy – einem weichen – Mund gefallen mir gut. Sie haben nicht so verkniffene Lippen – sondern Lippen, die zu küssen verstehen. Es ist nicht einfach zu sagen, was das nun für Lippen sind – aber ich erkenne sie sofort, wenn ich sie sehe, und bisher habe ich mich in dieser Hinsicht noch nicht getäuscht.

Ich bin aus New York, und am besten gefallen mir die Blonden an den Stränden von Kalifornien mit ihren gesunden, braun gebrannten Körpern.

Dunkle Typen finde ich gut – für braune, gefühlvolle Augen könnte ich alles tun.

Ein haariger Handrücken und Unterarm eines Mannes kann mich in Erregung versetzen – ich brauche so etwas nur zu sehen, und schon phantasiere ich, wie ich ihn besteige. Aber auch seine übrige Körperbehaarung, vor allem die Haare auf der Brust, sprechen mich an.

Ich mag Männer mit gewelltem oder gelocktem Haar, die es ziemlich lang wachsen lassen.

Ich mag Männer, die auf ihr Äußeres achten und ihren Körper sorgsam pflegen. Wenn er seinen Körper mag, mag ich ihn auch. Überdies sind Männer, die auf ihren Körper achten, eher bereit, eine sexuelle Beziehung einzugehen; sie haben normalerweise mehr Spaß am Sex (wenn sie nicht gerade allzu narzißtisch veranlagt sind). Jedenfalls sind sie in jeder Hinsicht erfreulicher als diese Typen mit schlaffen Körpern, die zuviel saufen und rauchen und die ihre Gefühle unterdrücken müssen.

Ich mag den Geruch von Sperma und Schweiß und einen drahtigen kleinen Körper.

Ich schaue mir gern Schenkel und Hintern eines Mannes an – ich mag kräftige Schenkel, die man durch die Hose bewundern kann. Und ich mag kleine Ärsche, die aber irgendwie vielsagend sind – etwas, woran man sich auch festhalten kann.

Männer müssen ein hübsches Hinterteil haben – nicht so ein Ding, das unter weiten Hosen versteckt werden muß.
Mich interessieren die Oberschenkel eines Mannes; besonders dann, wenn er mit gekreuzten Beinen vor mir sitzt. Seine Schenkel signalisieren mir irgendwie seine Kraft . . .

Männer können sehr sexy ausschauen, wenn sie nur die richtigen Hosen tragen – der Stoff darf nicht zu dick und die Hose nicht zu eng geschnitten sein, es muß sich aber immer noch einiges abzeichnen können.
Natürlich richten viele Frauen ihre besondere Aufmerksamkeit auf das Genital des Mannes:
Es erregt mich, einen Mann in einer engen Levis zu sehen, wo man eine richtige Beule sieht.

Es ist nur ein oberflächlicher Blick – aber es macht mir Spaß, kurz auch mal auf den Pimmel eines Mannes zu achten – vor allem dann, wenn er mir gut gefällt.

Hübsch, wenn man seinen Schwanz unter der Hose sehen kann.

Richtig enge Hosen können bei einem gutgebauten Mann bewirken, daß er in ihnen angezogen besser aussieht als nackt. Obwohl ich mir eigentlich nichts Aufregenderes als einen nackten Mann mit einer Erektion vorstellen kann.

Es ist also durchaus so, daß Frauen die physischen Qualitäten eines Mannes schätzen. Für die meisten Frauen können sie jedoch ihre Anziehungskraft einbüßen, wenn ihnen nicht noch andere, persönliche Eigenschaften korrespondieren. Diese persönlichen Eigenschaften differieren je nach der spezifischen Lebensvorstellung der Frau.

Traditionell eingestellte Frauen verlangen nach einem Mann, der stark, rauhbeinig und dominierend ist.

Andere Frauen suchen nach Selbstsicherheit und Sensibilität bei einem Mann: »Ein Mann, der sich getraut, auch einmal zu weinen, hat für mich mehr Stärke und gefällt mir auch besser als einer, der versucht, wie John Wayne zu sein.«

Ich könnte mich niemals einem Mann vollkommen hingeben, mit dessen politischer Auffassung und Lebensphilosophie ich nicht übereinstimme.

Ein sexy Mann gefällt mir noch besser, wenn er von sich selbst eine gute Meinung hat. Er soll nicht dauernd von mir verlangen, daß ich ihn bestätige und er muß mich, so wie ich bin, auch akzeptieren können. Eine ähnliche Lebensanschauung kann hilfreich sein und emotionale Wärme und Humor gefallen mir sehr. Der Mann, der mich wirklich erregt, verfügt über eine Art von tierischem Magnetismus, den man nur schwer beschreiben kann.

Einige Frauen sagen auch, was sie abstößt:

Er könnte der bestaussehendste Mann der Welt sein: Wenn er sich wie ein Chauvinist verhält, stößt er mich auch körperlich ab.

Ich mag sensible Männer, die sich wie menschliche Wesen verhalten und mich auch als ein solches akzeptieren. Ich habe diese ewigen Spielchen satt – das Leben ist zu kurz dafür. Wenn mir ein Mann so ankommt, habe ich es sofort satt.

Ein physisch ansprechender Mann verliert für mich seine Attraktivität, sobald ich mit seiner Lebensauffassung nicht übereinstimme oder mit seinem Verhalten anderen Menschen gegenüber. Es kann auch umgekehrt so sein, daß ein Mann mir mit der Zeit immer besser gefällt, obwohl er mich anfangs körperlich überhaupt nicht reizte.

Und was die Liebe angeht:

Was ich überhaupt nicht leiden kann, ist ein schlabbriger, nasser Kuß; oder wenn er ohne wirkliche emotionale Anteilnahme dabei ist.

Es stößt mich ab, wenn sich ein Mann mir aufzudrängen versucht.

Ich achte auf seine Hände, die mir viel über seine Persönlichkeit verraten.

Wie er ein Glas anfaßt oder einen Joint – darin zeigt sich sein Charakter, und ob er ein guter und zärtlicher Liebhaber ist. Deshalb beobachte ich so etwas gern.

Manche Frauen mögen gegenseitiges Streicheln vor und beim Geschlechtsverkehr, während andere besonders durch die Vorstellung erregt werden, daß der Mann jede Kontrolle über sich verliert.

Seit längerer Zeit schon gibt es Magazine für Frauen, in denen nackte Männer abgebildet werden. Die meisten Frauen sprechen jedoch auf diese Bilder nicht an – und dafür gibt es eine Reihe von Gründen. Normalerweise werden sie nicht sofort mit einem nackten männlichen Körper konfrontiert, und ihre Erziehung ermutigt sie auch nicht gerade dazu. Zum Zweiten sind es, wie wir bereits sahen, eine ganze Reihe von persönlichen, emotionalen und intellektuellen Faktoren, deren das weibliche Sexualinteresse bedarf. Das Zusammenspiel dieser Faktoren erst entscheidet darüber, ob eine Frau diesen oder jenen Mann für attraktiv hält oder nicht, ob sie nun ein nackter Körper besonders anspricht oder nicht. Und schließlich – die Männer, die da nackt posieren, haben nur selten, wenn überhaupt, eine Erektion. Und warum sollten Frauen angesichts eines noch so hübschen männlichen Körpers in Erregung geraten, wenn sein Inhaber selbst offensichtlich nicht erregt ist?

Es ist wahrscheinlich, daß Frauen durch derartige Publikationen durchaus lernen können, den Schönheiten eines männlichen Körpers gegenüber empfänglicher zu werden. Das wird aber noch viele Jahre dauern. Und im übrigen wollen eine Vielzahl von Frauen ihre erotischen Vorstellungen nicht auf eine Sache, nämlich den bloßen männlichen Körper, beschränkt wissen; es ist vielmehr die ganze Person mit all ihren vielfältigen Eigenschaften, die sie anzieht.

Phantasie und Wirklichkeit

In Beverly Hills in Kalifornien soll es ein Haus geben, in welchem für wohlhabende Leute die Möglichkeit besteht, ihre Sexualphantasien auszuleben. Wie viele Frauen würden wohl von dieser Gelegenheit Gebrauch machen?

Je weiter eine bestimmte Phantasie von der alltäglichen Realität einer Frau entfernt ist, desto geringer ist auch ihre Neigung, diese zu verwirklichen. So ist es zum Beispiel für eine alleinstehende Frau gut möglich, auf einen ihr unbekannten Mann zuzugehen und auf ihre sexuellen Eingebungen einzugehen. Schwieriger wird das bei »riskanteren« Phantasien, zum Beispiel Gruppensex oder Sex mit einem Hund. Andererseits kann eine experimentierfreudige Frau durchaus auch ihre Gruppensexphantasien ausleben, dann aber vor bizarreren Vorstellungen, wie Sex auf einer Bühne oder Verführung eines Knaben, zurückschrecken. Über die Grenzen des sozial allgemein Erlaubten möchte kaum eine Frau hinausgehen. Theresa[1] würde gern ihre Phantasie verwirklichen, am Strand zu lieben, Jill diejenige, wo sie wild durch die Gegend rennt, darauf von einem attraktiven Mann verführt wird und in der Nähe eines rotbraunen Pferdes einschläft. All das sind im Grunde recht harmlose Phantasien – wie auch der Wunsch von Michele, Männer wild nach ihr zu machen.

Viele der Frauen, die daran denken, mit einer anderen Frau zu schlafen, fühlen sich dazu noch nicht reif. Melissa geht noch einen Schritt weiter, wenn sie sagt, sie würde es gern einmal versuchen, wäre aber auch nicht enttäuscht, wenn es nicht klappen würde. Pat meint uneingeschränkt, daß sie es gerne einmal probieren möchte.

Obwohl wir keine allgemeine Aussage über die Verwirklichung bestimmter Phantasien machen können, läßt sich doch sagen, daß

---

[1] Die Berichte der hier erwähnten Frauen sind vollständig in dieses Buch aufgenommen worden.

jede Frau sich bestimmte Beschränkungen auferlegt, über die sie nicht hinausgehen möchte. Diese Beschränkungen stimmen mit ihren persönlichen Verhältnissen und Beziehungen sowie mit ihren sexuellen Erwartungen ziemlich überein. Eine Frau, die Nähe und Geborgenheit sucht, wird wahrscheinlich kaum eine Phantasie über »Gruppenfick« oder ähnliches zu verwirklichen suchen.

Einen anderen Menschen zu verletzen, in soziale Schwierigkeiten zu kommen, den eigenen Ruf zu ruinieren – falls sie ihre sexuellen Phantasien wirklich ausleben –, davor haben die meisten Frauen Angst. Und nur wenige (fast keine) Frauen wären dazu bereit, das anonym zu tun.[2]

Ruth mag ihre Phantasien – zwei Homosexuellen bei der Liebe zuschauen, als junges Mädchen verführt zu werden, Sex mit mehreren Männern – nicht verwirklichen. Sie genießt sie trotzdem. Jill will nicht, daß sich ihre Vergewaltigungsphantasien bewahrheiten[3], und Brenda will auch nicht den Tod ihres Ehemanns.

Sylvia, die bewußt die Kreativität ihres Sexuallebens zu vergrößern versucht, möchte einige ihrer Phantasien erleben. Sie will mehrere Männer lieben und an Orgien mit Männern und Frauen teilnehmen. Sie sucht Männer dadurch zu erregen, daß sie »ganz dicht an sie herangeht und ihnen tief in die Augen blickt« oder denkt daran, »den Strand entlangzulaufen und zu ficken«. Und sie möchte auch die Phantasie ausleben, in der sie den Penis eines Mannes in Schokolade, Sirup, Honig oder Champagner taucht, um ihn anschließend abzulecken.

Häufig ist es so, daß eine einmal ausgelebte Phantasie von selbst wieder verschwindet. Nur wenn die wirkliche Erfahrung allen Erwartungen genügen konnte, bleibt sie bestehen. Doch meistens ist das nicht so, und daher verändern sich die Phantasien mit der Zeit oder verlieren an Wichtigkeit. Es ist wohl so, daß die meisten Frauen die Verwirklichung ihrer Phantasien gar nicht wünschen. Wir alle brauchen unsere Träume – und werden sie Wirklichkeit, treten neue an die Stelle der alten.

[2] Es wurde im Fragebogen nicht danach gefragt, ob die Frauen beabsichtigten, ihre Phantasien anonym auszuleben, was an sich notwendig gewesen wäre.

[3] Keine der befragten Frauen mit Vergewaltigungsphantasien möchte in Wirklichkeit eine Vergewaltigung über sich ergehen lassen.

Sexuelle Erwartung und Befriedigung

Die Einschätzung der Rolle weiblicher Sexualphantasien ist unter Fachleuten wie Laien nach wie vor kontrovers. Viele begreifen sie als eine Art Lückenbüßerin, die immer dann auftritt, wenn wirkliche Erfahrungen ausbleiben. Hat aber eine sexuell befriedigte Frau nicht immer auch noch sexuelle Phantasien?

Ein wichtiger Faktor bei der Beantwortung der Frage nach dem Grad der sexuellen Befriedigung einer Frau ist ihr Erwartungshorizont. Sie kann auf Grund einer hohen Erwartungshaltung die hervorragendsten sexuellen Erfahrungen als unbefriedigend bezeichnen. Dem stehen diejenigen Frauen gegenüber, die nur sehr geringe Erwartungen an ihr Sexualleben stellen und daher fast alles als befriedigend empfinden. Ein extremes Beispiel hierfür wäre die 28jährige Frau dieser Studie, die von sich behauptet, Jungfrau zu sein, nie masturbiert zu haben, nur selten sexuelle Phantasien zu entwickeln und dennoch von ihrem befriedigenden Sexualleben spricht.

In meiner Studie zeigt sich ein, wie ich meine, nur geringfügiger Unterschied zwischen den Pantasien sexuell ausgeglichener Frauen und denen, die ihr Sexualleben als unbefriedigend bezeichneten. Die Unzufriedenen phantasieren häufiger und vielfältiger. Sie sind tendenziell unverheiratet, und ihre Bindung an einen bestimmten Mann ist nicht besonders intensiv. Ihre Unzufriedenheit hat also gewissermaßen emotionale wie physische Gründe.

Zunächst einige Beispiele von Frauen, die von sich behaupten, sexuell befriedigt zu sein. Die Spanne ihrer Angaben reicht von »beinahe keine sexuellen Phantasien« bis »überhaupt keine sexuellen Phantasien«.

Ein passendes Beispiel für unsere These ist Linda. Sie kommt aus einer Arbeiterfamilie und fängt gerade mit dem College an, wie wir inzwischen wissen. Beides sind wichtige Faktoren hinsichtlich der Entstehung von Sexualphantasien.

Linda

Linda ist 32 Jahre alt und stammt aus einer Arbeiterfamilie in Minnesota. Sie ist von ihrem dritten Ehemann geschieden, hat ein Kind und besucht das erste Semester im College. Sie sagt, sie masturbiere selten, hätte kaum Sexualphantasien und sei mit ihrem Sexualleben zufrieden.

Tagträume

Keine

Masturbationsphantasien

Sex mit einem Mann

Phantasien während des Geschlechtsverkehrs

Keine

Nancy ist ein anderes Beispiel. Im Gegensatz zu Linda ist sie verheiratet.

Nancy

Nancy gehört der Altersgruppe zwischen 18 und 24 an, arbeitet als Sekretärin (nach einem Jahr College), und ist mit einem Verkäufer verheiratet. Sie entstammt einer schwedisch-amerikanischen Familie aus dem Mittelwesten und ist ehemaliges Mitglied der lutheranischen Kirche.

Sie maturbiert gelegentlich, ebenso verhält es sich mit ihren Phantasien; mit ihrem Sexualleben ist sie zufrieden.

Tagträume

Eine meiner Lieblingsvorstellungen ist, daß ich einem jungen Mann von ungefähr 16 Jahren begegne. Wir sind voneinander sehr angetan, aber er ist ziemlich schüchtern und zögert, sich mir zu nähern. Außerdem ist er sexuell unerfahren. In meiner Vorstellung verbringe ich einen Nachmittag mit ihm und verführe ihn allmählich so gegen Abend. Wir quatschen miteinander und bummeln durch die Stadt, kaufen Einiges zum Abendessen ein, verbringen einen schönen Abend zusammen und beschließen dann, »es miteinander zu machen«. Anfangs fühlt er sich noch etwas unwohl, aber ich streichle ihn behutsam und lecke seinen Körper ab. Er verliert seine Hemmungen, und wir lieben uns himmlisch.

Diese Vorstellung kommt mir häufig, vor allem dann, wenn ich einen jungen Mann sehe. Erlebt habe ich eine solche Phantasie noch nie; ich würde es aber sicher gern tun.

Masturbationsphantasien

Ich phantasiere, festgebunden zu sein und geschleckt zu werden. Ich wehre mich vergeblich und bin für mehrere Stunden der Gegenstand eines »Zungenfestivals«.

Phantasien während des Geschlechtsverkehrs

Manchmal denke ich daran, einen Mann zu lieben, den ich wirklich begehre, aber niemals bekommen konnte. Ferner bewege ich mich auch in Richtung meines Tagtraums – ich bilde mir dann ein, ihn auszuleben.

Ein weiteres Beispiel ist Norma

Norma

Norma ist eine 28jährige Sozialarbeiterin, die an der Westküste lebt. Sie kommt aus einer Arbeiterfamilie und ist mit einem Jura-Studenten verheiratet. Sie hat nie masturbiert, hat nur gelegentlich sexuelle Phantasien. Mit ihrem Sexualleben ist sie zufrieden.

Tagträume

Ich gehe mit meinem Mann auf eine Party und tanze mit ihm. Inzwischen beobachtet mich ein »anderer Mann«, der mich begehrt. Nächstes Bild: Der »andere Mann« und ich treiben es im Schlafzimmer.

Ich hatte diese Phantasie, mit kleinen Abwandlungen, schon häufig – und ich habe sie immer noch. Sie tritt aber immer nur als Tagtraum auf.

Nein, ich habe derartiges nie erlebt, es würde mir aber sicher Spaß machen. Ich bezweifle jedoch, daß ich es jemals machen werde.

Masturbationsphantasien

Unpassend

Phantasien während des Geschlechtsverkehrs

Ich stelle mir (selten) vor, mit einem anderen Mann zu schlafen. Wie schon gesagt – es hört sich ganz gut an, aber ob ich es jemals tun werde? Ich habe keine Ahnung.

Die wenigen Phantasien, von denen Norma berichtet, stehen alle mit ihrem Mann in Zusammenhang. Sie bricht in ihrem Kopf zwar aus der ehelichen Bindung aus, aber doch nur ein bißchen: Sie ist im Grunde nicht bereit, sich mit anderen Männern einzulassen, und hat gerade erst damit angefangen, über andere Männer nachzudenken (und ihr Mann ist auch immer dabei).

Die ebenfalls verheiratete Marylin gerät in keine Konflikte, wenn sie in Gedanken mit anderen Männern zusammen ist, und dabei ihrem Mann dennoch treu bleibt.

Marylin

Marylin ist eine 32jährige Lehrerin aus einer Arbeiterfamilie des mittleren Westens. Beide, sie und ihr Mann, haben höhere akademische Titel erworben.

Als sie noch jünger war, masturbierte sie hin und wieder. Davon ist sie abgekommen. Sie ist mit ihrem Sexualleben zufrieden und genießt ihre ab und zu auftauchenden Sexualphantasien.

Tagträume

Ich möchte mit einem Mann zusammensein, am ganzen nackten Körper gestreichelt und geküßt werden, bis hin zum Koitus . . . Wenn ich im Film oder in einem Buch mit sexuell anregenden Szenen konfrontiert werde, steigt in mir ein Gefühl sexueller Erregung auf. Ich neige dazu, mich in die Rolle der Frau zu versetzen, und stelle mir vor, was alles mit ihr passiert – oraler Verkehr, Küsse, streicheln und lecken. Bei manchen Männern, die ich in der Öffentlichkeit sehe, überkommen mich gewisse sexuelle Gelüste. Ich schaue mir ihren Körper an und habe den Wunsch, mit ihnen intim zu werden.

Masturbationsphantasien

Zur Zeit habe ich keine; als ich jünger war, benutzte ich dazu ein Kopfkissen, das mir den Mann ersetzte. Ich rieb mich daran, bewegte meinen Körper hin und her und kam so zum Höhepunkt.
Oder ich stellte mir einfach vor, mit einem Mann zusammen zu sein, wölbte mein Hinterteil und masturbierte dabei – es war, als ob ich einen richtigen Koitus erleben würde.

Phantasien während des Geschlechtsverkehrs

Während des Geschlechtsakts komme ich mir manchmal wie eine Prostituierte vor. Ich denke daran, viele Männer zu befriedigen; so, wie ich meinen Mann jetzt befriedige.

Manchmal sage ich nach einem Orgasmus auch »mach es bitte noch einmal« – ich bettle förmlich darum. Meistens denke ich es mir allerdings nur, manchmal spreche ich es aber doch aus.

Beim oralen Sex bilde ich mir ein, etwas zu essen, dessen Geschmack ich mag, z. B. Kokosnußfleisch, Toffees oder Likör. Wahrscheinlich rührt das daher, daß ich doch eine gewisse Abneigung dagegen habe, dieses Ding mit meinem Mund zu berühren.

Obwohl Diane einen sexuell befriedigten Eindruck macht, hat sie recht viele sexuelle Phantasien. Viele Frauen stellen wie Diane fest, daß sich ihre Sexualphantasien verändern, sobald sie mit einer Person in eine engere emotionale Beziehung treten. Eine Vielzahl sexueller Gedanken kreisen jetzt um diese Person; vor allem dann, wenn die entsprechende Beziehung befriedigend ist. Wird die Beziehung aus irgendwelchen Gründen bedroht, oder wird sie unbefriedigender, so spiegelt sich auch das in den Phantasien wider.

Dabei werden auch sexuelle Erlebnisse mit anderen Leuten in größerem Maße einbezogen.

Diane

Diane gehört zur Altersgruppe zwischen 18 und 24 Jahren. Als ihren Beruf gibt sie »Studentin-Mutter-Kellnerin – und manchmal versuche ich auch, Ich selbst zu sein« an. Sie wuchs im mittleren Westen auf, lebt geschieden mit einem Kind und gehört keiner religiösen Gruppierung an. Obwohl sie früher gelegentlich masturbierte, tut sie es momentan überhaupt nicht mehr. Mit ihrem Sexualleben ist sie zufrieden. Ihre häufigen sexuellen Phantasien hängen nach ihrer Ansicht mit dem Mann zusammen, mit dem sie gegenwärtig eine Beziehung hat.

Wie ich schon sagte, überschneiden sich die Erinnerungen an Erlebnisse mit meinem Freund mit Träumereien über bevorstehende Zusammenkünfte. Eine einfache Erklärung hierfür ist in der Tatsache zu suchen, daß er mir aus einigen Jahren der selbstauferlegten Askese herauszuhelfen vermochte, für die meine gescheiterte Ehe der Anlaß war. Nach nunmehr zweieinhalb Jahren haben wir auf allen Ebenen eine intensive Beziehung entwickeln können, die Sexualität eingeschlossen. Er ist mir gleichzeitig Liebhaber, Freund und guter Kamerad, und ich finde, wir haben gelernt, unsere Sexualität ziemlich offen zu äußern.

Meine erotischen Vorstellungen gehen immer in eine ganz bestimmte Richtung – beispielsweise denke ich daran, wie meine Brüste oral gereizt werden (durch starkes Ziehen und Lutschen an den Brustwarzen) oder wie meine Klitoris (auch hier ein direkter, starker Druck) und ich meinerseits oralen Kontakt zum Penis aufnehme. Dabei verspüre ich jedoch ein ungeheures Verlangen nach vaginalem Verkehr – auf das erste Stoßen reagiere ich mit einer Art Freudentaumel. Diese Vorstellung habe ich häufig, mindestens einmal pro Tag, ob ich nun mit ihm zusammen bin oder nicht. Sie taucht oft zu Beginn unseres Sexspiels auf – bis hin zu diesem ersten Stoßen. Wichtig sind hierbei Vertrautheit und Zärtlichkeit. Wir kennen uns eben sehr gut, ich kann mich dabei ganz und gar entspannen und bin so in der Lage, wirklich zu genießen. Phantasien, die andere Männer betreffen, treten ab und zu auf – wie oft, das ist schwer zu sagen; sie überkommen mich einfach zu den unterschiedlichsten Zeiten. Meist geht es dabei um Männer, die ich schon kenne, und deren sexuelles Verhalten (z. B. bei der Penetration) meine Neugier erweckt. Komplizierte Sexspiele interessieren mich in diesem Zusammenhang nicht – nur der erste direkte Kontakt beim Koitus, und wie sie sich während des Höhepunkts verhalten – sehr aufgeregt, selbstsicher, befriedigt usw. Auch Äußerlichkeiten interessieren mich, also die ganzen Stereotypen der Männlichkeit: Starke Arme, kräftige Schultern usw.

Ich habe das alles schon einige Male wirklich erlebt – zuletzt mit dem Mann, mit dem ich jetzt zusammen bin. Auch bei anderen Gelegenheiten waren es enge Freunde von mir, zu denen ich mich irgendwie sexuell hingezogen fühlte. Einer vergewaltigte mich zweimal in einer Nacht, was in mir jedes sexuelle Interesse an ihm zerstörte. Soweit ich es noch weiß, hatte ich kein offenes sexuelles Interesse an ihm gezeigt (ich war gewissermaßen nur neugierig), und ich kann mir nicht vorstellen, daß ich ihn irgendwie provoziert hätte. Er erzählte mir dann, er würde mich lieben und hätte sich deshalb nicht bremsen können. Er war auf jeden Fall eine riesige Enttäuschung – er ackerte auf mir wie ein sabbernder, hungriger Hund. Bei all meiner Verwirrung erinnere ich mich komischerweise genau an meinen Gefühlsumschwung; plötzlich entdeckte ich, wie fett seine Hüften und sein Arsch waren – und wie alles wabbelte, als er sich bewegte.

Ein anderer enger Freund von mir ist indianischer Abstammung – ein sehr gut aussehender Mann. Ich muß gestehen, daß ich eine große Schwäche für braunhäutige Männer mit dunklen Augen und dunklem Haar habe. All das trifft auf ihn zu, und er ist zugleich stark und männlich. Auch ein politisches Bewußtsein hat er, so daß ich ihn auch wirklich respektieren kann. Trotz seiner positiven Eigenschaften und meines sexuellen Interesses an ihm habe ich inzwischen begriffen, daß wir wohl nie eine befriedigende Beziehung haben werden, weil die grundsätzlichen Differenzen auf anderen Gebieten einfach zu groß sind und weil mir außerdem viel zu viel an meinem jetzigen Freund liegt, als daß ich irgendetwas verändern möchte. Dennoch mußte ich diesen schönen Indianer einmal ausprobieren, um ihn endgültig von meiner Liste streichen zu können. Auch bei ihm war es anfangs wie bei allen anderen: Ich wollte wissen, wie es ist, von ihm umarmt zu werden und wie er sich beim Geschlechtsakt verhalten würde. Wir sahen uns ein paar Monate lang hin und wieder und schliefen ungefähr ein halbes Dutzend Mal miteinander. Es war aber jedesmal enttäuschend, weil er sich nie so verhielt, wie ich es erhofft und erwartet hatte. An sich wollte ich wohl, daß er sich so verhält, wie das bei meinem jetzigen Freund der Fall ist. Ich werde jetzt diese Affäre für eine Weile ad acta legen, schon darum, weil ich keine Lust habe, wegen solcher Geschichten unter Schuldgefühlen zu leiden. Gleichzeitig fasziniert er mich jedoch weiterhin!

Masturbationsphantasien

Im Augenblick ist die Frage danach nicht ganz angebracht. Die einzige Masturbationsphantasie, an die ich mich vage erinnern kann, hatte ich während der Pubertät, in der ich mich sexuell kaum betätigt habe – außer einigen Küssen und Ansätzen von Petting. Ich erinnere mich an ein starkes Wärmegefühl in der Genitalzone und daran, wie ich versuchte mir vorzustellen, wie es wohl wäre, wenn ich einen Penis in mir hätte. Das lag natürlich außerhalb meines Vorstellungsvermögens. Nachdem ich meine erste Erfahrung mit dem Geschlechtsverkehr gemacht hatte, trat diese Phantasie völlig in den Hintergrund. Ich war damals von der Größe des eregierten Penis völlig überwältigt; übrigens ebenso von meiner Fähigkeit, ihn in mich aufzunehmen. Ich kann mich auch an das Gefühl erinnern, das beim ersten Mal in mir aufstieg – ich hatte ja keine Erfahrung und war ziemlich ratlos, was ich jetzt, als er in mir steckte, eigentlich tun sollte. Ich fühlte mich irgendwie unwohl, wie nach einer zu üppigen Mahlzeit – vollgestopft und unfähig, mich zu bewegen. Mehr fällt mir zu diesem Thema nicht ein!

Phantasien während des Geschlechtsverkehrs

Auch diese Phantasien gehen in die eingangs beschriebene Richtung – oraler Kontakt und Vorstellung des ersten Stoßes. Beim Geschlechtsakt spielt sich bei mir alles auf einer anderen Ebene ab – ich denke nicht an das, was um mich herum geschieht, sondern nur an meinen Partner und sein Vergnügen. Ich habe beim Sex großartige visuelle Erlebnisse, während derer mein Bewußtsein durch surrealistische oder auch realistische Bilder – meist Landschaften – ausgefüllt wird. Es herrschen Erdfarben vor: Rottöne, Braun, Grün, Schwarz – das ist aber nicht immer so. Nach dem Orgasmus habe ich dann das Bedürfnis, meinem Partner zu erzählen, was ich alles gesehen habe, während wir uns liebten. Beim Geschlechtsverkehr habe ich ein starkes Verlangen nach bestimmten Formen der Stimulation – meiner Brüste und der Klitoris –, die mein Freund meist befriedigt. Dadurch wird meine Erregung noch erhöht.

Wir bevorzugen drei verschiedene Stellungen; das eine Mal ist einer von uns »oben«, oder wir machen es im Sitzen. In den ersten beiden Stellungen besteht die Möglichkeit, tiefer einzudringen. Ich gebrauche meine Phantasie während des gesamten Koitus dazu, um die Vaginalmuskeln zu entspannen und ihm ein tieferes Eindringen zu erlauben. Oft stelle ich mir vor, von dem Gebärmuttermund (Cervix) aus in meine Vagina hinunterzugucken und zu sehen, wie die Spitze seines Penis in mich eindringt. Nach und nach entspanne ich mich, daß er bis zur Cervix vorstoßen kann. Dann habe ich das Gefühl, als öffnete ich mich ihm immer weiter, was in Wirklichkeit natürlich nicht stattfindet. Der Kontakt seines Penis mit meiner Cervix ist für mich nicht schmerzhaft, sondern erscheint mir als ein anregendes Erlebnis, wobei meine Gebärmutter in starke Zuckungen gerät, die sich wiederum auf den Penis auswirken. Ich versuche jetzt meinen Körper ganz zu öffnen, so als ob er meine ganze Körperhöhle auszufüllen vermag. Er hilft mir, indem er meine Brüste und meine Klitoris stimuliert, bis ich mich wie ein einziger Nervenknoten fühle, der nur noch auf diese Reizung reagiert. So endet schließlich alles mit einem multiplen Orgasmus – jeder von noch größerer Heftigkeit und noch tieferem Eindringen begleitet als der vorhergehende.

Beim oralen Sex stelle ich mir vor, mein ganzer Körper sei mit Wein oder Honig beträufelt.

Diane beschreibt anschaulich ihre sensorischen Phantasien während des Orgasmus. Sie verdeutlichen ihre vertrauensvolle Beziehung sowie ihre Bereitschaft, sich gehen zu lassen, zu experimentieren und zu genießen. Wahrscheinlich teilt sie viele ihrer Phantasien auch ihrem Partner mit, wobei sie ihr eigenes Vergnügen nicht vernachlässigt.

Bei Charlotte verhält es sich ganz ähnlich. Auch hier spielt ihr Partner eine wichtige Rolle, und sie weiß ebenso von sensorischen Phantasien während ihres Orgasmus zu berichten.

Charlotte

Charlotte ist eine 30jährige Doktorandin der Psychologie, die aus einer typischen Wasp-Familie des Ostens stammt. Sie behauptet, hin und wieder zu masturbieren, ab und zu sexuelle Phantasien zu haben und mit ihrem Sexualleben zufrieden zu sein.

Tagträume

Heute während einer hypnotischen Sitzung: Steve, der Mann, mit dem ich in einer festen Beziehung lebe, tanzt nackt auf einer Wiese. Sein Hintern ist im Vergleich zu seinem übrigen Körper ungeheuer weiß. Die Schatten der Blätter zeichnen sich auf ihm ab. Eine aufregende Vorstellung! Ich denke daran, wie es wäre, wenn ich nach Hause käme und er wäre da. Ich würde ihn küssen und wir würden sofort ins Bett springen und uns lieben.
Ich schnappe ihn mir im Bett, wecke ihn auf und wir lieben uns.
Alle eben beschriebenen Phantasien habe ich häufig.

Masturbationsphantasien

Beim Masturbieren denke ich immer an einen bestimmten Mann (genauer: an verschiedene Männer – doch dabei konzentriere ich mich auf einen bestimmten Mann). Ich denke daran, wie ich ihn liebe, ihn küsse, seinen Körper mit meiner Zunge berühre und bei ihm liege.
Diese Phantasie habe ich häufig.

Andere Phantasien beinhalten analerotische Interessen, z. B. Scheißen und gegenseitige Stimulation des Arschlochs, indem wir unsere Finger da hineinstecken.

Diese Phantasie habe ich gelegentlich. Ich habe so etwas auch tatsächlich schon erlebt und würde das gerne nochmals tun. Ich habe auch nichtsexuelle, nichtintensive Phantasien – Wärmegefühle und das Bedürfnis nach Berührung usw. Manchmal denke ich auch, ich sei ein Kind und würde in den Armen gehalten.

Dies sind in dieser Hinsicht meine häufigsten Phantasien. Auch sie habe ich schon erlebt und möchte ich noch oft erleben.

Phantasien während des Geschlechtsverkehrs

1. Während des Orgasmus habe ich häufig Visionen von bestimmten Speisen, die bei Banketten dargeboten werden: Krustentiere, Schlagsahne, luxuriöse Canapés, die liebevoll dekoriert wurden.

2. Unmittelbar nach und schon während des Orgasmus: furchtbare Ängste steigen in mir hoch, ich möchte bemuttert, umarmt werden, bekomme regelrechte Ausbrüche, häufig Weinkrämpfe. Ich phantasiere, von einer Mutter (nicht unbedingt von meiner eigenen) in den Armen gehalten und von ihr gewiegt zu werden.

3. Gelegentlich die Vorstellung (wenn ich mich in einem veränderten Bewußtseinszustand befinde) am Anus geleckt zu werden – ein voller Genuß. Das ist mir bisher noch nicht passiert, aber ich wünsche es mir.

4. Häufig scheint es mir so, als ob ich in den Mann eindringe – ich bin jetzt in ihm. Dieses Gefühl taucht unwillkürlich auf, wenn ich auf ihm liege und sehr aktiv bin. Ich bilde mir ein, selbst einen Penis zu haben – ja, einer zu sein.

5. Wasser-Phantasien – in einem See mit dem ganzen Körper langsam versinken; Wellenmuster entstehen dabei . . . Diese Vorstellung habe ich öfter; ich möchte sie aber nicht unbedingt erleben.

Eine sexuell befriedigte Frau kann trotzdem häufig masturbieren. (Zum Teil rührt ihre Befriedigung gerade aus der Masturbation.) Die Darstellung von Connie (p. 48) kann hierfür als Beispiel gelten.

In den meisten, wenn nicht gar allen der hier aufgeführten Fälle, scheinen die sexuell befriedigten Frauen auch mit ihren emotionalen Beziehungen zufrieden zu sein.

Im Gegensatz hierzu scheint Vivian mit ihrem Sexualleben sowie ihrer Ehe unzufrieden zu sein. Diese Unzufriedenheit bedeutet jedoch nicht, daß sie viel phantasiert – ihr zufolge hat sie nur gelegentlich sexuelle Phantasien. Diese Phantasien deuten auf weit vielfältigere Interessen, auf ganz andere Möglichkeiten hin, als sie sich in der Beziehung zu ihrem Mann ergeben haben. Es scheint, als versuche sie, mehr über sich selbst zu erfahren – ihre Bedürfnisse und ihre Motivationen – und daß sie zudem eine Abneigung gegen die Institution der Ehe hegt.

Vivian

Vivian ist eine 42jährige Hausfrau, die ihr Studium mit einem Examen abschloß, mit einem Lehrer verheiratet ist und vier Kinder hat.

Sie ist mit ihrem Sexualleben unzufrieden, masturbiert gelegentlich und hat ab und zu sexuelle Phantasien.

Tagträume

Früher, als ich mit den Kindern zu Hause war, kreisten meine Tagträume um meinen Mann; entweder als Erinnerung oder als Vorwegnahme des abendlichen Geschlechtsakts. Später dachte ich hin und wieder auch an andere Männer, an den einen mehr, an den anderen weniger – es waren aber immer Männer, die ich gut kannte oder die bei irgendwelchen gesellschaftlichen Anlässen mit einem Anflug von Interesse auf mich reagierten. In letzter Zeit sind meine Tagträume mehr von einem Gefühl der Zärtlichkeit und Neugierde bestimmt; ich denke an eine behutsame, sinnliche Beziehung, vielleicht etwas ähnliches wie eine Tantra-Liebe, oder daran, nackt zu tanzen. Mein Partner dabei ist mir entweder nicht bekannt, oder ein Kompositum verschiedener Männer, denen ich begegnet bin, und die einzelne wünschenswerte Eigenschaften besitzen. Meine Tagträume treten nicht mehr so häufig auf wie früher; dafür machen sie mir heute mehr Spaß. Ich weiß, daß ich eines Tages meinem Traum-Mann begegnen werde.

Masturbationsphantasien

Ich habe früher normalerweise nicht phantasiert, während ich masturbierte. Inzwischen denke ich daran, daß mein Mann über derartige Phantasien entsetzt wäre und sage mir »ein richtiges Leben zu führen, ist die beste Rache«. Dies ist der Fall, nachdem ich einen guten Orgasmus erreicht habe. Zu anderen Zeiten fühle ich mich allerdings einsam und verlassen. Masturbiere ich tagsüber, so ist das eine rein physische Angelegenheit. Ich tue mir dabei einfach selbst etwas Gutes. Die nächtliche Masturbation wird oft von der Vorstellung von einem Menschen begleitet, der mich sehr gut kennt (ich kenne ihn noch nicht) und der sehr lieb und zärtlich zu mir ist. Als ich kürzlich »Die Geschichte der O.« las, erlebte ich wahre Masturbationsorgien. Zu meinen Orgasmen gesellte sich allerdings ein schlimmer Fall von Hämorrhoiden – recht unerfreulich, diese Angelegenheit! Für mich war zweierlei von Bedeutung: Die körperliche Gewalt und die Vergewaltigung der weiblichen Persönlichkeit. Mir war bewußt, daß ich mich mit O.'s Situation identifizierte, die eine logische Konsequenz des Ehevertrags darstellt, der einem als Frau nur zu oft das Gefühl vermittelt, benutzt, mißbraucht, verletzt und entmenschlicht werden zu dürfen. Dieses Gefühl der Demütigung überwältigte mich; es kamen dabei aber auch meine masochistischen Bedürfnisse zum Vorschein, die mir ein Leben lang Probleme bereitet haben. Die aufregendste Vorstellung war die, daß mir die Augen verbunden werden, und ich, an den Händen gefesselt, über einen Schemel gelegt und danach von drei Männern mißbraucht würde. Schließlich falle ich zu Boden und werde zu Fellatio gezwungen. Das Ganze dauerte einige Wochen und ging dann vorbei. (Ich bin sicher, daß das Buch von Simone de Beauvoir als Witz gemeint ist.) Ich habe mir schon vorgestellt, wie sie mit Sartre im Cafe sitzt und »Das andere Geschlecht« verfaßt. Sartre wirft ihr vor, alles zu ernst zu nehmen, und Simone kündigt an, eine lustige Geschichte über die Ehe schreiben zu wollen. (Davon will ich in Wirklichkeit auch nichts wissen – die Ehe ist mir zu Genüge bekannt.)

Phantasien während des Geschlechtsverkehrs

Ich phantasiere nur wenig während des Koitus. Ich erlebe das, was gerade passiert, und versuche zu erfassen, was ich mir als nächstes wünsche oder erleben möchte. Ab und zu phantasiere ich, ich befände mich an einem anderen Ort. Beispielsweise auf einem phantastischen Flecken Land auf einer Insel vor der Küste von Maine – weiches Gras, von Wäldern umgeben, mit Blick auf die Felsenküste. Oder ich denke an ein ruhiges Hotelzimmer, weit weg von den Kindern. Ich mache mir oft Gedanken, daß die Kinder uns hören könnten – ist das nicht lästig? Ich denke an LSD-Experimente während des Geschlechtsakts (keine Erfahrung) oder an Haschisch (wobei mein Tastsinn sensibilisiert wird). Wenn ich dann berührt werde, erweckt das bei ansonsten unempfindlichen Stellen ganz neue Wahrnehmungen.

Auch Sheri leidet unter dem Mangel an einer wirklich befriedigenden emotionalen Beziehung. Es ist in diesem Zusammenhang bemerkenswert, daß ihre Frustration über ihr Sexualleben weder ein Ansteigen der Masturbationsrate noch ihrer Phantasietätigkeit bewirkt. Bestimmte Teile ihrer Sexualität scheinen in einem Dämmerzustand dahinzutreiben – bis wieder eine Person in ihr Leben tritt, die die Gefühle der Vergangenheit zu neuem Leben erweckt.

Sheri

Sheri ist eine 22jährige Studentin jüdischer Herkunft. Sie ist alleinstehend und lebt an der Westküste. Früher war sie mit ihrem
Sexualleben zufrieden – inzwischen allerdings nicht mehr. Sie masturbiert ungefähr zweimal im Monat und gibt sich ab und zu sexuellen Phantasien hin.

Tagträume

Ich stelle mir vor, es mit einem, den ich kaum kenne, Sex zu
machen. Orte: Arbeitsstelle, Schule, Parties.
Mir passiert so etwas, wenn ich jemand treffe, der mir sympa-
thisch ist; oder wenn ich etwas getrunken habe und mit einem
Mann zusammen bin, den ich mag.
Nachdem ich mir das nur in Gedanken vorgestellt hatte, habe
ich es auch schon einige Male wirklich erlebt.
Ich stelle mir einen Mann beim Onanieren vor. Zeit: meistens
nachts. Ort: allein zu Hause.
Solange ich sexuell aktiver war, hatte ich diese Vorstellung
noch nicht.
Ich möchte es eigentlich nicht wahrhaben – aber in diesem
Gedanken drückt sich mein Bedürfnis nach einem Mann aus.
Auch das Autofahren (Vibration) kann mich sexuell erregen.

Masturbationsphantasien

Da denke ich an oralen Sex; besonders an ein bestimmtes
Erlebnis mit einem Typ, der wirklich sehr schön aussah. Ich
würde es gern noch einmal mit ihm machen, aber das ist
wahrscheinlich unmöglich.
Dann möchte ich mit einem Mann schlafen, der einen über-
großen Penis besitzt. Diese Phantasie kommt mir häufig, ich
habe das auch schon einmal erlebt und würde es gern wieder
tun. (Dieser Mann hatte überhaupt einen außergewöhnli-
chen Körper.)

Denke ich daran, kommt mir in den Sinn, daß das ein legitimes körperliches Bedürfnis ist, und daran, wie lange ich schon keinen guten Orgasmus mehr gehabt habe, der meinem Körper Entspannung schenken würde. Doch dabei fange ich dann an, mich wohlzufühlen.

Phantasien während des Geschlechtsverkehrs

Bei einem alten Freund hatte ich einst wunderschöne Phantasien, aber inzwischen ist unsere Beziehung rein körperlich, da bin ich nicht mehr locker genug, um den Gedanken freien Lauf zu lassen.

Neben den Bäumen an einer Bahnlinie inmitten einer herrlichen, sonnendurchwirkten Landschaft zu spazieren. Diese Phantasie habe ich nur noch selten und würde sie gern öfter genießen.

Kein Bewußtsein mehr zu haben, nur noch physische Kraft und sinnliche Wahrnehmung – jeden Gedanken vollständig ausschalten und nur noch das zu tun, was gerade kommt –, so etwas passiert mir nur, wenn ich total stoned bin. In diesem Zustand ist der Orgasmus am schönsten und mit unheimlich irren Phantasien verbunden. Doch gelingt mir das kaum noch. Ich konzentriere mich zu sehr und habe deswegen Orgasmusschwierigkeiten.

Der befriedigende, spontane Orgasmus ist für Sheri zum Problem geworden – vielleicht deshalb, weil ihre Gefühle für den Partner nicht so stark sind, wie sie es eigentlich gerne hätte, und weil es ihr an Vertrauen mangelt.

Um zu wirklicher Harmonie zu gelangen, bedarf es der Übereinstimmung unseres Körpers mit unserem gesamten Wesen. Und nichts kann diese Totalität besser ausdrücken, als der Orgasmus.

Phantasie und Ehe

Wir scheinen unwillkürlich davon auszugehen, daß unverheiratete Frauen[1] über einen größeren Vorrat an Phantasien verfügen und eine größere Vielfalt in ihrer sexuellen Gedankenwelt an den Tag legen, als dies bei verheirateten Frauen der Fall ist.

Liegt das vielleicht daran, daß verheiratete Frauen sexuell befriedigter sind? Anscheinend nicht, da doch auch viele verheiratete Frauen dieser Studie von sich sagen, daß sie mit ihrem Sexualleben nicht zufrieden sind. Sie haben sich möglicherweise damit abgefunden und beschlossen, ihre Energien nicht so sehr auf die Befriedigung ihrer sexuellen Bedürfnisse zu richten, sondern anderen Interessen den Vorrang zu geben.

Außerdem stehen verheirateten Frauen auch weniger Möglichkeiten zur Verfügung, ihre Sexualität mit jemanden anderem als dem Ehemann auszuleben – sei es nun aus moralischen, emotionalen oder praktischen Gründen. Weshalb sollten sie dann auch ihre Energien darauf verwenden, über sexuelle Abenteuer zu sinnen, zu denen sich dann doch keine Gelegenheit bietet? Gerade die Frauen, die schon in jungen Jahren geheiratet haben, können meist nur weniger sexuelle Erlebnisse oder Anregungen für sich verzeichnen, als das bei unverheirateten Frauen der Fall ist. So bleiben denn auch ihre Phantasien innerhalb bestimmter Grenzen.

Nancy und Norma (deren Phantasien im vorigen Kapitel zu finden sind) sind beide verheiratet und mit ihrem Sexualleben zufrieden. Ihre Phantasien sind nicht so ausgefeilt wie die von Lana, die von sich behauptet, sexuell nicht befriedigt zu sein. Besonders gut gefällt mir Lanas Phantasie vom »wandernden Stern«.

---

1 Das schließt ledige, getrennt lebende, geschiedene und verwitwete Frauen ein.

Lana

Lana ist eine 28jährige »Hausfrau-Mutter-Studentin«, die mit einem Architekten verheiratet ist. Sie hat ein Kind. Sie wuchs in einer Künstlerfamilie auf und verbrachte den größten Teil ihres Lebens an der Westküste. Sie ist getaufte Katholikin, besucht aber die Kirche nicht mehr. Mit ihrem Sexualleben ist sie unzufrieden, dabei hat sie eine Vielzahl sexueller Phantasien.

Tagträume

Ich habe eine Unmasse von Tagträumen – sie reichen von der Überlegung, mit wem ich es wie gleichzeitig machen könnte, über Kindheitsphantasien bis hin zu der Vorstellung, ein Baum zu sein. Die meisten von ihnen nehmen von mythologischen Figuren ihren Ausgang – von irgendwelchen Göttern, Cupido oder Venus . . . Kann ein cherubinischer Cupido eine Venus für sich gewinnen? Nun, meistens gelingt ihm das (und von diesem Augenblick an geht der Tagtraum auch schon in die Masturbation über). Cupido ist nur klein, aber immerhin der Liebesgott – deshalb auch finden wir seinen guten Ruf hinter einem Feigenblatt versteckt.

Ein bestimmter Tagtraum geht mir immer wieder durch den Kopf, er knüpft an eine Szene aus dem Film »Die sieben Gesichter des Dr. Lao« an. In dieser Szene geht es um eine junge, einsame Frau, die verängstigt und ungeliebt wirkt und noch keinerlei sexuelle Erfahrung gemacht zu haben scheint. Diese Frau besucht Dr. Laos' Zirkus, entfernt sich aber bald von der Menge und streut allein herum, bis sie zu dem Zelt gelangt, in dem sich Pan befindet (Pan, der Waldgott – halb Mensch, halb Ziegenbock). Er spielt auf einer Flöte, und als sie in das Zelt eintritt, setzt er sein Spiel etwas lebhafter oder einschmeichelnder fort. Sie spürt ein sexuelles Gefühl in sich hochsteigen, ist aber gleichzeitig ängstlich. Trotz ihrer furchtsamen Zurückhaltung wirken sein Wesen und Spiel so verlockend auf sie, daß sie sich ihm nicht länger zu entziehen vermag. Diese Stimmung hält einige Augenblicke an, bis sie schließlich nicht mehr wiederstehen kann, und ihn berühren und küssen will. Plötzlich bricht ein Geräusch von draußen den Bann, und sie läuft fort. Später aber zeigt sich, daß ihre Sexualität durch dieses Erlebnis für immer geweckt wurde, sie ist nicht länger eine verängstigte junge Frau. Sie hat zu sich selbst gefunden, ihre Identität als Frau erlangt.

Die Situation, in der sie während dieser Geschichte ihn beinahe anfaßt und küßt, erregt mich außerordentlich. Oft denke ich mir diese Szene zu Ende und stelle mir vor, mit welch einer Riesenzunge und was für einem geilen Penis Gott Pan ausgestattet ist, womit er es drei Tage ohne Unterbrechung treiben könnte. Also, wenn es sich arrangieren ließe, würde ich so eine Begegnung gern einmal erleben.

Masturbationsphantasien

Manchmal kommt mir die Phantasie von Cupido. Dann hatte ich auch schon Haremsphantasien. Ich war eine von, sagen wir mal, hundert Frauen. Wir waren Sklavinnen eines richtig geilen Scheichs, der uns jede Nacht mit dem Rücken auf Spezialtische fesselte, die mit einer Vertiefung versehen waren. Die Beine wurden nach hinten gebunden, so daß die Frauen sich nicht mehr rühren konnten; sie waren nur noch schöne, wehrlose Fotzen. Dann machte er es ihnen (mir). Ich habe diese Vorstellung immer gemocht, weil ich dabei jedesmal ein anderes Mädchen sein konnte, dem er es besorgt. Das eine Mal bin ich das Mädchen, das diese Nacht scharf ist und ihn soweit bringt, sie haben zu wollen; oder ich bin das junge Ding, das seine Geilheit fürchtet, und das er nur mit Gewalt nehmen kann. Ich könnte auch eine sein, die sich nichts aus all dem macht, die er dann aber scharfzumachen versteht usw. Ich bin nicht sicher, ob ich in diese Situation geraten möchte. Eine irre Phantasie ist die vom vermummten Ritter (Batman, Superman, Green Lantern oder wer immer), der plötzlich durch das Fenster segelt und dabei so geil ist, daß sein dicker Schwanz in seiner Hose spannt – er bespringt dich sofort und vögelt dich halb tot. Das wäre eine Freude!

In der Schlußszene des Films »Candy« sitzt die Heldin einer priesterhaften Gestalt auf dem Schoß, die sich langsam hin und her bewegt (es liegt auf der Hand, was der da treibt). Auf dem Gesicht des alten Mannes erscheinen Schweißperlen, es wird ihm immer heißer – ich glaube, ihm kommt es wirklich, er ist schweißbedeckt –, und dann stellt sich heraus, daß er ihr Vater ist. Ich bin sicher, daß mir so etwas in Wirklichkeit nicht liegen würde.

Eine wunderbare Vorstellung: Ich liege inmitten einer Waldlandschaft an einem spiegelklaren, ruhigen See und döse vor mich hin. Es ist ein warmer Sommerabend, und sexuelle Träume steigen in mir auf, und während ich dieser Stimmung nachhänge, taucht ein schöner, junger und blonder Mann auf, der mit mir schlafen möchte. Nach seiner ersten Berührung wache ich auf, und meine Träume werden Wirklichkeit. Ich wäre nicht abgeneigt, eine solche Phantasie zu erleben.

Phantasien während des Geschlechtsverkehrs

Wenn ich ganz bei der Sache bin, so ist meine schönste Vorstellung, ich sei ein Fluß und mein Partner ein Nebenfluß, der sich mit mir vereint: Nachdem der Nebenfluß manches Hindernis überwunden hat, kommen wir mit Wucht zusammen und werden Eins.

Eine andere wunderbare Phantasie ist das Gefühl, das mich überkommt, wenn ich mir vorstelle, ich würde zu einem Stern, der durch das Universum eilt – ich reiße meinen Partner auf diesen Trip mit, immer schneller und schneller, bis wir alle Fesseln von Raum und Zeit zerbrochen haben (wenn es uns kommt) und in die unendliche Dunkelheit des Raums hinausgeschleudert werden und uns, leicht im Weltraum schwebend, wiederfinden – zufrieden und relaxed. Auf diese Art erlebe und genieße ich den Koitus.

Eine andere Phantasie: Eine Vergewaltigung – ein Einbrecher, der mehr will als Geld; ein Freund, der vorbeischaut und mich allein zu Hause antrifft; oder ich fungiere als Versuchsperson bei einem Test über tierisches und menschliches

Verhalten, bei dem ich gefesselt werde und sich ein großes Tier anschließend mit mir vereinigt (das alles spielt sich in einer klinisch saubereren Atmosphäre ab), wobei mir eine Sichtblende den Anblick des Tieres ersparen soll.

Diese letzte Phantasie und die Vergewaltigungsszenen möchte ich auf keinen Fall realisieren. Am schönsten ist es für mich, wenn ich den Mann, mit dem ich zusammen bin, wirklich erregen kann und ich seine Erregung verspüre.

Marlene ist ebenso wie Lana mit ihrem Sexualleben nicht zufrieden. Sie besitzt anscheinend eine Menge an Vitalität und Sensibilität, die sie jedoch nicht adäquat zu artikulieren vermag. Eine Möglichkeit, um aus der unbefriedigenden Beziehung zu ihrem Mann auszubrechen, bieten ihr ihre Masturbationsphantasien, in denen Männer auftreten, die sich von ihrem Mann sehr stark unterscheiden.

Marlene

Marlene ist 42 Jahre alt, zum zweiten Mal verheiratet und Mutter von drei Kindern. Sie hat das College absolviert und arbeitet einige Stunden die Woche mit einer Therapiegruppe im nahegelegenen Krankenhaus. Sie stammt aus dem mittleren Westen und lebt nunmehr an der Westküste. Sie masturbiert häufig und hat auch häufig sexuelle Phantasien.

Tagträume

Oh je – das könnte den ganzen Tag dauern!

Bei all meinen Phantasien handelt es sich um lustvolle frühere Erlebnisse, die sich in zwei Gruppen unterteilen lassen.

1. Ein aktiver männlicher Sexualpartner verführt mich auf der Stelle; ich bin alsbald befriedigt. Oralen Sex – 69 – wild, ausgelassen, sehr befriedigend – habe ich mit einem jüngeren Mann.

2. Ich bin passiv meinem Mann ausgeliefert – eine Vergewal-

tigungsszene – ich werde gewaltsam genommen und bin deshalb nicht zur Verantwortung zu ziehen. Dieser Mann ist eine Vaterfigur – ein Mann, mit dem ich früher einmal ein Verhältnis hatte.

Masturbationsphantasien

Erinnerungen an Erlebnisse, die ich früher einmal hatte – dabei kommt alles Mögliche vor.
Gelegentliche Phantasien, nachdem ich einen alten Bekannten wiedergetroffen habe: Wie groß mag sein Penis sein, welche Sexspiele könnten wir miteinander treiben usw.
Besonders schön: Ein kleiner, junger Mann bemüht sich um mich. (Mein Ehemann und mein Vater sind/waren große, aggressive, dominante Typen.)
Ich kann allein durch eine Phantasie zum Orgasmus kommen, ohne mich dabei mit den Fingern stimulieren zu müssen – ich finde das sehr gut.
Ich glaube nicht, daß das sexuelle Vorstellungsvermögen der Männer stärker ist als dasjenige, über welches ich verfüge – der »Trick« für uns Frauen besteht einfach darin, sich selbst zu akzeptieren und seine Gefühle als eine natürlich-menschliche Angelegenheit zu sehen. Anderen Kulturen ist das längst schon gelungen. Also weiter so!

Phantasien während des Geschlechtsverkehrs

Unpassend

Auch der Ehemann von Chris scheint seine Ehefrau nicht über Gebühr zu erregen. Sie weicht jedoch in ihrer Phantasie nicht auf einen vollkommen anderen Mann aus, sondern stellt ihn sich mit einer anderen Frau vor. Ein Grund für diese Phantasie ist in ihrer wenig selbstbewußten Einschätzung ihres eigenen Körpers zu suchen, den sie nicht für »sexy« hält. So tritt eine andere Frau an ihre Stelle, eine, die diese Eigenschaft hat.

Derartige Phantasien kommen auch bei vielen anderen verheirateten Frauen dieser Studie vor. Möglicherweise fällt hierbei der Wunsch einer Frau, mit einem allgemein begehrten Mann verheiratet zu sein, mit der sexuellen Erregung über einen anderen weiblichen Körper zusammen.

Einigen Frauen scheint es (wie es auch Chris beschreibt) besser zu gefallen, sich aus einer eher objektiven (als einer emotionalen) Perspektive heraus sexuell stimulieren zu lassen.

Chris

Chris ist eine 27jährige Studentin, die mit einem Doktoranden verheiratet ist. Sie erwartet ihr erstes Kind. Obwohl religiös erzogen, gibt sie als Religion »keine« an, und ihre ethnische Herkunft bezeichnet sie als Wasp. Sie masturbiert hin und wieder, hat gelegentlich sexuelle Phantasien und ist mit ihrem Sexualleben nicht zufrieden.

Tagträume

Im Augenblick tagträume ich nur selten; vor einer gewissen Zeit war das weitaus häufiger der Fall, als ich nämlich einen Professor hatte, der drauf und dran war, mich zu verführen. Ich mochte ihn auch, und obwohl wir uns (emotional) sehr nah kamen, habe ich doch niemals nachgegeben – aus verschiedenen Gründen. Meine Phantasie bestand im wesentlichen darin, mir vorzustellen, wie es wohl mit ihm sein würde, wie er es macht, und wo das Ganze stattfinden sollte, da er ja auch verheiratet ist. Ungefähr drei oder vier Monate habe ich jeden Tag an ihn gedacht; sonst interessierte mich nichts. Seitdem ich die letzten drei Monate nicht mehr aufs College gehe, sehe ich ihn nur noch selten, und meine Phantasien sind abgeflaut. Ich habe die ganze Zeit über nur mit meinem Ehemann geschlafen.

Ich hätte einige Male die Möglichkeit gehabt, meine Phantasien auszuleben, habe aber dann immer einen Rückzieher gemacht. Mein Äußeres macht mich unsicher, und da ich noch nie mit einem anderen Mann geschlafen habe, bin ich auch unsicher, was meine sexuellen Fähigkeiten und Techniken anbelangt. Ich vermute, daß ich jetzt seit drei Jahren keinen Orgasmus mehr mit meinem Mann gehabt habe, und fühle mich ungeschickt und unbeholfen, wenn ich an Sex mit einem anderen Mann nur denke.

Masturbationsphantasien

Meine Tagträume gehen meistens in Masturbation über. Früher muß ich noch andere Masturbationsphantasien gehabt haben, an die ich mich nicht mehr erinnern kann, denn ich masturbierte vom 19. Lebensjahr an.

Meistens denke ich beim Masturbieren daran, mit einer gesichtslosen Person zu vögeln. Ich denke dabei also an niemanden bestimmten. Oft konzentriere ich mich nur auf mich selbst und tue mir etwas Gutes an. In letzter Zeit habe ich auch lesbische Phantasien, wobei ich mir vorstelle, ich sei mit einer anderen Frau zusammen, die meine Klitoris leckt. Manchmal sind es auch zwei Frauen – die eine leckt mich, während ich es der anderen mit dem Mund mache. An andere Phantasien, in denen Frauen eine Rolle spielen, kann ich mich nicht erinnern. Eine Gelegenheit, diese Phantasie zu verwirklichen, würde ich wohl nicht wahrnehmen. Dazu bin ich zu ängstlich.

Phantasien während des Geschlechtsverkehrs

Wenn ich auch das Gefühl habe, daß Phantasien am häufigsten beim Geschlechtsverkehr auftreten, ist es bei mir nicht so. Obwohl ich zu meinem Mann ein enges und vertrauensvolles Verhältnis habe und ihn sehr liebe, werde ich doch nicht wirklich durch ihn erregt. Wenn ich nur während des Geschlechtsverkehrs mehr Phantasien entwickeln könnte, so würde das unser Sexualleben bestimmt beleben. Er ist sehr sinnlich und attraktiv, und ich brauche ihn mir nur mit einer anderen Frau vorzustellen, um in Erregung zu geraten. Ich weiß, daß ihm andere Frauen gefallen (und er ihnen); trotzdem hat er noch mit keiner anderen Frau geschlafen, seit wir verheiratet sind. Ich glaube beinahe, er könnte mich mehr erregen, wenn er es einmal tun würde.

Nach einigen Ehejahren hat die Sexualität zumindest den Reiz des Neuen verloren, falls das Verhältnis der Partner zueinander nicht sehr kreativ ist. Viele der Frauen, die befragt wurden, setzen bestimmte Fantasien ein, um in diesem Fall ihr Sexualleben kreativ zu bereichern.

Sexuelle Phantasien und Schwangerschaft

Ändern sich während der Schwangerschaft die Sexualphantasien einer Frau? Gibt es vielleicht sogar spezifische Schwangerschaftsphantasien?

Nach Masters und Johnson verändert sich das allgemeine sexuelle Interesse der Frau während der drei Phasen ihrer Schwangerschaft. Während der ersten drei Monate läßt sich bei vielen Frauen eine ambivalente Einstellung gegenüber der Sexualität beobachten. Sie sind mit neuen Gedanken und Gefühlen über ihr Baby vollkommen ausgelastet und befürchten, daß beim Koitus der Fötus verletzt werden könnte. Während der ersten Monate ist vielen Frauen am Morgen übel, sie schlafen nicht gut und werden oft von Müdigkeit geradezu übermannt. Ihr allgemeines Interesse der Sexualität gegenüber nimmt zu dieser Zeit ab, deshalb könnte man annehmen, daß die sexuellen Phantasien gleichzeitig nachlassen.

In der Zeit zwischen dem dritten und sechsten Monat erleben jedoch viele Frauen eine Steigerung ihres erotischen Interesses. Die Masturbationsrate wächst, und mit ihr die Phantasietätigkeit. Dieses Aufleben ihrer Sexualität mag viele Frauen und deren Partner überraschen. Doch rückt der Zeitpunkt der Geburt näher, verliert sich das sexuelle Interesse der Frau um den achten oder neunten Monat wiederum, weil sie sich auf das Kind und seine Geburt konzentriert. Die Phantasien, die während der letzten Monate der Schwangerschaft auftreten, können sich von denen aus der Zeit davor, als sie noch nicht schwanger war, sehr unterscheiden.

Die schwangeren Frauen, die einen der Fragebogen ausfüllten, paßten in der Regel in das von Masters und Johnson beschriebene Verhaltensschema. Auch wenn nicht immer ersichtlich war, in welchem Monat der Schwangerschaft sich diese Frauen jeweils befanden, scheinen sich ihre folgenden Antworten den Phasen entsprechend aufschlüsseln zu lassen.

Erste Phase (erste drei Monate)

Gerade habe ich erfahren, daß ich unser erstes Baby erwarte. Ich bin glücklich darüber, aber ich muß auch sagen, daß ich jedes Interesse an Sex mit meinem Mann verloren habe. Deshalb ist es schwierig für mich, meine Sexualphantasien zu beschreiben – denn das sind einfach nicht mehr die alten. Das hört sich vielleicht wie ein Schlagertitel an. . . Auf alle Fälle weiß ich momentan gar nicht, was mich erregen könnte oder nicht, und ob ich es überhaupt wollte. Ob das wohl allen Frauen so geht, wenn sie ein Kind bekommen – und wird es die nächsten sieben Monate so weitergehen? Dabei ist es wirklich nicht schlecht. Ich bin richtig aufgeregt über die Veränderungen, denen mein Körper und mein ganzes Leben unterliegen; aber welche Auswirkungen wird es wohl auf die Beziehung zu meinem Mann haben, wo ich doch so lustlos bin? Soll ich ihm etwas vormachen, oder wird er von sich aus Verständnis haben? Machen werdende Väter eigentlich ähnliche Phasen sexueller Abstinenz durch? Ich habe auch etwas Angst, weil es eine Menge Geschichten darüber gibt, wie z. B. diese, daß die Männer ihre erste Äffäre haben, wenn sich ihre schwangere Frau im Krankenhaus befindet.

Aber sonst fühle ich mich nicht schlecht; im Gegenteil, ich komme mir sehr gesund vor. Auch von der allmorgendlichen Übelkeit, von der immer geredet wird, habe ich noch nichts mitbekommen.

Die Phantasien, die ich beschreiben kann, hatte ich vor meiner Schwangerschaft. Vielleicht werde ich durch ihre Schilderung wieder etwas angeregt. Und wenn nicht, mache ich mich deswegen auch nicht verrückt.

Es ist gar nicht so einfach, sich sexy zu fühlen, wenn einem jeden Morgen schlecht wird und man den ganzen Tag über müde ist. Ich erwarte mein zweites Kind, und es passiert mir genau das gleiche wie in den ersten Monaten meiner vorigen Schwangerschaft. Es ist, als müsse sich der Körper auf die neue Situation erst einstellen, und so ist mein Interesse eher nach Innen als nach Außen gerichtet. Komische Sachen passieren einem! Seitdem ich schwanger bin, denke ich soviel an Sex wie eh und je, habe aber eigentlich keine Lust aktiv zu werden.

Zweite Phase (ungefähr vom vierten bis zum sechsten Monat)

Ich habe keine Ahnung, wie es geschehen konnte, aber neuerdings hat mein sexuelles Interesse wieder zugenommen. Es ist auf jeden Fall stärker als während der ersten Monate meiner Schwangerschaft. Auch meine sexuellen Phantasien haben wieder zugenommen – es sind haargenau die gleichen, die ich vor meinem »sexuellen Moratorium« hatte.

Es geht sexy in mir zu – irgendetwas hat sich verändert. Vielleicht bewirken das die Hormone, wer weiß? Da ich schon im sechsten Monat bin, habe ich nicht mehr so häufig Geschlechtsverkehr wie früher, dafür masturbiere ich viel! Meine Phantasien sind jetzt für mich wichtiger als je zuvor, vor allem auch beim Masturbieren.

Ich bin im fünften Monat schwanger – das erste Kind – und bin überrascht, daß ich nicht nur immer noch, sondern mehr als jemals zuvor, Lust auf Sex habe. Mein Mann und ich versuchen beim Koitus vorsichtig zu sein, damit nichts beschädigt wird. Meine Phantasien drehen sich weniger denn je um meinen Ehemann.

Als ich schwanger wurde, war es fast so, daß ich bewußt jeden Gedanken an Sexualität für die nächsten neun Monate streichen wollte. Zuerst ging das auch gut. Aber inzwischen bin ich fast nur noch geil. Mein Mann findet das ganz toll!

Dritte Phase (die letzten zwei oder drei Monate)

Der Geschlechtsverkehr scheint mir in dem fortgeschrittenen Stadium meiner Schwangerschaft allzu schmerzhaft (ich bin fast schon im achten Monat); daher masturbiere ich oft (oder mein Mann masturbiert mich). Die sexuellen Phantasien haben sich in die freie Natur verlagert. (Hängt das mit den natürlichen Veränderungsprozessen zusammen, denen ich unterliege?)

Ich bin gerade dabei, Baby Nr. 5 zu kriegen – und ich sage dir: Ein Kind zu bekommen, ist die schärfste Sache, die einer Frau überhaupt passieren kann. Ich bin mit Sex bis oben hin voll. Der normale Geschlechtsverkehr wird zwar schwieriger, aber mein Mann und ich haben den Bogen raus und andere Techniken entwickelt, uns zu befriedigen. Meine Phantasien haben sich mit der Zeit verändert – ich denke an die Pflege des Babies und sehne mich auch danach, mal wieder einen richtigen, tief eindringenden Geschlechtsverkehr zu haben.

Sexuelle Phantasien – sie machen wohl Witze! Ich watschle nur noch durch die Gegend, stets auf dem Sprung ins Krankenhaus! Nichts liegt mir zur Zeit ferner!!

Viele Frauen räumen in diesem Zusammenhang eine Ambivalenz ihrer Einstellung gegenüber der Sexualität ein. In gewisser Hinsicht sind ihre Körper aufregenden Veränderungen unterworfen, die einen ausgesprochen sexuellen Charakter haben. Ihre Brüste schwellen an, neue Gefühle steigen in ihnen auf, sie werden sich ihrer Körper bewußter. Gleichzeitig kann die emotionale wie physische Kommunikation mit dem Partner einer weitgehenden Veränderung unterworfen sein. Vieles in dieser veränderten Daseinsform ist »sexuell« im weitesten Sinne des Wortes, was die temporäre Abneigung gegen den herkömmlichen Geschlechtsverkehr nur verdeckt. Eine große Anzahl Frauen berichten davon, daß sie sich in ihrem Inneren ausgesprochen sexy fühlen, das aber nicht nach Außen kehren könnten, schon auf Grund ihres veränderten Aussehens nicht. Das kann zu einem Dilemma führen, das sich nicht nur praktisch, sondern auch auf die sexuelle Gedankenwelt auswirkt. Chris, im vierten Monat schwanger, schrieb:

In letzter Zeit habe ich auch lesbische Phantasien, wobei ich mir ausmale, mit einer anderen Frau zusammen zu sein, die meine Klitoris leckt. Manchmal sind es auch zwei Frauen – die eine leckt mich, während ich es der anderen mit dem Mund mache. An andere Phantasien, in denen Frauen eine Rolle spielen, kann ich mich nicht erinnern. Eine Gelegenheit, diese Phantasie zu verwirklichen, würde ich wohl nicht wahrnehmen. Dazu bin ich zu ängstlich.

Möglicherweise verstärken die spezifischen sexuellen Gefühle, die Chris während dieser Zeit entwickelt, zusammen mit ihrer ambivalenten Haltung ihrem Ehemann gegenüber, ihre lesbischen Phantasien. Vielleicht fühlt sie sich anderen Frauen auch einfach deshalb näher, weil sie die Erfahrung gemacht hat, daß Frauen in dieser Situation verständnisvoller auf sie eingehen konnten. Und sicherlich weckt die Vorstellung von Sex mit einer Frau, die ihre Klitoris mit der Zunge berührt, nicht solche Ängste wie der »normale« Geschlechtsverkehr, der den Fötus zu verletzen droht.

Oft ist die Schwangerschaft eine Zeit besonderer Nähe zwischen Mann und Frau; es kann aber auch das Gegenteil in Form einer deutlichen Distanzierung zwischen den Partnern eintreten. (Zu Zeiten einer emotionalen Distanz zu ihrem Partner pflegen viele Frauen nach einem anderen Mann Ausschau zu halten; dafür ist ausgerechnet die Periode der Schwangerschaft denkbar ungeeignet.)

Wir stellten hier die sexuellen Phantasien einer bestimmten Frau dar; sie mögen sich von den Phantasien anderer Frauen unterscheiden. Wir können aber getrost davon ausgehen, daß neben den physischen Veränderungen, die eine Frau in dieser Zeit durchmacht, auch das Gefühl, ein Baby zu bekommen, ihre sexuellen Reaktionen ebenso bestimmt, wie die vielfältigen Faktoren, die sich aus ihrer Beziehung zu ihrem Partner ergeben.

Ein Potpourri der Phantasie

Die in diesem Kapitel vorgestellten Phantasien ließen sich unter alle möglichen Kategorien subsumieren. In ihrer Gesamtheit ermöglichen sie einen – wie ich meine – faszinierenden Überblick. Er reicht von Terris bisexuellen Vorstellungen über Sharons Suche nach Geborgenheit bis hin zu Lilas Darstellung ihres Ausbruchs aus einer »sexuellen Eiswüste«.

June

June ist eine 50jährige Witwe und Mutter von fünf Kindern. Sie besuchte einige Jahre das College, ist Mitglied der baptistischen Kirche, und hat schon an allen möglichen Orten innerhalb der USA und im Ausland gewohnt. Die längste Zeit jedoch lebte sie an der Westküste. Sie hat selten sexuelle Phantasien und masturbiert auch nicht häufig, dabei ist sie mit ihrem Sexualleben zufrieden.

Tagträume

Manchmal durchlebe ich in meiner Erinnerung den gesamten Ablauf – angefangen damit, daß ich einem Mann beim Entkleiden behilflich bin, bis hin zum Orgasmus. Normalerweise ist mein Partner dabei jemand, zu dem ich schon früher eine Beziehung hatte, dann tauchen auch einige Erinnerungsfetzen auf: Ich fühle seinen Penis, der in meiner Hand anschwillt, ich küsse seinen Bauch und sein Geschlecht, ich spüre, wie sein Penis in mich eindringt. Das sind allerdings nur einige Beispiele – eine solche Aufzählung ließe sich ohne

Schwierigkeiten noch lange fortsetzen. Früher führten meine Tagträume oft zur Masturbation – ich setzte sie durchaus absichtlich dazu ein. Inzwischen habe ich derartige Tagträume nur noch selten, ich brauche sie nicht mehr.

Masturbationsphantasien

Sie ähneln sehr meinen Tagträumen – beziehen sich also immer auf eine Person, mit der ich tatsächlich eine Beziehung unterhielt. Meine Einbildungskraft ist stark ausgeprägt, und so kann ich beinahe wirklich die Hand spüren, die mich streichelt, oder die Zunge, die meine Klitoris reizt usw. Ich habe niemals häufig masturbiert, weil ich sexuell immer ausgelastet war.

Der Tagtraum ging immer dann in die Masturbation über, wenn mein Verlangen groß und kein Mann erreichbar war. Bisher habe ich noch nicht wieder geheiratet, doch habe ich mit dem Mann, den ich zu heiraten gedenke, eine sexuell sehr befriedigende Beziehung aufgebaut, so daß ich zur Entspannung auch keine Masturbation benötigen werde.

Phantasien während des Geschlechtsverkehrs

Ich glaube, ich phantasiere nur selten während des Geschlechtsverkehrs. Ich bin nicht sehr gehemmt, und wenn ich etwas gerne tun möchte, dann mache ich es auch; oder wenn er etwas unternehmen soll, so schlage ich ihm das auch offen vor. Wenn diese meine Ideen Phantasien sein sollen, dann treten sie nur vereinzelt auf und nur für einen Augenblick. Sie stehen auch in keinem sinnvollen Zusammenhang. Die Reaktion folgt fast automatisch meinem Gedanken. Ist ein Mann zur Hand, sollte man nicht lange phantasieren, sondern gleich zur Tat schreiten! In dieser Situation stelle ich auch keine Vergleiche an. Ich konzentriere mich vollständig darauf, uns beiden hier und jetzt möglichst viel Vergnügen zu bereiten.

Sehr gut gefielen mir auch Junes offenherzige Kommentare, die sich auf die sexuelle Erregung bezogen, die sie empfand, als sie ihre Sexualphantasien niederschrieb. Man stelle sich vor, was da ein ganzes Buch bewirken kann!

Melissa

Melissa ist eine 29jährige College-Absolventin aus der weißen Mittelschicht. Sie hat sich scheiden lassen und arbeitet z. Zt. als Laborassistentin in einer Stadt an der Ostküste. Sie masturbiert hin und wieder und entwickelt gelegentlich sexuelle Phantasien. Mit ihrem Sexualleben ist sie zufrieden.

Tagträume

Tagsüber habe ich ab und zu sexuelle Phantasien. Meist drehen sie sich um schöne Erlebnisse, die noch nicht lange zurückliegen. Unter gewissen Umständen gehen sie in die Masturbation über.

Masturbationsphantasien

1. Ich denke an ein Erlebnis, das tatsächlich stattgefunden hat.
2. Ich verführe einen jungen Mann (Teenager) – habe ich bis jetzt noch nicht erlebt.
3. Unbekannte Männer lieben mich an verbotenen Orten, in Büros, Fahrstühlen, Treppenhäusern usw.
4. »Lustgärten«, in denen jedermann nackt herumläuft und sich alle miteinander paaren, wobei die Initiative von den Frauen ausgehen müßte.
5. Eine andere Frau lieben; das habe ich noch niemals ausprobiert, obwohl ich es gern möchte. Wenn es aber nicht klappen sollte, wäre ich auch nicht allzu enttäuscht.

Michele

Michele ist 29 Jahre alt und arbeitet als Sozialarbeiterin in einer psychiatrischen Klinik. Sie stammt aus der weißen Mittelklasse Neuenglands. Sie ist alleinstehend, mit ihrem Sexualleben zufrieden und masturbiert gelegentlich. Die Phantasien, denen sie sich öfter hingibt, weisen einen besonders interessanten Aspekt auf.

Tagträume

In meinen Tagträumen wiederhole ich kurze Zeit zurückliegende sexuelle Erlebnisse; z. B. das Liebesspiel der letzten Nacht. Manchmal projiziere ich auch eine momentane Beziehung in die Zukunft (zukünftige Ereignisse mit dem momentanen Partner, nicht unbedingt sexueller Natur). Ich entwickle solche Phantasien fast täglich. Habe ich es mit einer Person zu tun, die mich verwirrt oder die mir sehr distanziert erscheint, frage ich mich manchmal flüchtig (solch ein Gedanke ist so schnell vorbei, daß ich ihn kaum als Phantasie bezeichnen möchte), wie sein Sexualleben wohl aussehen mag.

Masturbationsphantasien

In der Regel denke ich dabei an zurückliegende sexuelle Ereignisse und/oder irgendwelche pornographischen Darstellungen.

Meistens konzentriere ich mich auf einen Partner, gelegentlich auch auf mehrere (obwohl ich so etwas noch nicht erlebt habe). Normalerweise denke ich dabei an männliche Partner, unter Umständen auch an weibliche.

Interessanterweise handelt es sich hierbei nicht um Leute, die ich von irgendwoher kenne, sondern um Fremde, die ganz normal aussehen, also keine Filmschönheiten usw.

Meine masturbatorischen Aktivitäten haben in der letzten Zeit etwas nachgelassen. Diesbezügliche Phantasien tauchen nur noch ab und zu auf. Ich habe auch nicht das brennende Verlangen, sie in die Tat umzusetzen. So denke ich einfach daran, einen Mann zu verführen, der zuvor nur geringes Interesse an mir bekundete, und den ich dann verrückt mache – eine Geschichte, die mir so meines Wissens noch nie passiert ist, die ich aber gerne einmal erleben würde.

Phantasien während des Geschlechtsverkehrs

Ich habe bei mir niemals eine Phantasie während des Geschlechtsverkehrs wahrgenommen. Mein Bewußtsein konzentriert sich ganz auf das, was mit meinem Körper vorgeht, und ich erlebe es ganz intensiv. Ich hielt mich immer für einen Menschen, der über ein recht umfangreiches Spektrum sexueller Phantasien verfügt. Wenn ich aber sehe, was ich hier so aufs Papier gebracht habe... Es ist wohl so, daß meine alltäglichen Phantasien mehr um Erfolg und Leistung bei der Arbeit kreisen oder um finanzielle Dinge, und nicht so sehr um offensichtlich sexuelle Angelegenheiten.

Nach Freud beinhalten die weiblichen Sexualphantasien eher emotionale und erotische Gegenstände, während die abstrakteren Leistungs- und Machtphantasien den Männern vorbehalten bleiben (sogenannte egoistische Phantasien). Mehrere männliche Psychologen haben mir bestätigt, daß sich viele männliche Phantasien auf Macht, Leistung und Karriere beziehen – manchmal deutlich von den erotischen Vorstellungen getrennt, oft aber auch in sie einbezogen. So kann ein Mann davon träumen, eine Frau sexuell zu erobern (was etwas mit Macht zu tun hat) bzw. von einer Frau sexuell begehrt zu werden, weil er es zu Wohlstand und Erfolg gebracht hat. Einer der von mir befragten Psychologen erzählte mir, daß er von Macht und Karriere phantasiert, wenn er nach einem Orgasmus im Bett liegt.

Micheles Äußerungen beweisen, daß ein Potential von »egoistischen Phantasien« ebenso bei Frauen anzutreffen ist. Ganz offensichtlich beschränken sich derartige Phantasien nicht auf Männer, sondern sind bei einem jeden Menschen anzutreffen, der seine Interessen in unserer Leistungsgesellschaft verfolgt.

Anita

Anita ist 42 Jahre alt, Lehrerin von Beruf und lebt in einer Stadt an der Ostküste. Sie ist geschieden, hat ein Kind; über ihre ethnische Abstammung gibt sie keine Auskunft. Sie gehört keiner Religionsgemeinschaft an.

Tagträume

Nur sehr selten; etwas genaueres fällt mir dazu nicht ein.

Masturbationsphantasien

Ich stelle mir einen Mann oder mehrere Männer vor, die mich masturbieren. Meine Phantasien gehen über das, was sich in meinen Beziehungen abspielt, nicht hinaus. Das schließt anale und orale Spiele sowie Brust- und Vaginalstimulation mit ein.

Phantasien während des Geschlechtsverkehrs

Keine. Ich teile aber meine Wünsche meinem Partner mit. P.S. Ich verstehe die Absicht ihrer Studie, kann aber nichts zu ihr beitragen – meine Wünsche erfüllen sich meistens. Mein Problem besteht darin, daß ich nur sehr selten Geschlechtsverkehr habe. Das liegt daran, daß ich immer nur Partner auswähle, mit denen ich auch sonst gut kommunizieren kann. Das Ergebnis ist seltener (ungefähr einmal im Monat), aber guter Sex.

Anita betont die Bedeutung der Kommunikation, des richtigen Partners und der Umgebung für »guten Sex«. Viele, wenn nicht fast alle, Frauen denken so. »Guter Sex« beinhaltet schließlich weitaus mehr als nur physiologische Vorgänge; denn erst die Qualität und der Grad der Vertrautheit innerhalb einer Beziehung entscheiden letztlich über die physiologischen Vorgänge. In den vorhergehenden Kapiteln hat sich gezeigt, daß ein emotionales Sich-Miteinander-Einlassen weitaus größere sexuelle Befriedigung bewirkt als stundenlanges Herumturnen zwischen vereinsamten Fremden, die sich gegenseitig doch nur »hungrig« und unbefriedigt zurücklassen. Ich nehme an, daß Anita der Ansicht ist, Qualität müsse vor Quantität gehen. Natürlich wäre es noch besser, beides zu haben.

Sylvia

Sylvia ist eine 22jährige Psychologiestudentin, die die meiste Zeit ihres Lebens im tiefen Süden verbrachte. Sie entstammt einer bildungsbürgerlichen Familie; eine Religionszugehörigkeit gibt sie nicht an.

Sie masturbiert gelegentlich, kommt auf diese Weise aber nicht zum Orgasmus (was ihr beim Geschlechtsverkehr fast immer gelingt). Sie ist mit ihrem Sexualleben zufrieden und hat häufig sexuelle Phantasien.

Tagträume

Nach einem Schiffbruch finde ich mich schwach und mutterseelenallein auf einer kleinen tropischen Insel wieder. Ich entdecke Süßwasser, und während ich in dem kleinen See bade, tauchen plötzlich einige Männer auf, die auch schiffbrüchig sind. Bei ihrem Anblick renne ich erschreckt davon. Sie holen mich jedoch ein, sind sehr freundlich und nett zu mir und machen einen attraktiven Eindruck. Wir bleiben zusammen und lieben uns. (Manchmal nehmen sie mich mit Gewalt, oder ich mache Liebe mit drei oder vier Männern auf einmal.) Diese Phantasie taucht oft bei mir auf; sie überschneidet sich auch nicht mit anderen Phantasien; ich habe sie niemals erlebt, wäre aber nicht abgeneigt.

Da ist ein Mann, der mich küßt, mich überall leckt – selbst meine Fingernägel. Mein Körper gerät in wilde Zuckungen, er bewegt sich ganz stark mit dem Körper des Mannes, es ist für ihn wie für mich ein ekstatisches Vergnügen, ein Orgasmus folgt dem anderen.

Ich tauche den Penis eines Mannes in Schokoladensirup, Honig oder Champagner und lecke ihn ab.

Diese Phantasie habe ich gegenwärtig gelegentlich; sie überschneidet sich nicht mit anderen Phantasien; erlebt habe ich sie noch nicht; ich würde aber gern einmal so etwas machen.

Bestimmte Umgebungen scheinen mir verlockend: ein großer Heuhaufen, ein Berg von Federn, ein Gebirgsgipfel, um den der Wind pfeift, unter Wasser in einem See – überall dort möchte ich es gern einmal treiben.

Ich möchte ganz mit Schlagsahne bedeckt sein, die von Männern und Frauen dann abgeleckt wird.

Masturbationsphantasien

Meine Lieblingsphantasie: Der starke Finger einer Männerhand reizt meine Klitoris.

Diese Vorstellung hat sich bei mir permanent gehalten, sie überschneidet sich ebenfalls nicht mit anderen, ich habe sie tatsächlich schon erlebt und wünsche es mir immer wieder.

Ich stelle mir vor, wie ein Mann seinen Penis gegen meinen Bauch und mein Geschlechtsteil preßt (sonst wie oben). Ich renne wie verrückt am Strand herum, wälze mich im Sand, das Meer rauscht, wir ficken. (Diese Phantasie tritt nur gelegentlich auf, manchmal auch beim Koitus. Ich würde sie gern einmal verwirklichen.)

Ich will von Küssen geradezu erstickt werden, die von vielen Männern stammen, die mich gleichzeitig streicheln.

Phantasien während des Geschlechtsverkehrs

Ich versuche mir vorzustellen, wie mein Körper, der sich hin und her bewegt, auf einen Betrachter wirken könnte. (Diese Phantasie habe ich immer; keine Überschneidungen mit anderen Phantasien, ich mache es immer wieder gerne.)

Ich stelle mir vor, Männer dadurch zu erregen, daß ich ganz dicht an sie herangehe und ihnen tief in die Augen schaue.

(Diese Phantasie habe ich hin und wieder, mitunter auch beim Masturbieren. In abgeschwächter Form habe ich sie auch schon erlebt, und ich möchte sie gern noch einmal erleben.)

Ich stelle mir einen Penis tief in meinem Körper versenkt vor; er ist groß und warm und scheint elektrisch aufgeladen zu sein. (Phantasie tritt jedesmal auf, keine Überschneidungen, erlebt und genossen.)

Mitunter kommt mir eine Orgie in den Sinn: Zwei Männer und eine Frau oder zwei Frauen und ein Mann befriedigen sich gegenseitig. (Diese Vorstellung taucht gelegentlich auf; ich habe dies noch nicht gemacht, hätte aber Lust dazu.)

Die Bewegungen des eigenen Körpers während des Geschlechtsverkehrs – Sylvia berichtet davon – scheinen die Phantasie vieler Frauen (und vermutlich auch vieler Männer) zu beschäftigen. Einige Frauen öffnen während des Koitus ihre Augen, um sich am Zusammenspiel der beiden Körper zu ergötzen – sie empfinden diesen Augenblick als ebenso schön wie aufregend.

Terri

Terri ist eine 22jährige Lesbierin, die sexuelle Beziehungen zu Frauen bevorzugt, obwohl sie auch schon welche zu Männern aufgenommen hat. Als ethnische Herkunft gibt sie »typisch Wasp« an; sie hat einen College-Abschluß und arbeitet in der Justizverwaltung. Sie ist alleinstehend, aktive Protestantin und lebt an der Westküste.

Ihrer Auskunft zufolge masturbiert sie häufig, hat manchmal Sexualfantasien und ist mit ihrem Sexualleben zufrieden.

Tagträume

Zuallererst möchte ich darauf hinweisen, daß ich lesbisch bin. Sexuelle Beziehungen mit Männern habe ich nur selten. Wenn ich eine attraktive Frau zu Gesicht bekomme, träume ich normalerweise davon, wie es wohl wäre, sie anzufassen und ihr Gesicht, ihren Hals und ihre Hände zu küssen. Schließlich würde meine Zunge ihren ganzen Körper liebkosen, wobei sie langsam immer tiefer gleiten müßte... Ein anderes Mal denke ich an eine Freundin, mit der ich früher oft zusammen war und mit der es großen Spaß gemacht hat. Ich stelle mir vor, wie schön es war, als wir unsere Geschlechtsteile aneinander rieben, oder auch einfach nur an die beglückende Situation, zusammen im Bett zu liegen und sich in den Armen zu halten. Nach solchen Gedanken wächst in mir immer das Bedürfnis nach einem physischen Liebesakt... Derartige Phantasien treten sehr häufig bei mir auf; sie haben jedoch nichts mit meinen Masturbationsphantasien oder den koitalen Phantasien zu tun.

Masturbationsphantasien

Zur Masturbation gebrauche ich einen kleinen Gegenstand aus Plastik. Anfangs sind meine Gedanken nicht auf etwas Sexuelles gerichtet, dann aber werde ich richtig naß und nähere mich dem Orgasmus, wobei ich mir einen sehr attraktiven Mann vorstelle. Dabei handelt es sich immer um einen der Männer, die ich gut kenne, und mit denen ich mich vielleicht schon einmal eingelassen habe. Je dichter ich an den Höhepunkt gelange, desto tiefer dringt in meiner Phantasie sein Penis in mich ein.
Manchmal verändern sich im Laufe dieser Vorstellung die Gesichter der Männer.
Manchmal bin ich auch mit mehreren Männern zusammen, die mich gemeinsam nehmen, nachdem sie mich alle zärtlich liebkost haben.

Bin ich mit einer Frau zusammen, konzentriere ich mich ausschließlich auf unsere unmittelbaren Wünsche und auf das, was wirklich passiert. Solche Augenblicks-Erfahrung füllt mich vollständig aus.

Bin ich mit Männern zugange, habe ich meistens den Wunsch, es mit einer Frau zu machen, da Männer in mir einfach nicht das richtige Gefühl wachzurufen vermögen. Meine Gefühle, Wünsche und Motivationen sind in diesem Zusammenhang arg reduziert (es ist halt einfach nichts da).

So denke ich also daran, wie schön es das letzte Mal mit meiner Freundin gewesen ist, dann kommt es ihm endlich und ich suche das Weite. Sex mit Männern bedeutet mir nichts mehr, nachdem ich ihn mit Frauen erleben konnte.

Wie viele Frauen, die sexuelle Beziehungen zu anderen Frauen aufgenommen haben, unterstreicht Terri die emotionale Qualität einer solchen Beziehung, welche mit den Männern in ihren Augen einfach nicht zu erreichen ist. Selbstverständlich ist es unter den herrschenden gesellschaftlichen Verhältnissen Frauen weitaus eher möglich, ihre Gefühle auch offen zu zeigen, als das bei Männern der Fall ist. Terri hat, aus welchen Gründen auch immer, zu Männern keine enge und liebevolle Beziehung aufnehmen können. Diese negative Erfahrung scheint die Züge einer »Selffulfilling Prophecy« anzunehmen – indem sie das negative Resultat ihrer Erfahrungen zu deren Voraussetzung erklärt. In diesem Zusammenhang ist es interessant, daß sich ihre Masturbationsphantasien ausschließlich um Männer zu drehen scheinen, zu denen sie eine physische Beziehung aufzunehmen versucht.

Pat

Pat ist eine 30jährige Sozialarbeiterin, die in einer Stadt an der Ostküste lebt. Sie wuchs in einer schottisch-irischen Arbeiterfamilie auf, ist aktives Mitglied der Methodistengemeinde und hat sich gerade scheiden lassen.

Sie masturbiert oft und entwickelt häufig sexuelle Phantasien. Mit ihrem Sexualleben ist sie allerdings unzufrieden.

Tagträume

Ich denke oft daran, mit attraktiven Männern, denen ich auf der Straße begegne, Sex zu machen. Oder auch mit mehreren Männern gleichzeitig. In solchen Augenblicken (das gilt ebenso für Masturbation wie den Geschlechtsverkehr) wünsche ich mir einen aggressiven Liebhaber, der mir ruhig auch einmal weh tut, mit dem es dann allerdings lieb und zärtlich endet. So alle zwei, drei Monate steigt dieser Gedanke in mir hoch. Ich war auch schon mit zwei Männern auf einmal zusammen, aber es war nicht sehr befriedigend, da der eine furchtbar lahm war. Ich würde diese Geschichte lieber mit zwei aggressiven Männern erleben.
Ich habe über eine Beziehung zu einer Frau phantasiert, nachdem ich einen Film hierüber gesehen hatte. Ich habe so etwas in Wirklichkeit nie erlebt, würde es aber gern, wenn ich jemanden träfe, der mich in dieser Hinsicht anregen könnte.

Masturbationsphantasien

Wenn ich nicht ausgesprochen geil bin, phantasiere ich nicht während der Masturbation. Wenn ich es tue, konzentriere ich mich auf eine bestimmte Person, von der ich mir totale Befriedigung verspreche. Wie ich schon sagte, kreisen meine Träume um einen Partner, der irgendwie schon sadistisch, gleichzeitig aber auch liebevoll ist.

Phantasien während des Geschlechtsverkehrs

Auch während des Geschlechtsverkehrs habe ich nur wenige Fantasien. Sie hängen vom jeweiligen Partner ab. Handelt es sich nicht um meinen besten Freund, der mich vollkommen befriedigt, muß ich dabei an ihn denken. Ansonsten stelle ich mich einfach auf die momentane Situation, auf das Hier und Jetzt, ein.

Pats Vorliebe für eine »zuerst sadistische und anschließend liebevolle« sexuelle Beziehung resultiert vielleicht aus weit zurückliegenden Erlebnissen (nicht unbedingt sexueller Art) mit ihrem Vater oder einem älteren Bruder. Oft fällt es einem Mann schwer (zumal wenn er aus proletarischen Verhältnissen stammt), seine Zuneigung zu seiner Tochter oder Schwester offen zu zeigen, weil ihm das leicht den Ruf des »Unmännlichen« einbringen kann. Deshalb zeigen sie diese Zuneigung, ja sogar sexuelle Gefühle, häufig nur indirekt. Das kann soweit führen, daß ein Mann einen Streit provoziert und seine Tochter schlägt, nur um dann einen Grund zu haben, sie zu trösten und ihr so seine Zuneigung zu beweisen. Viele Frauen, die in ihrer Kindheit mit einem derartigen Verhalten konfrontiert wurden, sind darauf später gleichsam konditioniert. Es ist durchaus möglich, daß sie diese Art von Zuwendung auf andere Männer übertragen.

Sharon

Sharon, eine 32jährige Therapeutin, ist deutsch-jüdischer Herkunft. Sie ist ledig und lebt in einer Stadt an der Ostküste.

Sie masturbiert hin und wieder, beschäftigt sich häufig mit Sexualphantasien und ist mit ihrem Sexualleben nicht zufrieden.

Tagträume

Nach einem Autounfall tröstet mich ein Mann, den ich zufällig mitgenommen habe, der mir aber bis dahin kaum Beachtung schenkte. Ich imponiere ihm durch mein intellektuelles Wissen und Verhalten oder nehme es mit jemandem auf, den wir beide nicht leiden können, wobei ich aber niemals grob werde, was einen großen Eindruck auf ihn macht.

Natürlich möchte ich so etwas nicht erleben, schon weil es mit einem Unfall zusammenhängt – vielleicht verbergen sich dahinter auch meine Ängste.

Masturbationsphantasien

Ich masturbiere nur nachts im Bett. Meist benutze ich eine Unterhose als Penisersatz.

In meinen Phantasien bin ich regelmäßig physisch außer Gefecht gesetzt; und dann übernehme ich meist die Rolle des Mannes – fast immer ist es ein bestimmter Fernsehschauspieler.

Wahrscheinlich suche ich durch diese Phantasie mehr geistige und emotionale Liebe, als Männer und Frauen in der Wirklichkeit zu bieten vermögen. Was ich bräuchte, wäre emotionale Unterstützung während meiner Lebenskrisen. Meistens sind meine Phantasien in Schwarzweiß gehalten.

Phantasien während des Geschlechtsverkehrs

Ich übe nur selten Geschlechtsverkehr aus, und habe dabei kaum irgendwelche Phantasien.

Mitunter habe ich den Wunsch, mit jemanden anders zusammenzusein, und manchmal stelle ich mir vor, ich selbst sei jemand anderes.

Auch einige von Sharons Phantasien thematisieren Situationen, in denen sie zuerst verletzt und anschließend getröstet wird. Sie geht noch einen Schritt über Pats Verletzungsphantasie hinaus, wenn sie sich durch äußere Einflüsse (Autounfall) vollständig entkräftet sieht. (Interessant ist in diesem Zusammenhang, daß sie zumindest teilweise die Rolle des Mannes übernimmt.)

Vielleicht war sie in ihrem Leben Männern in Krisensituationen immer am nächsten, nämlich dann, wenn sie starker emotionaler Unterstützung bedurfte bzw. sie selber gewähren mußte.

Sharon erwähnt, daß sich ihre Masturbationsphantasien wie in einem Schwarzweißfilm abspielen. Im Mangel an Farben spiegelt sich womöglich die Gefühlsarmut ihrer Phantasien wider. Irgendwie wirken die Menschen, die in ihren Phantasien auftauchen, ohnmächtig und unfertig, so als ob bei ihnen Seele und Körper nicht zueinander finden könnten. Sie selbst ist zwar noch nicht in einer solchen Situation, aber sie erinnert in gewisser Hinsicht wirklich an einen »Fernsehschauspieler«, der in einem Schwarzweißfilm agiert.

Robin

Robin ist 21 Jahre alt, besucht das College (ein Examen) und hängt dem orthodox-jüdischen Glauben an. Sie lebt alleinstehend.

Sie masturbiert selten und phantasiert nur wenig; mit ihrem Sexualleben ist sie zufrieden.

Tagträume

Ein Tagtraum kehrt regelmäßig wieder: Ein Paar (Mann und Frau) lebt eine äußerst emotionale sexuelle Beziehung aus. Diese Phantasie, die ein früheres Erlebnis von mir thematisiert, taucht gegenwärtig häufig auf, ohne sich jedoch mit meinen Masturbationsphantasien zu überschneiden.

Masturbationsphantasien

Am häufigsten stelle ich mir einen masturbierenden Mann vor, der wirklich sexuell erregt ist.

Andererseits kommt mir dieser Gedanke nicht allzuoft; manchmal tritt er auch als koitale Phantasie auf. Ich habe das niemals wirklich erlebt.

Sonst denke ich nur noch ab und zu an einen Mann, der mitten in der Nacht sexuell erregt aufwacht.

Diese Phantasie habe ich nur selten; ich habe diese Situation schon einmal mit einem Mann, der bei mir übernachtete, erlebt; diese Phantasie steht für sich und geht in keine andere über.

Die meisten dieser Phantasien habe ich eben schon erwähnt. Manchmal stelle ich mir vor, wie mein Sexualpartner die Kontrolle über sich verliert, weil er einfach zu erregt ist. Ich habe so etwas noch niemals wirklich erlebt; es wäre sicher sehr interessant.

Robin gehört zu den wenigen Frauen, welche die männliche Masturbation überhaupt erwähnen. Während jedoch Robin nach ihren eigenen Worten bisher noch keinen masturbierenden Mann zu Gesicht bekam, knüpfen die anderen Frauen ihre Phantasien an Erinnerungen, in denen sie ihren Partnern wirklich bei der Masturbation zuschauen konnten. Sie alle fanden diesen Einblick in die »Intimsphäre des Mannes« sehr aufregend und behaupteten, dadurch sexuell stimuliert worden zu sein.

Katherine

Die 48jährige geschiedene Katherine hat drei Kinder und arbeitet in der psychiatrischen Gesundheitsvorsorge. Als ethnische Herkunft gibt sie »englisch« an; sie stammt aus einer ländlichen Gemeinde an der Westküste.

Sie ist z. Zt. mit ihrem Sexualleben unzufrieden, sie masturbiert hin und wieder und hat auch nur gelegentlich sexuelle Phantasien.

Tagträume

Gelegentlich habe ich solche Träume, die auch zur Masturbation führen können, aber nicht müssen. Eigentlich sind es nur zwei unterschiedliche Vorstellungen, und beide haben mit meiner Vergangenheit zu tun. Die erste bezieht sich auf einen Mann, der damals 21 Jahre alt war: Er war derjenige, von dem ich immer glaubte, ich müsse ihn heiraten. Es kam dann doch nicht dazu. Ich erinnere mich an unsere ersten sexuellen

Kontakte, die von Anfang bis Ende nur schön und zärtlich waren. Und ich denke daran, wie alles weitergegangen wäre, hätte er nicht bei der Landung in der Normandie sein Leben verloren... Manchmal stelle ich mir vor, ich würde ihn plötzlich wiedersehen und wieder mit ihm schlafen. Doch diese Phantasie verblaßt immer mehr im Laufe der Zeit.

Der andere Tagtraum handelt von einem bekannten Bezirksbeamten – er ist verheiratet, und vor acht Jahren weigerte ich mich, mich mit ihm auf eine Affäre einzulassen. Auf Grund meiner Arbeit treffen wir uns immer noch hin und wieder, und dieser »tierische Magnetismus« zwischen uns besteht fort. Wenn sich eine Gelegenheit ergäbe, würde ich meine diesbezüglichen Phantasien inzwischen gern realisieren. Ich stelle mir dann ein einsames Versteck in den Bergen vor, wo wir beide einen ganzen Tag – und vielleicht noch die anschließende Nacht – lang den Zwängen unserer Arbeit entkommen und ohne Hast oder Angst, entdeckt zu werden, gegenseitig unsere Sexualität erforschen könnten. Ich habe inzwischen nach all den Jahren das Gefühl, einer solchen Situation wirklich gewachsen zu sein und es würde mir einfach Freude bereiten, wenn sie möglich werden könnte.

Masturbationsphantasien

Ich habe manchmal über Geschlechtsverkehr mit meinem Vater phantasiert; allerdings erst, nachdem er zwanzig Jahre tot war und ich meine Scheidung hinter mir hatte. Zu dieser Zeit war das wohl nicht mehr allzu erschreckend für mich – ich habe in dieser Hinsicht wirklich nur sehr geringfügige Schuldgefühle. Normalerweise findet das ganze zu einer Zeit statt, da Mutter aus dem Hause ist (oder besser: war). Ich schenke Vater noch ein oder zwei Brandy mehr ein, als er gewöhnlich trinkt, und nachdem ich ein Bad genommen habe, kehre ich, nur mit meinem Morgenmantel bekleidet, in das Wohnzimmer zurück und verführe ihn, indem ich mich auf seinen Schoß setze und ihn so weit bringe, daß er jegliche Kontrolle verliert, mich zum Bett führt und mich dort liebt.

Manchmal phantasiere ich auch nur bloß, bei irgendeiner Zusammenkunft oder während einer Reise einem Mann zu begegnen, mit dem ich eine sexuelle Beziehung eingehe; doch entspricht das kaum den Anforderungen, die ich sonst im Leben an eine Beziehung stelle.

Phantasien während des Geschlechtsverkehrs

Ich kann mich nicht erinnern, jemals sexuelle Phantasien während des Geschlechtsverkehrs gehabt zu haben. Ich habe von mir immer das Gefühl gehabt, sexuell gewissermaßen gesund zu sein, mich normal zu verhalten. Ich war, solange ich denken kann, der Ansicht, daß Sexualität eine unheimlich schöne Angelegenheit ist, die es sich zu genießen lohnt. Sicher war ich dazu nicht immer in der Lage; manchmal war ich zu abgespannt, zu erschöpft oder was weiß ich – aber im großen Ganzen empfand ich es immer als sehr schön und konzentrierte mich dabei stets vollständig auf meinen Partner und nicht auf irgendwelche Phantasien.

Katherine gehört zu den wenigen Frauen, die die sexuelle Dimension ihrer Fixierung an ihren Vater bewußt verarbeitet haben. Dieser relevante Bestandteil unserer psychosexuellen Entwicklung wird zwar von den meisten Frauen dunkel erahnt, aber nur selten offen ausgesprochen.

Ellie

Die mit einem Maschinisten verheiratete Ellie ist Hausfrau und hat drei Kinder aufgezogen. Sie stammt aus einer jüdischen Mittelschichtsfamilie und lebt an der Westküste. Sie ist 53 Jahre alt und hat einen College-Abschluß.

Sie masturbiert nicht mehr, hat nur sehr selten sexuelle Phantasien und ist mit ihrem Sexualleben zufrieden.

Tagträume

Sind mir keine bewußt

Masturbationsphantasien

Vor vielen Jahren habe ich mal eine Zeitlang masturbiert. An Fantasien kann ich mich in diesem Zusammenhang nicht mehr erinnern.

Phantasien während des Geschlechtsverkehrs

Eine bestimmte Straße oder Örtlichkeit, die sich auch verändern können, kommen mir dabei manchmal ins Gedächtnis. Diese Phantasie hat aber anscheinend nichts mit Erotik zu tun.

Es sieht so aus, als ob Ellie die meisten ihrer sexuellen Gedanken und Gefühle erfolgreich unterdrückt. »Erfolgreich« deshalb, weil sie mit ihrem Sexualleben zufrieden zu sein scheint. Ihre Phantasie während des Geschlechtsverkehrs finde ich besonders interessant. Verbindet sie mit den Orten, an die sie denkt, frühere sexuelle Wunschvorstellungen oder Erlebnisse? Oder verbirgt sich dahinter der Versuch, die Gedanken an den Geschlechtsverkehr mit Hilfe nichterotischer, neutraler Gegenstände zu verdrängen? In der Vorstellung gewisser »Örtlichkeiten« kann sich ein Schuldgefühl ausdrücken – vielleicht hatte Ellie einmal ein sexuelles Erlebnis in einem der Häuser jener Straße, an die sie manchmal denkt. Aus irgendeinem Grund verbietet sie sich, an diesen Zwischenfall zu denken; deshalb ist es ihr auch nicht möglich, eines dieser Häuser zu betreten; sie bleibt vielmehr symbolisch auf der Straße stehen, die sich in ihrem Gedächtnis vor das eigentliche Geschehen schiebt.

Ellie gibt keine detaillierten Informationen, auf Grund derer sich ihre Phantasie über »Örtlichkeiten« näher interpretieren ließe. Die Frage stellt sich, ob sie diese Phantasie selbständig entwickelt, oder ob sie plötzlich in Form einer sensorischen Phantasie während des Orgasmus auftaucht. Ich neige zur ersten Version und vermute, daß Ellie, wenn überhaupt, nur sehr geringe sensorische Reaktionen während des Geschlechtsverkehrs zeitigt.

Carol

Die Diplompädagogin Carol entstammt dem Milieu der jüdischen oberen Mittelklasse New Yorks und arbeitet als Lehrerin. Sie ist 27 Jahre alt und mit einem Studenten verheiratet.

Sie masturbiert selten, gibt sich gelegentlich sexuellen Phantasien hin und sieht ihr Sexualleben als befriedigend an.

Tagträume

Manchmal stelle ich mir vor, ich würde von einem unbekannten Mann vergewaltigt. Ich bin nicht fähig, viel über meine Phantasien zu sagen, da ich Schwierigkeiten habe, mich an Einzelheiten zu erinnern. (Ich bin niemals vergewaltigt worden.)

Einmal stellte ich mir vor, meinem Mann und zweien seiner Freunde, die sich mit mir im Auto befanden, als Sexualobjekt zu dienen. (Das ist niemals geschehen.)

Manchmal gerate ich während des Tages in sexuelle Erregung, wenn ich auf dem Weg zum Badezimmer die Worte »fick mich« vor mich hinmurmel.

Manchmal habe ich den Tagtraum, ich sei ein Aktmodell.

Masturbationsphantasien

Ich habe mit Derartigem noch keine Bekanntschaft gemacht.

Phantasien während des Geschlechtsverkehrs

Manchmal stelle ich mir während des Koitus vor, eine Hure zu sein. Dadurch erlange ich ein Gefühl wirklicher Freiheit. Gelegentlich bilde ich mir ein, es wäre mein erster Geschlechtsakt.

Carol nennt den wichtigsten Grund für weibliche Prostitutionsphantasien. Frauen, die solche Phantasien entwickeln, unterliegen gewöhnlich den Vorstellungen der doppelten Sexualmoral und dem von Freud aufgezeigten Madonna-Hure-Schema. Innerhalb dieses Syndroms wird die Sexualität selbstverständlich durch die Hure repräsentiert. Daher müssen manche Frauen, wenn sie sich sexuell gehen lassen wollen, sich in eben diese Rolle hineinversetzen. Diese Identifikation scheint ihnen dabei behilflich zu sein, überkommene gesellschaftliche Normen zu überwinden und sich freier zu fühlen.

Cynthia

Cynthia ist eine ledige 28jährige Studentin, die als Lehrerin angestellt ist. Sie lebt an der Westküste.

Sie gibt an, mit ihrem Sexualleben unzufrieden zu sein, ab und zu zu masturbieren und selten Sexualphantasien zu entwickeln.

Tagträume

Ich laufe nachts nackt durch einen Park und werde dabei von einem Mann verfolgt, der mir sexuell vielversprechend zu sein scheint. Nachdem er mich erwischt hat, geht er mich ziemlich hart an und wir ficken miteinander (erste Version). Diese Phantasie habe ich kaum noch, früher trat sie häufiger auf. Ich habe sie nie erlebt, aber vielleicht würde es mir gut gefallen.

Ich laufe nackt durch den Park, es ist spät abends, ich werde von einem Mann gejagt, den ich kaum kenne (aber mag). Ich protestiere jedoch, als er mich küssen und anfassen möchte, bis er mich schließlich mit Gewalt nimmt (zweite Version). Früher hatte ich diese Phantasie häufiger, ich habe sie in Wirklichkeit noch niemals erlebt, vielleicht würde es mir gefallen.

Masturbationsphantasien

Keine – während der Masturbation lese ich. Angefangen von Pornographie über »Time« bis hin zum »Ladies' Home Journal.«

Phantasien während des Geschlechtsverkehrs

Keine

Eine interessante Vorstellung, daß jemand auf »Time« oder »Ladies' Home Journal« masturbieren kann. Ich frage mich nur, welche Artikel ich bisher immer übersehen habe.

Aber im Ernst: Es hat den Anschein, als wolle Cynthia auf diese Weise Schuldgefühle vermeiden, was auch heißt, daß sie nicht bereit ist, zu ihrer Masturbation selbstbewußt zu stehen. Auch in ihren Tagträumen erfährt sie Sexualität nur passiv, sie scheint nicht bereit zu sein, sich selbst hierfür verantwortlich zu erklären.

Dorothy

Dorothy gehört der Altersgruppe zwischen 35 und 44 Jahren an, sie hat ein Kind und ist von ihrem dritten Mann geschieden. Sie stammt aus dem Süden, ist aktives Mitglied der episkopalischen Kirche, arbeitet als Sekretärin und hat für zwei Jahre das College besucht.

Sie masturbiert gelegentlich und hat nur selten sexuelle Phantasien. Obwohl sie mit ihrem Sexualleben im großen Ganzen zufrieden ist, wünscht sie sich mehr Orgasmen, die sie auch gerne schneller erreichen möchte.

Tagträume

Ich habe oft davon geträumt, eine Kreuzfahrt auf dem Ozean zu unternehmen und bei dieser Gelegenheit einen aufregenden Mann kennenzulernen. Meist führt das zu sexuellen Vorstellungen, obwohl das nicht immer der Fall ist. Dieser Mann ist stets hochgewachsen, weiß und gutaussehend – zudem auch reich. Er ist ein hervorragender Liebhaber. Dieser Tagtraum beschäftigt mich wie damals heute, und ich würde ihn gerne verwirklicht sehen.

Masturbationsphantasien

Ich phantasiere davon, daß mich viele Frauen lieben. Manchmal reagiere ich darauf aggressiv, meistens aber nicht. Diese Frauen sind alle schön, meistens weiß, gelegentlich auch schwarz. Fünf oder sechs von ihnen treten auf, manchmal auch nur eine. Diese Phantasie nimmt die längste Zeit während meiner Masturbation ein.
Ich hatte bisher niemals ein homosexuelles Erlebnis. Ich wünsche es mir und habe gleichzeitig Angst davor. Manchmal denke ich auch an einen Mann, der seinen Orgasmus in den Mund einer Frau entlädt. Doch bin ich niemals diese Frau. Ich habe das einmal erlebt und war nicht besonders erbaut davon.

Phantasien während des Geschlechtsverkehrs

Manchmal stelle ich mir vor, daß ein Mann, der mir gut gefällt, mich lieben würde – ein Freund meines Ehemanns z. B., oder eine bekannte Persönlichkeit usw. Ich habe derartige Phantasien noch niemals ausgelebt, obwohl dazu viele Gelegenheiten bestanden. Ich könnte solch eine Situation emotional einfach nicht verkraften. Wenn ich die beteiligte Person niemals wiedersehen müßte, würde es mir keine Schwierigkeiten bereiten, meine Phantasien auszuleben.
Eine andere Phantasie handelt von Gruppensex. Ich denke daran, wie mich mehrere Männer und Frauen auf alle möglichen Arten lieben könnten. Ich würde das gern einmal mit gutaussehenden Leuten machen, wenn ich sie später niemals wiedersehen müßte, sonst wäre ich einfach zu gehemmt.

Solche Phantasien treten relativ häufig während der Masturbation und beim Geschlechtsverkehr auf. Sie variieren in gewisser Hinsicht, laufen aber immer auf dasselbe hinaus. Für ihre Studie wünsche ich ihnen viel Glück. Ich hoffe zu ihrem Erfolg beigetragen zu haben. Ich bin z. Zt. in großer Eile und wünschte, mehr Zeit für Details aufbringen zu können.

Dorothys Ausführungen klingen so, als ob sie jemand sei, der gerne einmal den Ort in Kalifornien aufsuchen möchte, wo man seine Sexualphantasien anonym ausleben kann.

Yolanda

Yolanda ist eine Frau amerikanisch-mexikanischer Abstammung, die der Altersgruppe zwischen 18 und 24 Jahren angehört. Sie ist eine alleinstehende praktizierende Katholikin, die nach zwei College-Jahren als Einkäuferin arbeitet. Sie wuchs an der Westküste auf, wo ihr Vater in einer Fabrik arbeitete.

Sie sagt, sie masturbiere gelegentlich, sei mit ihrem Sexualleben zufrieden und hätte häufig sexuelle Phantasien.

Tagträume

Phantasie – jede Person, die mir gutaussehend erscheint, kann in mir die Frage wachrufen, wie es wohl mit ihrer Sexualität bestellt sein mag.
Sexualphantasie – ich verwende viel Zeit darauf, an zurückliegende Ereignisse zu denken.
Tagträume – oft nehme ich in Gedanken Beziehungen zu Leuten auf, die mir irgendwie aufgefallen sind.

Masturbationsphantasien

Ich habe während der Masturbation gewöhnlich keine Phantasien. Sexualphantasien – Gewöhnlich denke ich an alte

Geschichten. Wie gut sie mir taten, und wie gut sie mir auch jetzt bekommen würden.

Phantasien während des Geschlechtsverkehrs

Gewöhnlich keine, die über das hinausgehen, was ich gerade für die Person empfinde, mit der ich zusammen bin. Meine Liebe zu ihr bemißt sich danach, wie gut der Koitus für mich ist. Während dieser Zeit phantasiere ich jedoch nicht.

Mickey

Mickey ist eine 30 Jahre alte Frau (Wasp), die demnächst ihr erstes Baby bekommen wird. Sie ist Künstlerin und hat die längste Zeit ihres Lebens an der Westküste verbracht. Sie masturbiert hin und wieder und hat mitunter sexuelle Phantasien.

Tagträume

Normalerweise werde ich durch den Gedanken an eine bestimmte Person, die ich am Abend zuvor getroffen habe, stimuliert. Kommt in einem solchen Traum auch Geschlechtsverkehr vor – und handelt es sich bei der Person nicht um meinen Ehemann –, male ich in meiner Phantasie diese Gelegenheit weiter aus. Ich beschäftige mich dabei aber mehr mit den äußeren Umständen, mit dem Wie und Warum und der Diskussion darüber, ob wir nun ins Bett gehen sollen, als mit dem Orgasmus. Als ich noch jünger war, pflegte ich mich an bestimmte sexuelle Erfahrungen zu erinnern – eine meiner Lieblingsphantasien handelte von meinem ersten Höhepunkt. Inzwischen greife ich direkt auf meine (Wunsch)-Träume zurück, um mich zu stimulieren.

Masturbationsphantasien

Sie tauchen bei mir während des Schlafes auf und bringen mich dazu, aufzuwachen. Meine erste Reaktion darauf ist, daß ich pinkeln muß, und dann kann ich mich einfach nicht mehr an den Inhalt des Traumes erinnern.
Ich masturbierte früher regelmäßig. Das war aber zu jener Zeit, als ich noch nicht mit Männern schlief. An das, was ich dabei dachte, kann ich mich heute nicht mehr erinnern.

Phantasien während des Geschlechtsverkehrs

Während eines Meskalinrausches haben mein Mann und ich einmal eine sexuelle Phantasie gemeinsam durchgespielt. Wir gingen aus einer Bar nach Hause; er tat so, als ob er ein Fremder sei, der auf mich aufmerksam geworden ist. Dabei war er ruhig, cool und verhielt sich distanziert. Ich konnte diesem Fremden nicht widerstehen. Wenn ich mich heute an diese Episode erinnere, meine ich, wir müßten das noch einmal machen.
Gelegentlich habe ich auch meinen Ehemann durch einen anderen Mann, den ich sehr gut kenne, ersetzt, während wir miteinander schliefen (kein Filmstar oder ähnliche Typen).
Mickey gibt ein gutes Beispiel dafür, daß Paare einen vermehrten Lustgewinn daraus ziehen können, daß sie sich manche ihrer Sexualphantasien mitteilen oder sie gar nachzuspielen versuchen.

Linda

Linda ist eine 44jährige Kirchenangestellte. Sie ist verheiratet und hat vier Kinder. Sie wuchs in einer mittelständischen Wasp-Familie auf und lebt an der Westküste. Sie sagt von sich, daß es ihr unmöglich sei, durch Masturbation zum Orgasmus zu gelangen. Ihr Sexualleben stuft sie als unbefriedigend ein. In der Vergangenheit phantasierte sie nur selten. Das hat in letzter Zeit stark zugenommen.

Tagträume

Ein ganz bestimmter Mann streichelt mich am ganzen Körper, und ich streichle ihn – wir zittern beide, und dann beginnt eine Orgie!

Ich bin durch meine Arbeit mit einem sehr anziehenden und lebhaften Mann bekannt geworden, der einige Jahre (ungefähr sechs) jünger ist als ich. Anfangs war es eine rein aufs Geschäftliche beschränkte Bekanntschaft. Er trägt jedoch seit einiger Zeit keinen Ehering mehr. Obwohl ich keine näheren Einzelheiten kenne, nehme ich doch an, daß er jetzt wieder frei ist. Aber schon vorher hat mir seine offene und joviale Art sehr imponiert; er hat irgendwie eine verführerische Ausstrahlung, so daß ich mich schon früher fragte, wie er wohl im Bett wäre. Diese Geschichte begann so richtig vor ungefähr sechs Wochen – die Zeit davor verbrachte ich mehr oder weniger in einer Art sexueller Eiswüste, da mein Mann seit fünfzehn Jahren infolge einer Vasektomie impotent ist. (Ich weiß, daß es dafür keinen physischen Grund gibt, und er weiß das auch, aber so ist es nun einmal.)

Meine Phantasie beinhaltet ein offenes Gespräch über meine und seine Situation, danach geraten wir in Erregung, gehen zusammen ins Bett, genießen Sex in allen Stellungen. Ich würde ihn oral befriedigen, bis er dann kurz vor dem Höhepunkt in mich eindringen würde und einen gigantischen Orgasmus hätte!

Dieser Gedanke kommt mir inzwischen fast jede Nacht. Er führt mich nicht zu irgendwelchen Masturbationsphantasien (ich kann auf diese Art keinen Orgasmus bekommen) oder gar zu richtigem Sex (den es zur Zeit in meinem Leben einfach nicht gibt). Jawohl, diese Phantasie tritt gegenwärtig auf. Sie ist keine wie immer geartete Wiederholung – sondern ein Wunschdenken, das sich möglichst bald bewahrheiten sollte! Könnten Sie das nicht für mich arrangieren?

Masturbationsphantasien

Nein, ich kann damit keinen Erfolg erzielen.

Nur immer der Gedanke »alles andere wäre besser als diese meine Situation«.

Eine ganze Anzahl von Frauen durchleben, ähnlich wie Linda, jahrelang aus vielen Gründen eine sexuelle Eiszeit. Doch Lindas Beispiel zeigt auch, wie schnell sich die Großwetterlage verändern kann, und man zu neuen und aufregenden Phantasien zu finden vermag. Unter Umständen könnte ein Ehepaar wie Linda und ihr Mann auch von einer verständnisvoll durchgeführten Sexualtherapie profitieren.

Darlene scheint eine sehr sensible Frau zu sein, die rasch den Zugang zu anderen Menschen findet. Sie muß eine hinreißende und sinnliche Person sein – und es erscheint mir durchaus angebracht, dieses Kapitel mit ihrer Schlußsentenz ausklingen zu lassen.

Darlene

Darlene ist eine 27jährige Krankenschwester, die in einer Stadt im mittleren Westen lebt. Sie ist ledig, war früher Katholikin und gibt als ethnische Herkunft Französisch/Irisch/Italienisch an.

Sie masturbiert selten und entwickelt gelegentlich sexuelle Phantasien. Mit ihrem Sexualleben ist sie unzufrieden.

Tagträume

Eigentlich treten sie häufig auf, sobald ich einmal nicht mit meiner Arbeit, irgendwelchen physischen Verrichtungen oder mit Freunden beschäftigt bin: etwa im Halbschlaf oder wenn ich einen vielversprechenden Mann zu Gesicht bekomme. Meist beziehen sich jedoch meine Gedanken auf Leute, die ich von früher her kenne und schätzen gelernt habe. Derartige Gedanken können sich verstärken, wenn man zusammen mit Freunden trinkt oder raucht, was dann gewöhnlich zu Petting usw. führt. Ich glaube, es ist ganz selbstverständlich, daß wir alle unsere Phantasien verwirklichen wollen. Durch meine Arbeit ist es mir möglich, Menschen genau zu beobachten, natürlich auch junge Männer. Ich achte zuerst auf ihren Mund, denn volle Lippen erscheinen mir äußerst attraktiv. Danach wird die Gesichtsbehaarung interessant, und schließlich wende ich meine Aufmerksamkeit seinen Gesichtszügen zu.

Es ist hierbei wichtig, den Blick seiner Augen einzufangen und für eine bestimmte Zeit zu fixieren; eine Art von Aufrichtigkeit mag in ihnen aufscheinen; etwas, was dir sagt, ob er zur Rücksichtnahme fähig ist.

Ein Mann muß nicht unbedingt gut aussehen, sondern vor allem freundlich. Wenn man nur genau genug hinschaut, kann man sofort die Arschlöcher und die unangenehmen Typen aussortieren. Die Kleidung bedeutet gar nichts, außer daß es ganz reizvoll sein kann, seinen Schwanz in der Hose leicht sehen und gut anfassen zu können.

Masturbationsphantasien

Seit ich eine sexuelle Beziehung habe, masturbiere ich nur noch unregelmäßig. Ich finde, es gibt mir nicht allzuviel. Wenn jedoch nach dem letzten sexuellen Kontakt eine gewisse Zeit verstrichen ist, streichle ich mich selbst, gewöhnlich zwischen meinen Schenkeln und an den Brustwarzen. Man hat mir gesagt, ich hätte eine kräftige Unterleibsmuskulatur; ich führe das auf die unbewußten erotischen Bewegungen zurück, in die ich verfalle, sobald ich intensiv an einen Mann denke. Der Mittelpunkt meiner Gedanken ist in solch einem Fall der Penis. Seltsamerweise stelle ich ihn mir niemals besonders riesig vor, ich habe wohl Angst, dann in der Wirklichkeit enttäuscht zu werden. So versuche ich, meine Phantasie so eng wie möglich an der Realität auszurichten.

Am schnellsten bin ich normalerweise während meiner Periode in Erregung zu versetzen. Meine frühen sexuellen Kontakte fanden beinahe alle während der Periode statt. Ich finde das überhaupt nicht unsauber und finde auch den

Geruch ausgesprochen aromatisch. Jede Art von Stimulus, die einen Mann erregt, ohne daß er dabei angefaßt werden müßte, ist besonders wichtig. Und da es, wenn man sich selbst befriedigt, oft schwierig ist, einen Mann dort anzufassen, wo er es gerade braucht, kann man sich schön vorstellen, wie dieser Geruch alle Männer verrückt macht. So einfach geht das.

Während meiner Periode masturbiere ich häufiger als zu jeder anderen Zeit.

Phantasien während des Geschlechtsverkehrs

Ich bin alleinstehend, eine Single, und da ist es sehr schwierig, einen guten Liebhaber zu finden. Ich bin auf Sex angewiesen. Ich brauche ihn wie Brot und Butter, Schlaf usw. In der Regel phantasiere ich während dem Koitus nicht. Wenn ich jedoch mit einem Partner nicht zufrieden bin, ersetze ich ihn in meinem Kopf durch einen anderen. Ich kann mich nur an ein einziges Mal erinnern, wo ich laut nach jemand anderem verlangte. Die meisten Männer, die ich kenne, sind geschieden und haben keine Lust, von einem jungen Ding angemacht zu werden. So sind denn auch meine meisten Beziehungen platonischer Natur. Habe ich einen guten Liebhaber zur Hand, dann ist ficken eigentlich alles, was ich möchte. Wenn ich sehr niedergeschlagen bin, habe ich auch das Bedürfnis zu ficken, wobei es mir ziemlich gleichgültig ist, mit wem ich es mache. Manchmal habe ich nur deswegen mit einem gefickt, weil ich gerade geil war, und ich habe ihn auch nie wiedergesehen, weil es genau das war, was ich in diesem Augenblick von ihm wollte.

Bin ich mit jemandem zusammen, den ich mag, um den ich mich kümmern muß oder den ich liebe, macht mich nahezu alles verrückt. Oft bin ich dann mehr damit beschäftigt, ihn aufzugeilen, als an mich selbst zu denken. Ich mag den Geruch von Sperma, Schweiß, und einen starken und dennoch pulsierenden Penis. Ich reize und liebkose ihn, bis er in mir explodiert, und das ist dann keine Phantasie mehr!

Schlußbemerkung

Ich hoffe, daß dieses Buch gezeigt hat, daß unsere Phantasien ebenso aufregende wie positiv zu bewertende Ereignisse sein können, von denen jeder etwas über seine eigene Sexualität wie seine individuelle Biographie lernen kann. Es folgt eine knappe Aufstellung der wichtigsten Ergebnisse meiner Studie, die in diesem Buch näher erläutert wurden. Von den mehr als dreißig verschiedenen Grundmustern weiblicher Sexualphantasien wurden die folgenden zehn am häufigsten genannt:

1. Sex mit einem Mann, mit dem bisher noch keine sexuellen Beziehungen unterhalten wurden
2. Frühere sexuelle Erlebnisse
3. Sensorische Phantasien
4. Sex mit einem anderen Mann (als demjenigen, mit dem man beim Koitus zusammen ist)
5. Gruppensex
6. Männern begehrenswert zu erscheinen
7. Weiblicher Körper
8. Zum Sex mit einem Mann gezwungen zu werden
9. Sex mit mehr als einem Mann (Schlangestehen von Männern)
10. Sex an einem öffentlichen Ort (Restaurant, U-Bahn usw.)

Mit Hinblick auf diverse soziale Unterschiede zeigt die Studie, daß ein enger Zusammenhang zwischen der schichtenspezifischen Herkunft, dem Erziehungs- und Bildungsgrad und masturbatorischen Praktiken sowie der Häufigkeit und dem Inhalt weiblicher Sexualphantasien besteht. Weitere soziale Variablen, die sie beeinflussen, sind das Alter, der Wohnort, die sexuelle Erwartungshaltung und die Ehe.

Diejenige Frau, die über die größte Häufigkeit und Vielfalt sexueller Phantasien verfügt, müßte, rein theoretisch, folgende Bedingungen erfüllen:

1. hoher Bildungsgrad
2. Angestelltenmilieu
3. masturbiert
4. unverheiratet
5. ist mit ihrem Sexualleben leicht unzufrieden
6. zwischen 24 und 35 Jahre alt
7. ist an der Westküste aufgewachsen und/oder hat den größten Teil ihres Lebens hier verbracht

Vergewaltigungs- und Prostitutionsphantasien treten längst nicht so häufig auf, wie das konventionell eingestellte Therapeuten und Sexualwissenschaftler gemeinhin behaupten. Die Frauen, bei denen derartige Phantasien ins Gewicht fallen, sind meist schon über 35 Jahre alt und an konservativen Wertmaßstäben orientiert.

Viele Frauen (vor allem in den Altersgruppen unter 40) werden durch den weiblichen Körper stimuliert. In den meisten Fällen sind diese Frauen nicht unbedingt an offenen lesbischen Beziehungen interessiert; ihre Vorstellungen laufen eher darauf hinaus, daß irgendeine Frau (manchmal auch sie selbst) einen Mann mit Hilfe ihres Körpers (z. B. Striptease) verführt. Die Tatsache, daß Frauen durch ihren eigenen Körper bzw. denjenigen anderer Frauen sexuell erregt werden, ist nicht zuletzt darauf zurückzuführen, daß in unserem Kulturkreis beinahe alle erotischen Interessen durch die Medien (Werbung, Magazine usw.) auf den weiblichen Körper konzentriert werden.

Darüber hinaus wissen viele Frauen (wiederum aus der Gruppe der jüngeren) von »sensorischen Phantasien« während des Geschlechtsverkehrs – und insbesondere während des Orgasmus – zu berichten. Dabei erscheinen ihnen grelle Farben oder an abstrakte Malerei erinnernde Formen, sie hören Musik oder glauben rauschende Wasserfälle zu vernehmen, oder sie verspüren einen bestimmten Geruch oder Tastgefühle. Besonders an diesen weitverbreiteten sensorischen Phantasien läßt sich demonstrieren, daß es sich bei

Phantasien nicht nur um psychische Ersatzhandlungen oder die Vorwegnahme wirklicher Ereignisse handeln muß; es kann ihnen durchaus ein originärer und eigenständiger Status innerhalb der menschlichen Kreativität zuerkannt werden.

All diese Ergebnisse sind allgemeiner Natur – es ist auf keinen Fall so, daß jegliche individuelle Phantasietätigkeit unbedingt den hier beschriebenen Grundmustern zugeordnet werden könnte oder müßte. Es liegt an jedem Einzelnen, was er mit seiner Sexualität, seinem Leben und seinen Phantasien anfängt. Die Entscheidung, seine Phantasie möglichst kreativ und positiv auf sich und seine Umgebung einwirken zu lassen, liegt letztendlich bei ihm selbst. Um unsere Phantasien zu verstehen, müssen wir uns selbst verstehen. Wenn wir uns unsere Phantasien gegenseitig mitteilen, kann das dazu beitragen, das Verhältnis zu den Menschen, die wir mögen und lieben, zu festigen und zu vertiefen.

Anhang A

Fragebogen über weibliche Sexualphantasien

Dieser Fragebogen soll eine Untersuchung der sexuellen Phantasien der Frau ermöglichen, die ich im Rahmen meiner Dissertation beabsichtige. Seit noch gar nicht langer Zeit haben Frauen damit begonnen, offen über ihre sexuellen Vorstellungen und Wünsche zu diskutieren. Inzwischen haben wir Grund zu der Hoffnung, voneinander etwas über unser »Frau-sein« lernen zu können, und dabei auch unsere eigene Sexualität zu akzeptieren. Seit Jahren schon erscheinen Zeitschriften (wie Playboy oder Penthouse) und Filme, die ausschließlich männliche Sexualphantasien propagieren, während den Frauen untergründig suggeriert wird, sie müßten sich selbst als bloßen Gegenstand dieser Phantasien begreifen. Was uns Frauen gefällt, was uns erregt – danach fragt niemand – oft noch nicht einmal wir selbst. Ich hoffe, daß diese Studie dazu beitragen wird, diese bedrückende Situation zu überwinden. Auf die Dauer wird ein erstarkendes Selbstbewußtsein der Frauen indirekt auch den Männern zugutekommen: Wir können Ihnen klar und deutlich sagen, was wir wirklich von Ihnen wollen, so daß sie die Frauen besser verstehen können (nicht zuletzt in sexueller Hinsicht), als das heute offensichtlich der Fall ist.

Die Anonymität Ihrer Angaben ist absolut gewährleistet. Es ist Ihnen vollständig freigestellt, Ihren Namen und Ihre Adresse anzugeben (keiner der angegebenen Namen wird veröffentlicht oder an dritte Personen weitergegeben). Die ausgefüllten Fragebogen werde ich allein auswerten (deshalb ist der beiliegende Umschlag zur Rückantwort an mich persönlich adressiert). Alles, worum ich Sie bitte, ist, den Fragebogen offen und ehrlich und so detailliert wie möglich auszufüllen – zu unserer aller Nutzen und dem der Wissenschaft.

Herzlichen Dank
Karen Shanor

1. *Namen* (Angabe freigestellt)

2. *Adresse* (Angabe freigestellt)

3. *Altersgruppe*
Unter 18___
18–24 _____   45–54 _____
25–34 _____   55–64 _____
35–44 _____   65 und älter _____

4. *Religionszugehörigkeit*
Katholisch _____
Jüdisch   _____
Protestantisch ___   (Wenn Protestantisch, welche Richtung?)
Andere   _____   _____
Keine   _____

      Wenn religiöse Zugehörigkeit: Sind Sie aktives Mitglied
                                        Ja ___   Nein ___

5. *Familienstand*
Alleinstehend ___, Verheiratet ___, Geschieden ___,
Verwitwet ___
      Waren Sie mehrmals verheiratet? Ja ___   Nein ___
      Wenn ja, wie oft? ___
      Haben Sie jemals mit einem Mann zusammengelebt?
      (Verheiratet oder nicht)   Ja ___   Nein ___

6. *Anzahl der Kinder*
      1 ___   keine ___
      2 ___   4 ___
      3 ___   mehr als 4 ___

7. *Beruf*
      Ihr eigener_____
      Der des Gatten (wenn verheiratet) _____

8. *Beruf der Eltern*
      Vater_____   Mutter_____

9. *Ausbildung*

	Ihre	die Ihres Gatten (wenn verh.)
Keine High-school	_____	_____
High-school	_____	_____
College (wieviele Jahre?)	_____	_____
College-Abschluß	_____	_____
Weitere Abschlüsse	_____	_____
Akademische Titel	_____	_____

10. *Ethnische Abstammung* _____

11. *Wohnsitz* (an dem Sie die längste Zeit Ihres Lebens zubrachten)
    Ostküstenregion bis einschließlich Washington DC _____
    Westküste _____
    Sonstige _____
    städtische Region   Ja ___   Nein ___

12. Haben Sie jemals masturbiert?
    Ja ___   Nein ___
a. (Wenn ja, wie oft? Selten ___, Gelegentlich ___, Häufig ___)
b. (Wenn ja, masturbieren Sie immer noch? Ja ___   Nein ___)
c. (Wenn b. ja, wie oft? Selten ___, Gelegentlich ___, Häufig ___)

13. Haben Sie jemals einen Orgasmus gehabt?
    Ja ___   Nein ___
    (Wenn ja, wie oft?
    Selten _____ Gelegentlich _____
    Häufig _____ Fast immer _____)

14. Sind Sie mit Ihrem Sexualleben zufrieden?
    Ja ___   Nein ___

15. Wie oft treten bei Ihnen sexuelle Phantasien auf?
    Selten ___   Gelegentlich ___   Häufig ___

16. Wir möchten Sie bitten, Ihre sexuellen Phantasien während
    jeder der drei folgenden Situationen zu beschreiben:

a. Tagträume
b. Masturbation
c. Geschlechtsverkehr

Bitte beschreiben Sie jede einzelne Phantasie so detailliert wie möglich und zählen Sie alle Gegenstände auf, mit denen sie zusammenhängen: Menschen, Tiere, Sachen. Beschreiben Sie Größe, Farbe, Art usw. und fügen Sie Zeit und Ort, an denen Ihre Phantasie sich abspielt, hinzu.

Bitte zögern Sie nicht, auch solche Phantasien zu beschreiben, die Ihnen »schmutzig oder verrucht« erscheinen – es ist durchaus möglich, daß eine derartige Phantasie weitverbreitet ist. Es ist der erklärte Zweck dieser Untersuchung, Frauen darüber zu unterrichten, was Frauen wirklich denken.

Um sicherzustellen, daß wir unter den wichtigsten Begriffen auch dasselbe verstehen, möchten wir Sie bitten, sich an die folgenden Definitionen zu halten:

Phantasie – jeder Tagtraum, Gedanke, Eindruck oder Geschichte, die Ihnen in den Sinn kommt (keine Träume während des Schlafes).

Sexualphantasie – jeder Gedanke, Vorstellung, Eindruck oder Geschichte, die Ihnen sexueller Natur zu sein scheint und/oder Sie sexuell erregt.

Tagtraum – jegliche Sexualphantasie, die sich nicht während der Masturbation oder dem Geschlechtsverkehr ereignet.

Masturbationsphantasie – jede sexuelle Phantasie während der Masturbation.

Sexuelle Phantasie während des Geschlechtsverkehrs – jede Sexualphantasie, die während des Koitus auftaucht.

Bitte geben Sie nach jeder Beschreibung so genau wie möglich an: 1. mit welcher Häufigkeit dieser Gedanke auftritt; 2. Überschneidungen innerhalb der drei vorgegebenen Situationen; 3. Haben Sie die Phantasie momentan oder hatten Sie sie früher? 4. Bitte sagen Sie uns, ob sie diese Phantasie schon einmal in Wirklichkeit erlebt haben – ist sie also z. B. eine Erinnerung an ein früheres Erlebnis? und 5. würden Sie diese Phantasie gerne wirklich ausleben, wenn Sie dazu Gelegenheit hätten?

Tagträume

Sehe ich einen Mann, frage ich mich, wie er wohl im Bett ist. Ich denke an Sex zwischen ihm und mir, oder, wenn ich nicht wirklich an ihm interessiert bin, wie er es mit anderen treibt, wie er mit seiner Frau oder sonst jemandem schläft. Diese Phantasie habe ich häufig. Wenn ich wirklich an einem Typ interessiert bin, können meine Phantasien, ihn zu verführen und/oder mit ihm zu schlafen, durchaus auch während der Masturbation und/oder während des Geschlechtsverkehrs wieder auftauchen. Wenn er mir wirklich gut gefällt und nicht irgendwelche gesellschaftlichen Gründe dagegen sprechen (er z. B. verheiratet wäre oder wir zusammen arbeiten müßten), würde ich auch sehr gerne meine Phantasien, die ihn betreffen, in der Wirklichkeit ausleben.

Im Laufe des Tages denke ich oft an sexuelle Erlebnisse zurück, die mir großen Spaß bereitet haben. Ich denke an die letzte Nacht und an den Mann, mit dem ich phantastisch zurechtkomme. Der Gedanke an unsere Liebe begleitet mich den ganzen nächsten Tag. Es hat den Anschein, als ob sich meine Phantasien eher auf gerade zurückliegende Ereignisse konzentrieren, ich kann aber auch von einem Mann träumen, mit dem ich vor vielen Monaten eine schöne Zeit verbrachte.

Masturbationsphantasien

Welche Phantasien ich zur Masturbation verwende, hängt von meiner jeweiligen Stimmung ab und von den sexuellen Wünschen, die ich gerade verspüre.

Ich denke daran, mit einem Mann Sex zu haben, mit dem es mir Spaß macht.

Ich denke daran, es mit einem Jungen zu machen, der mich richtig aufgeilt.

Ich stelle mir Situationen vor, die ich noch nicht erlebt habe (und auch nicht erleben will), die mich aber dennoch erregen:

Ein Junge, mit dem ich vor Jahren einmal etwas gehabt hatte, erzählte mir einmal eine seiner Phantasien. Sie bestand darin, daß er sich vorstellte, wie er seinen Chef dazu einlud, mit mir zu schlafen, während er selbst dabei zuschaute. Er phantasierte auch davon, einmal zwei Frauen, die er kannte, mitzubringen. Die eine Frau sollte mich lecken, während ich mich auf einem Ledersofa räkelte. Dann würden wir es alle gemeinsam treiben. Manchmal denke ich heute während der Masturbation an diese Geschichte zurück, ich möchte sie aber nicht realisieren, obwohl das wohl möglich wäre. Aber sicher ist es aufregend, an so etwas zu denken.

Ein befreundeter Musiker erzählte mir einmal von einer Frau, der er in einem Hotel begegnete – seine berühmte Band spielte dort – und die sich, nachdem ihr Mann verschwunden war, ins Bett legte und dort jedem interessierten Bandmitglied den ganzen Tag lang zur Verfügung stand.

Auch so etwas würde ich niemals machen – es erregt mich aber, wenn ich mir vorstelle, ich sei diese Frau. Ich denke an die gutaussehenden Männer in der Nachbarschaft, die mal bei mir zu einem Gruppenfick vorbeischauen (das möchte ich natürlich auch nicht in Wirklichkeit erleben).

Meine Masturbationsphantasien scheinen sich zu verändern. Ein bestimmter Gedanke, der mich zu einer gewissen Zeit ausgesprochen erregt, kann zu anderen Zeiten fast keinen Effekt erzielen. Ich vermute, daß das damit zusammenhängt, daß ich mich selbst verändere und auf Grund neuer Erfahrungen mich zu einem anderen Männertypus hingezogen fühle.

Auch der Gedanke an Sex mit Frauen taucht mitunter auf – ich habe allerdings nicht das Bedürfnis, sie dabei zu küssen. Ich habe keine homoerotische Beziehung und will z. Zt. auch keine eingehen. Wenn ich mir aber eine sexy Frau bei einem Striptease vorstelle, oder wie sie einen Mann verführt oder wie ich ihre Brüste und Vaginalregion berühre – so versetzt mich das alles in Erregung.

Phantasien während des Geschlechtsverkehrs

Die meisten Phantasien dieser Art – besonders dann, wenn der Mann, mit dem ich zusammen bin, mir gut gefällt – setzen bei mir mit dem Orgasmus ein. Dann leuchten grelle Farben auf, oder es spielen sich Szenen in freier Natur ab – fließende Bäche erscheinen mir oder grüne Wälder. Manchmal habe ich während des Orgasmus das Gefühl, als flöge ich durch die Luft.

Letzte Nacht hatte ich eine sehr merkwürdige Phantasie, die von Comic-Figuren wie Jill und Jack bevölkert war. Alles war in helles Gelb getaucht, und die Szene war von einer blauen Aura umrahmt. Ein anderes Mal sah ich ein abstraktes Schwarzweißgemälde. Wenn mir abstrakte Bilder erscheinen – meist sind sie in bunten Farben gehalten –, wirken die Farben auf mich sehr dynamisch und sind in dauernder Veränderung begriffen. Ich habe jede Phantasie nur einmal, und die Farben und Formen gehen wild durcheinander.

Bin ich mit jemandem zusammen, den ich gut kenne und schon lange liebe, greife ich manchmal auf die oben beschriebenen Tagträume und Masturbationsphantasien zurück, um zum Orgasmus zu gelangen, da der Sex mit ihm nicht mehr so aufregend ist.

(Sollten Sie mehr Raum benötigen, benutzen Sie bitte die Rückseiten oder legen sie weitere Blätter bei.)
BITTE SENDEN SIE DEN FRAGEBOGEN INNERHALB VON DREI TAGEN ZURÜCK

Statistische Aufschlüsselung

Alter

18–24	25–34	35–44	45–54	55–64 Jahre
24,3	39,6	19,2	12,3	4,6

Ausbildung

Kein High-school Ab-schluß	High-school Ab-schluß	Weniger als ein Jahr College	Ein Jahr College oder mehr	Erster College-Ab-schluß	Zweiter College-Ab-schluß	Aka-dem. Titel
9,8	14,7	5,1	21,6	13,7	11,6	23,5

Religion

Kath.	Jüd.	Prot.	Andere	Keine
17,0	14,6	31,2	8,3	28,9

Beruf des Vaters

Arbeiter	Angestellter	keine Auskunft
47,2	44,6	8,2

Wohnort

Stadt Ostküste	Stadt Westküste	Weitere
31,2	37,9	30,9

Familienstand

Ledig	Verheiratet	Getrennt	Geschieden	Verwitwet
30,1	**37,8**	**4,6**	**24,0**	**3,5**

Ethnische Herkunft

Weiß	Schwarz	Andere	Keine Auskunft
65,2	**12,4**	**6,8**	**15,6**

Sexuell Befriedigt

Ja	Nein
68,9	**31,1**

Anhang C

Vollständige Aufstellung der Grundmuster
weiblicher Sexualphantasien

Die folgende Aufstellung ist das Resultat einer Inhaltsanalyse, die es erlaubt, alle erhaltenen Antworten den folgenden Kategorisierungen zuzuordnen:

1. Sex mit einem Mann, mit dem bisher noch keine sexuellen Beziehungen unterhalten wurden
2. Sexuelle Beziehungen zu einem Mann, mit welchem bereits sexuelle Beziehungen unterhalten wurden
3. Sexuelle Beziehungen zu einer bekannten Persönlichkeit (das umfaßt gleichermaßen öffentliche Berühmtheiten wie solche Personen, die in den Augen der Berichterstatterin ein hohes Prestige genießen, also Therapeuten, Ärzte, Professoren usw.)
4. Sexuelle Beziehungen zu einem jüngeren Mann oder Knaben
5. Sexuelle Beziehungen zu einem älteren Mann
6. Sexuelle Beziehungen zu einem nichtmenschlichen Geschöpf oder zu (nichtlebendigen) Gegenständen (wie ein 4 Fuß großes Geschöpf mit einer großen Zunge, eine Handdusche oder »die Sex-Maschine von Masters und Johnson«)
7. Sexuelle Beziehungen zu Farbigen
8. Betrachten des gesamten nackten männlichen Körpers – oder seiner Genitalien
9. Identifizierung phallischer Gegenstände
10. Sexuelle Beziehungen in freier Natur (im Wald, am Strand, im Mondenschein usw.)
11. Sexuelle Beziehungen in »unpassenden« Situationen (im Restaurant, in der Kirche, vor den ahnungslosen Eltern usw.)
12. Sexuelle Beziehungen in der Gegenwart von Tieren
13. Männern gegenüber sehr begehrenswert zu erscheinen – eine unwiderstehliche Frau zu sein